알고 싶어요 성령님

알고싶어요 성령님

손기철

규장

성령님을 갈망하고 환영하세요!

안타까운 두 번의 경험

과거를 되돌아볼 때 제 신앙생활에서 정말 소중했지만 동시에 너무나 안타까웠던 기억이 두 번 있었습니다. 첫 번째는 제가 물세례를 받았을 때였습니다. 예수 그리스도께서 나의 구주이시고, 나의 주님이 시란 사실을 받아들였을 때 저는 중생(重生)했고 물세례를 받았습니다. 물세례를 받을 당시 저에게는 간절한 소망이 있었습니다. 물세례를 받을 때 나의 육(肉)과 혼(魂)에 놀라운 일이 일어날 것을 기대했습니다. 내 생각이 완전히 사라지고, 내 감정이 새로워지고, 내 육신의 껍데기조차 전부 새롭게 되기를 바랐습니다.

그러나 세례식 이후 변화된 것은 아무것도 없었습니다. 세례 받을 때 이마로 흘러내린 물만 차갑게 느껴졌을 뿐입니다. 비록 제가 상상했던 체험이나 감각적인 변화는 없었지만 저는 믿음으로 물세례를 받

아들였습니다. 저는 온 마음을 다해 예수님이 주님이시며 하나님의
아들이시라는 사실을 믿음으로 받아들였습니다.

³ 그러므로 내가 너희에게 알리노니 하나님의 영으로 말하는 자는 누구든지
예수를 저주할 자라 하지 아니하고 또 성령으로 아니하고는 누구든지 예수
를 주(主)시라 할 수 없느니라 고전 12:3

저 같은 인간을 구원해주신 예수님의 사랑이 너무 크게 느껴졌기
때문에 최선을 다해 주(主)를 섬기고자 했습니다. 일찍 나와 예배당의
문을 열고, 성도들을 안내하고, 바닥 청소를 하고, 주보를 만드는 일까
지 최선을 다해 섬겼습니다. 그런데도 제 마음 깊숙한 곳에서 일어나
는 일은 너무나 모순적이었습니다. 일상의 삶과 신앙생활은 분리되어
있었고 내가 받은 구원을 확인하고자 '내 열심'으로 신앙생활 하면서
도 정작 내가 정말 하나님의 자녀가 되었다는 확신이 없었습니다. '내
믿음'으로 그것을 붙들기 위해 부단히 애썼기 때문에 내가 최선을 다
해 주님을 섬기지 않거나 주의 일을 행하지 않을 때는 금세 그 사실이
믿어지지 않고 두려워지곤 했습니다.

두 번째는 신앙생활을 시작하고 1년쯤 뒤에 성령강림의 체험을 하
게 되었습니다. 새벽기도 후 목사님이 제 머리에 손을 얹고 기도해주

실 때 성령님이 강력하게 임하셨습니다. 머리가 타는 것 같았고, 허리가 계속 접히다 못해 부러질 것만 같았습니다. 속으로 '왜 이렇게 누르면서 기도하시지' 하는 마음이 들어 몹시 불편했습니다. 나중에 안 사실이지만 목사님은 제 머리에 손만 얹었을 뿐 힘을 주어 누르지 않았습니다. 그것은 성령님의 강력한 역사였습니다.

마침내 더 참을 수 없어 "이제 그만하세요, 이러다간 내 허리 부러져요!"라고 외친 것 같은데 나도 모르는 말이 내 입에서 나왔습니다. 그것도 나중에 목사님이 방언을 한 것이라고 알려주었습니다. 교회 문을 나섰을 때 저는 마치 구름 위를 나는 것 같은 느낌이었습니다. 모든 것이 새롭게 변한 것 같고, 뭔지 모르지만 정말 기뻤습니다. 그러나 이 모든 현상은 삼 일 정도 가고 말았습니다. 왜냐하면 그 당시 저는 성령에 대해서, 성령체험에 대해서, 방언에 대해서, 그리고 성령의 인도함을 받는 것에 대해서 아는 바가 전혀 없었기 때문입니다. 그 놀라운 은혜가 불행하게도 하나의 체험으로 끝나버리고 만 것입니다.

성령님에 대해 무지했던 신앙생활

이후에도 저는 오랜 시간 동안 성령님에 대해 무관심하고 은연중에 부정(否定)하며 신앙생활을 했습니다. 더욱이 다양한 성령체험과 성령의 역사에 대해 들을 때마다 '나도 옛날에 그런 적이 있었지'라는 정도로 생각했지, 그 이상은 아니었습니다.

왜냐하면 제가 생각하기에 너무 비이성적이고 비합리적인 이야기였고, 성령의 역사는 초대 교회에 국한된 일이라는 개념이 어느새 저를 사로잡고 있었고, 말씀보다 현상에 대한 지나친 호기심은 위험하고 결국 신비주의로 가게 될 것이라는 말을 너무나 많이 들었기 때문입니다.

다른 성도들의 권유로 열심히 방언을 했지만 내가 하는 방언 자체에 의심이 들었고, 성령님께 의지하는 방언을 하지 못했기 때문에 제 자신에게 유익이 되지 못했습니다. 오랜 시간이 흘러 성령의 감동을 경험한 후부터 비로소 방언이 유익이 되기 시작했습니다.

누구도 저에게 성령님에 대해서 그리고 성령의 역사에 대해서 제가 납득할 만큼 제대로 알려주는 분이 없었던 것 같습니다. 아니 어쩌면 제 자신이 불편한 진실에 대해 듣고 싶어 하지 않았기 때문인지도 모릅니다. 지금 생각해보니 성령님에 대해 열정을 가지고 말하는 사람들을 대부분 이상히 여겨 그들을 의도적으로 피했던 것 같습니다. 제가 가졌던 전통적이고 올바른 신앙관은 체험을 좇아가기보다는 오직 말씀만 붙들고 자신을 쳐서 복종시킴으로써 주(主)의 뜻에 일치되는 삶을 살아야 한다는 것이었습니다.

성령님의 2차 방문

저는 그 후로도 오랫동안 저의 의(義)로 최선을 다하는 신앙생활을 했습니다. 결국 제 삶이 완전히 핍절하게 되었을 그때, 성령님이 저를 다시 찾아오셨습니다(이 부분에 대해서 《고맙습니다 성령님》(규장)에 자세히 나와 있습니다). 육신으로 최선을 다한 내 신앙생활의 말로(末路)를 보았기에, 그때부터 저는 '잘못되면 어떡하나?' 하는 두려움을 안은 채 성령님에 이끌려 가는 여정을 시작했습니다.

위로부터 성령을 부어주셔서 나의 혼과 육을 만지실 때 성령님은 내가 기억하지 못하는 어린 시절로부터 형성된 거절감, 거짓말, 수치심, 죄책감, 분노, 부정적이고 거짓된 내적 맹세, 잘못된 상상과 왜곡된 믿음 체계, 용서하지 못함과 원망 등 내면의 상처와 쓴뿌리를 치유하셨습니다. 이때 비로소 저는 성령 안에서 말씀이 살아 역사한다는 것이 무엇인지 체험하게 되었고, 그 과정에서 제가 정말 하나님의 자녀라는 사실이 믿어졌습니다. 그리고 그 후 하나님에 대한 갈망함은 성령충만함으로, 하나님에 대한 사랑은 기름부으심으로 나타나기 시작했습니다.

내 인생에 있어서 나의 마음 그리고 실제적인 내 삶의 변화는 내 노력이 아닌 성령님께서 나의 혼과 육을 다스리시는 과정을 통해 이루어졌습니다. 성령님을 인격적으로 알고 난 뒤 깨달은 가장 놀라운 사실은 내가 나의 의로 최선을 다해 갈등하며 신앙생활 해온 그때에도 성령님은 괴로워하셨지만 늘 나와 함께하셨다는 것입니다. 할렐루야!

마치 어린 시절에 공부도 열심히 하지 않고 비뚤어져서 결국 어른이 된 다음 스스로 생각하기를 '어릴 때 내 주위에 누군가가 나를 붙들고 좀 더 제대로 살라고 말해주었더라면, 나를 때려서라도 제대로 가르쳐주었더라면 이 지경까지 되지는 않았을 텐데…'라고 후회하는 것처럼 저도 '왜 그때 성령님에 대해서 제대로 배우지 않았을까? 왜 누군가가 나에게 성령님에 대해서 좀 더 정확하게 말해주지 않았을까?'라는 후회 아닌 후회가 있습니다. 이 책은 바로 저처럼 그런 생각을 가진 사람들을 위해서 쓰여졌습니다.

성령님에 의지하는 신앙생활을 시작한 다음부터 저는 성령님의 감동하심과 위로하심과 계시하심과 보호하심 그리고 그분의 권능을 경험하기 시작했습니다. 하지만 교회에서는 성령님과 그분의 나타나심과 역사에 대해 제대로 배운 바가 없고, 그것을 별도로 가르쳐주는 사람도 없었습니다. 성령님에 대해 진지하고 솔직한 대화를 하려고 하면 많은 선배 신앙인들뿐만 아니라 심지어 목사님조차 회피하거나 격정하거나 부정적인 반응을 보이곤 했습니다. 왜냐하면 체험주의와 신비주의에 빠진다고 생각하기 때문입니다.

성령에 관련된 많은 국내외 서적을 읽었지만 내 신앙의 의문들에 대해 속 시원한 답을 얻기는 어려웠습니다. 어떤 책들은 너무 이론적이고 사변적이고 다양한 의견을 실어서 읽고 난 뒤 정확히 무엇을 말하고자 하는지 모호했고, 어떤 책은 성령체험이나 성령사역에 대한 비판으로 가득 차 있을 뿐 정작 올바른 성령체험과 성령사역이 무엇인지에 대해서는 함구하고 있었으며, 또 어떤 책은 성경 말씀에서 벗어나 지나치게 체험적인 신앙만을 다루어 많은 두려움을 주기도 했습니다.

성령님을 알고 싶어 하는 모든 분들을 위한 책

지금 저는 수많은 사람들을 만나 기도하고 치유하고 신앙생활에 조언을 하면서, 과거 저와 같은 신앙 여정의 단계를 지나고 있는 그리스도인들을 많이 보고 있습니다. 또한 성령 하나님을 부정하거나 무시하는 기독교 신자들도 만나게 되는데, 그럴 때마다 마음이 정말 무겁습니다.

그래서 저는 그런 분들이 성령 하나님을 만나 그분과 동행함으로 성부, 성자 하나님을 만나고, 주의 은혜 가운데 주의 뜻을 이루는 삶을 살도록 하기 위해서, 성령님을 통하여 말씀에 기초한 올바른 체험적 신앙의 기틀을 마련할 수 있도록 하기 위해서, 성령님과 동행하다보면 품을 수 있는 여러 가지 문제에 대한 시원한 답을 줄 수 있는 책이 절대적으로 필요하겠다고 생각했습니다.

이 책은 신앙생활을 처음 시작하고 삼위일체 하나님 중 삼위(三位) 이신 성령 하나님에 대해 알기 원하는 그리스도인들, 성령체험을 하기 원하거나 성령체험을 했지만 그것이 무엇을 의미하는지 모르는 그리스도인들, 영적 세계와 성령의 역사를 좀 더 잘 이해하고자 하는 그리스도인들, 그리스도의 영의 인도함을 받아 주(主)의 뜻을 이루는 삶을 살아가고자 하는 모든 그리스도인들을 위해 쓰여졌습니다.

이 책은 성령에 대한 신학적, 이론적 관점에서 쓰여지지 않았고, 개혁주의와 복음주의, 오순절과 은사주의 교회 모두가 서로 존중하며 공감할 수 있는 성령 하나님과의 관계적 관점, 주의 뜻을 이루는 실천적 관점, 말씀이 실체로 이루어지는 경험적 관점에서 기술되었습니다. 성령의 조명하에 말씀에 기초하여 기술했지만 저자의 부족한 부분에 대해서는 독자들의 너그러운 이해를 부탁드립니다.

모쪼록 이 책을 통해 많은 분들이 성령님을 만나서 자신 안에 계신 예수 그리스도가 나타나는 삶을 사는 놀라운 그리스도인들이 되기를 간절히 소망합니다.

손기철

Heavenly Touch Ministry

프롤로그 ; 성령님을 갈망하고 환영하세요!

1 성령님, 저를 만나주세요
Meet Me, Holy Spirit!

CHAPTER 01
성령님을 인정하고 인격적으로 교제하라 16

CHAPTER 02
성령님의 주권적인 역사하심을 고대하라 48

CHAPTER 03
성령체험을 간절히 사모하고 간구하라 74

2 성령님, 저를 인도해주세요
Lead Me, Holy Spirit!

CHAPTER 04
성령님이 부으시는 하나님의 사랑을 체험하라 94

CHAPTER 05
시험을 통해 더 깊은 영적 세계로 나아가라 118

CHAPTER 06
진정한 성령체험은 결국 성령의 열매로 나타난다 140

3 성령님, 저를 사용해주세요
Use Me, Holy Spirit!

CHAPTER 07
성령님과 나누는 영적 친밀함이 강력한 능력이다 176

CHAPTER 08
오직 성령의 기름부으심을 받고 주의 뜻을 이루라 208

CHAPTER 09
성령의 나타나시는 은사로 주님의 일을 행하라 240

4 성령님, 저희를 통해 나타나소서
Come through us, Holy Spirit!

CHAPTER 10
십자가는 성령으로, 성령은 십자가로 우리를 인도한다 282

CHAPTER 11
하나님의 영광이 임하는 교회를 꿈꾼다 294

에필로그 ; 우리가 성령님을 더 열렬히 환영해야 하는 이유

성령님,

Meet Me, Holy Spirit!

저를 만나주세요

1

성령님을 인정하고
인격적으로 교제하라

성령님과 천지창조

태초에 하나님께서 천지를 창조하셨습니다.

1 태초에 하나님이 천지를 창조하시니라 2 땅이 혼돈하고 공허하며 흑암이 깊음 위에 있고 하나님의 영은 수면 위에 운행하시니라 창 1:1,2

그때 하나님의 영(성령)이 운행하셨고, 그 가운데 말씀을 선포하신 분이 여호와 하나님이십니다. 하나님께서는 태초부터 성부(聖父), 성자(聖子), 성령(聖靈) 삼위일체(三位一體) 하나님으로 함께하셨습니다. 삼위일체 하나님은 영원부터 영원까지 함께하십니다. 언제 어디서나 어제나 오늘이나 영원토록 동일하신 분으로 함께 역사하십니다.

우리가 성부(聖父)만을 통해서 하나님을 알 수 없고, 성자(聖子)나 성령(聖靈)만을 통해서도 하나님을 알 수 없습니다. 하나님께서는 삼위일체 하나님으로 자신을 이 땅에 나타내 보이셨기 때문입니다. 따라서 우리가 소속된 교단이나 교파에 따라 성삼위(聖三位) 하나님 중 어느 한 분에 대해서만 배우거나 어느 한 분과의 치우친 교제만으로는 온전한 하나님을 알 수 없습니다.

우리는 삼위일체 하나님을 '믿음'으로 받아들입니다. 우리가 삼위일체 되시는 하나님을 믿는 것도 중요하지만 그 믿음과 더불어 그 삼위일체 하나님과 어떤 관계를 가지느냐 하는 것이 매우 중요합니다. 우리의 신앙은 마음으로 어떤 대상을 믿는 것이 아니라 살아 계신 그분, 삼위일체 하나님과 '관계'를 맺는 것이기 때문입니다. 하나님은 우리가 성부, 성자, 성령 하나님을 만나 그분과 교제함으로 하나님을 더 알아가기를 원하십니다. 그 하나님께서 우리 안에 다시 오셔서 우리를 통해 이 땅에 자신의 뜻을 이루시기를 원하십니다.

그런데 성령님에 대해 잘 모르는 사람은 '성령'이라고 하면 능력 또는 에너지 같은 것으로 생각하거나 혹은 기사와 표적이 나타나는 것으로 생각하는데 그것은 큰 착각입니다. 성부, 성자, 성령은 삼위(三位)이지만 본질은 하나이신(一體) 하나님이십니다. 하나님은 인격(Person)이십니다. 성령님은 성삼위 가운데 제삼 위(位)이시며 완전한 인격이시며 하나님이십니다.

우리가 사람들과 교제할 때 인격 대 인격으로 만나 교제하는 것처럼, 우리 눈에 보이지 않아도 성령님이 인격이심으로 우리는 실제로 그분을 만나서 사랑의 교제를 나누고 더불어 살아가야 합니다. 가장 놀라운 사실은 우리가 구원받았을 때 그분이 우리의 심령 안에 찾아오셨다는 것입니다.

따라서 진정한 신앙이란 내 안에 계신 그분과 인격적으로 교제하는 것입니다.

성령님의 편재하심

성령님은 온 우주에 계시고 이 땅 가운데 편재(遍在, omnipresence)하시고 무소부재하십니다.

물리적으로 어느 장소에 어떤 물체가 있다면 다른 곳에는 같은 물체가 있을 수 없습니다. 또 이곳에서 저곳으로 이동하려면 시간이 걸립니다. 그러나 성령님은 시간과 공간과 물질을 초월하시는 분입니다. 성령님은 여기에도 있을 수 있고 동시에 저기에도 있을 수 있습니다. 시간이 걸려서 여기 있고 저기 있는 것이 아니라 시간을 초월해서 계실 수 있습니다. 이것이 성령님께서 온 우주에 편재하신다는 의미입니다.

그러므로 성령님은 예배당에도 계시고, 한 사람 한 사람 안에도 계시며, 우리 사이에도 존재하십니다. 그렇다고 해서 성령님의 일부가 나뉘어 존재하는 것이 아닙니다. 내 안에도, 당신 안에도 하나님의 영광, 하나님의 생명 전부가 계십니다. 어떤 시공간이라 할지라도 성령님은 온전하신 성령 하나님 전부로 존재하시는 것입니다.

구약시대의 성령님

온 우주에 편재하신 성령님은 구약시대에도 이 땅에 자신을 현시하셨는데, 특별히 하나님의 절대적인 주권에 의해 임하시기도 하고 거두시기도 하셨습니다. 그 성령님이 어떤 분이신지 알기 위해 성령님이 어떻게 존재하셨고 어떤 일을 하셨는지 먼저 성경의 기록을 살펴보아야 합니다.

출애굽기를 보면 낮에는 구름기둥으로 밤에는 불기둥으로 모세와 이스라엘 백성들을 이끌어주시고, 회막의 구름기둥으로, 성막에 하나님의 영광으로 임하신 분이 성령님이셨습니다. 모세가 하나님께서 율법과 계명을 친히 기록해주신 돌판을 받아 시내산에서 내려왔을 때 그의 얼굴에서는 밝은 광채가 났습니다. 시간이 흘러 사라지긴 했지만 그 광채 때문에 이스라엘 백성들은 모세의 얼굴을 제대로 바라볼 수 없었습니다.

민수기에도 성령이 모세에게 임하여 말씀하시는 장면이 나옵니다. 모세가 이스라엘 백성을 치리(治理)하기 위해 회막에 모은 백성의 장로와 지도자가 될 만한 칠십 명 가운데 성령님이 임하셔서 거기서 모세와 말씀하시고 하나님의 영을 그들에게 부어주셨습니다.

16 여호와께서 모세에게 이르시되 이스라엘 노인 중에 네가 알기로 백성의 장로와 지도자가 될 만한 자 칠십 명을 모아 내게 데리고 와 회막에 이르러 거기서 너와 함께 서게 하라 17 내가 강림하여 거기서 너와 말하고 네게 임한 영을 그들에게 임하게 하리니 그들이 너와 함께 백성의 짐을 담당하고 너 혼자 담당하지 아니하리라 민 11:16,17

성령님은 또 특정한 사람에게 임하시기도 하고, 특정한 역사가 끝나고 하나님이 어떻게 보시느냐에 따라 그 사람에게서 성령님을 거두시기도 하십니다.

이것은 이스라엘의 역사에서, 특별히 사울과 다윗의 관계를 통해 엿볼 수 있습니다. 사울은 사무엘 선지자에 의해 왕의 기름부음을 받았고, 하나님의 영이 크게 임하여 직접 예언을 하기도 했습니다. 하지만 그는 왕으로서 온전히 하나님께 충성하지 않았습니다.

마침내 하나님께서는 하나님의 주권으로 사울을 버리고 성령을 거두어가셨습니다. 대신 다윗에게 기름을 부어 그를 왕으로 세우셨습니다.

13 사무엘이 기름 뿔병을 가져다가 그의 형제 중에서 그에게 부었더니 이 날 이후로 다윗이 여호와의 영에게 크게 감동되니라 사무엘이 떠나서 라마로

가니라 ¹⁴ 여호와의 영이 사울에게서 떠나고 여호와께서 부리시는 악령이 그를 번뇌하게 한지라 삼상 16:13,14

내주하시는 성령의 역사

구약시대에는 왕과 선지자와 제사장들에게 기름을 부었습니다. 특별히 성령님이 어떤 곳, 어떤 사람에게 임하시도록 기름을 붓기도 하고 하나님의 뜻에 맞지 않으면 성령을 다시 거두기도 하셨습니다. 임하기도 하고 거두기도 하신 구약시대 성령님의 역사가 신약시대에 와서 놀랍게 달라집니다. 단지 우리의 혼과 육을 사로잡아 감동을 주시고 주(主)의 일을 행하도록 하시는 역사뿐만 아니라 성령이 우리의 심령에 내주(內住)하시는 역사로 바뀐 것입니다.

성령님은 구약에서 선지자들을 통해 예언된 대로 오셨습니다. 예수님이 메시아로 이 땅에 오셨을 때 주신 새 언약에 따라 하나님의 신(神), 하나님의 영광, 하나님의 생명이 우리 안에 들어오신 것입니다.

²⁶ 또 새 영을 너희 속에 두고 새 마음을 너희에게 주되 너희 육신에서 굳은 마음을 제거하고 부드러운 마음을 줄 것이며 ²⁷ 또 내 영을 너희 속에 두어 너희로 내 율례를 행하게 하리니 너희가 내 규례를 지켜 행할지라 ²⁸ 내가 너희 조상들에게 준 땅에서 너희가 거주하면서 내 백성이 되고 나는 너희 하나님이 되리라 겔 36:26-28

²⁸ 그 후에 내가 내 영을 만민에게 부어주리니 너희 자녀들이 장래 일을 말할 것이며 너희 늙은이는 꿈을 꾸며 너희 젊은이는 이상을 볼 것이며 ²⁹ 그 때에 내가 또 내 영을 남종과 여종에게 부어줄 것이며 욜 2:28,29

이것은 오순절 성령강림 사건으로 그대로 이루어졌습니다.

¹⁷ 하나님이 말씀하시기를 말세에 내가 내 영을 모든 육체에 부어주리니 너희의 자녀들은 예언할 것이요 너희의 젊은이들은 환상을 보고 너희의 늙은이들은 꿈을 꾸리라 ¹⁸ 그때에 내가 내 영을 내 남종과 여종들에게 부어주리니 그들이 예언할 것이요 행 2:17,18

우리는 지금 예수 그리스도의 초림(初臨) 이후 예수 그리스도가 재림(再臨)하실 때까지를 지칭하는 말세(末世)에 살고 있습니다. 예수께서 십자가에서 돌아가시고 부활 승천하신 후에, 약속하신 보혜사 성령님을 주시겠다고 약속하셨습니다.

그 결과 오순절 이후 보혜사 성령님이 예수 그리스도를 믿는 모든 자의 심령에 영원히 함께하실 뿐만 아니라 또한 우리 가운데 임하셔서 우리로 하여금 하나님의 뜻을 나타내도록 하셨습니다. 그 일이 오늘도 수많은 그리스도인들에게 이루어지고 있습니다.

성령님과 예수님

성령님과 함께하는 방법은 간단합니다. 자신의 죄를 깨닫고 그 죄를 진심으로 회개하고, 예수 그리스도께서 우리의 죄와 저주를 자신의 피 값으로 대속(代贖)하셨다는 사실을 믿는 것입니다. 예수 그리스도를 자신의 주님으로 영접하고 더 이상 자기 자신의 삶을 살지 않는 것입니다.

38 베드로가 이르되 너희가 회개하여 각각 예수 그리스도의 이름으로 세례를 받고 죄 사함을 받으라 그리하면 성령의 선물을 받으리니 행 2:38

9 네가 만일 네 입으로 예수를 주로 시인하며 또 하나님께서 그를 죽은 자 가운데서 살리신 것을 네 마음에 믿으면 구원을 받으리라 롬 10:9

예수님은 메시아이십니다. 그분은 살아 계신 하나님의 아들이요, 우리를 하나님 아버지께로 인도하는 길이요 진리요 생명이십니다. 누구든지 예수 그리스도를 진심으로 영접할 때 보혜사 성령님이 우리 심령 안에 오셔서 영원히 함께하십니다. 우리는 이 놀라운 시대에 살고 있습니다.

예수께서 이 땅에 계시는 동안에도 성령님은 구약시대의 성령님과 동일한 방식으로 우리와 함께하셨습니다(단, 예수님은 유일한 예외이셨습니다. 왜냐하면 그분은 성령으로 잉태되셨기 때문입니다). 그러니까 예수님의 공생애 기간까지, 성령님은 하나님의 절대적인 주권에 따라 임하기도 하시고 거두기도 하시는 성령님으로 계셨으며 그때까지는 우리 안에 오셔서 영원히 내주하시는 성령님은 아니셨습니다.

성령님과 베드로의 신앙고백

성경에 이에 관한 분명한 예가 있습니다. 예수께서 제자들에게 "너희는 나를 누구라 하느냐?"라고 질문하셨습니다. 이에 베드로가 이렇게 답했습니다.

16 주는 그리스도시요 살아 계신 하나님의 아들이시니이다 마 16:16

당시 상황에 비추어볼 때, 베드로의 이 대답은 이치에 맞지 않는 것이었습니다. 그때는 하나님에 대해 정통하다는 바리새인, 서기관들도 예수님을 메시아로 인정하지 않았습니다. 그런데 갈릴리 촌동네 어부 베드로가 갑자기 이렇게 대답한 것입니다.

그러자 이 대답을 들으신 예수님이 베드로에게 말씀하십니다.

17 바요나 시몬아 네가 복이 있도다 이를 네게 알게 한 이는 혈육이 아니요 하늘에 계신 내 아버지시니라 마 16:17

이것은 어느 사람이 가르쳐준 것이 아니요 하나님께서 성령을 보내서서 그 성령의 감동으로 베드로가 자신도 모르게 예수 그리스도가 누구신지를 입술로 선포한 것입니다. 베드로가 성령에 감동되어 예수 그리스도가 누구신지 고백하자 예수님은 특별한 비밀을 말씀해주셨습니다.

> 18 내가 네게 이르노니 너는 베드로라 내가 이 반석 위에 내 교회를 세우리니 음부(陰府)의 권세가 이기지 못하리라 마 16:18

자신의 지식이 아닌 성령의 감동으로 예수 그리스도를 아는 그 믿음 위에 교회를 세우시고 영으로 거듭난 자들이 교회를 통해 하나님나라를 이룰 수 있도록 하시기 위해, 예수께서는 제자들에게 곧 예루살렘에 올라가 장로들과 대제사장들과 서기관들에게 많은 고난을 받고 죽임을 당하고 삼 일 만에 살아나야 할 것을(마 16:21) 말씀하셨습니다.

그런데 예수님이 이 말씀을 하시자 조금 전에 성령의 감동으로 예수님이 누구신지 말했던 베드로가 예수님을 만류하며 "주여 그리 마옵소서 이 일이 결코 주께 미치지 아니하리이다"(마 16:22)라고 말했습니다. 왜 그렇습니까? 성령의 감동이 사라지자 베드로는 자신으로 돌아와 하나님의 일을 생각하는 것이 아니라 사람의 일을 생각했기 때문입니다. 그러자 예수님이 베드로에게 단번에 "사탄아 내 뒤로 물러가라 너는 나를 넘어지게 하는 자로다"라고 말씀하셨습니다.

이 사건만 보더라도 예수님이 말씀하신 것을 다 이루시기까지 성령님은 또 다른 보혜사로 아직 우리 안에 오지 않으셨으며, 하나님의 절대적 주권으로 사람에게 임하기도 하시고 거두기도 하시는 성령님으로 계신 것을 볼 수 있습니다.

또 다른 보혜사 성령님

예수께서는 십자가에 못 박히시기 전 마지막 고별설교를 하시며 다시 오시겠다고 말씀하십니다.

> 16 내가 아버지께 구하겠으니 그가 또 다른 보혜사를 너희에게 주사 영원토록 너희와 함께 있게 하리니 17 그는 진리의 영이라 세상은 능히 그를 받지 못하나니 이는 그를 보지도 못하고 알지도 못함이라 그러나 너희는 그를 아나니 그는 너희와 함께 거하심이요 또 너희 속에 계시겠음이라 18 내가 너희를 고아와 같이 버려두지 아니하고 너희에게로 오리라 요 14:16-18

예수님은 또 다른 보혜사 성령님을 '진리의 영'이라고 하셨습니다. 보혜사라는 말은 헬라어로 파라클레토스(paraclete), 영어로 카운슬러(counselor), 우리말로 풀면 "도와주고 보호하고 변호하는 은혜를 주시는 자"입니다. 예수께서 "내가 떠나가는 것이 너희에게 유익이라"(요 16:7)고 하신 것이 바로 이 뜻입니다. 예수님이 죽으시고 부활하시고 승천하신 다음, 우리 가운데 또 다른 보혜사 성령님으로 오시겠다고 말씀하신 것입니다.

예수께서 영광을 받지 않으셨을 때에는 우리와 영원히 함께하실 수 없습니다. 그러므로 성령님이 우리 가운데 영원히 내주하시는 것은 예수님이 죽으시고 부활하셨을 때부터입니다.

성령을 받으라

예수님은 십자가에서 못 박혀 죽으시고 사흘 만에 부활하셨습니다. 하지만 제자들은 예수님의 부활을 믿지 못하고 도망쳤고 예수님을 배척한 유대인들을 두려워하여 문을 걸어 잠그고 모여 있었습니다. 그런데 예수님이 그 제자들에게 직접 나타나셨습니다. 그러고는 제자들을 향해 숨을 내쉬며 "성령을 받으라"고 말씀하셨습니다.

22 이 말씀을 하시고 그들을 향하사 숨을 내쉬며 이르시되 성령을 받으라

요 20:22

예수님이 성령을 받으라 하실 때는 예수님이 죽으시고 부활하신 다음 우리에게 주시는 성령님입니다. 따라서 우리 안에 임하시어 영원히 함께하시는 성령님입니다. 놀랍게도 예수께서 제자들에게 숨을 내쉬며 성령을 받으라고 하시는 장면은 하나님께서 흙으로 사람을 지으

시고 생기를 그 코에 불어넣는 장면과 동일하며, 하나님의 뜻이 이루어지는 장면이기도 합니다.

> **7** 여호와 하나님이 땅의 흙으로 사람을 지으시고 생기를 그 코에 불어넣으시니 사람이 생령이 되니라 ^{창 2:7}

원래 하나님께서는 자신의 형상을 따라 자신의 모양대로 사람을 지으시고 생기를 그 코에 불어넣어 생령(生靈)이 되게 하심으로 우리를 통해서 하나님의 본질, 하나님의 성품, 하나님의 권능이 나타나게 하셨습니다. 그래서 이 땅에서 우리가 하나님을 대신해서 하나님의 자녀로서 이 땅을 다스리고 정복하고 관리하고 지배하기 원하셨습니다.

그런데 우리가 죄를 지었기 때문에 하나님의 생명이 우리에게서 떠났고 우리는 하나님과 온전한 관계를 가질 수 없게 된 것입니다. 이제 우리 심령 안에는 마귀가 들어와 마귀를 나타내는 존재, 전적으로 타락하고 부패한 존재로서 그 마귀로 말미암아 내 육체와 마음이 원하는 대로 사는 본질상 진노의 자녀의 삶을 살게 되었습니다.

그러나 예수 그리스도께서 이 땅에 오셔서 하나님나라의 복음을 선포하셨고 우리는 성령님을 통해 그분이 누구이신지 알게 되었습니다. 예수님은 자신을 믿는 모든 자들로 하여금 다시 타락 이전으로, 하나님의 생명 안으로 돌이키기 위해 오셨습니다. 그 일을 위해서 먼저 우리의 죄와 저주를 대속하시기 위해 십자가에 못 박혀 죽으셨습니다.

하나님은 예수님이 죽으시고 장사된 지 사흘 만에 그분을 다시 살리셨습니다.

지금 부활하신 그 예수님이 제자들에게 오셔서 성령을 받으라고 말씀하십니다. 그때부터 그 성령님은 우리 안에 내주하시게 되었습니다. 마치 하나님께서 처음 우리를 지으시고 생기를 불어넣으신 것처럼 부활하신 예수님이 죄 사함을 받은 우리에게 숨(생기)을 불어 넣으시며 말씀하셨습니다.

"성령을 받으라."

성령은 내주하시는 영

우리는 예수 그리스도를 믿은 증표(證票)로 물세례를 받습니다. 물세례는 우리가 예수 그리스도의 죽으심과 부활하심에 연합했음을 많은 사람들 앞에 공포(公布)하는 것입니다. 우리가 물 안에 잠길 때 예수 그리스도와 함께 죽었고, 우리가 다시 물 위로 올라올 때 예수 그리스도와 함께 부활했음을 나타내는 상징적 의식입니다.

주님이 나의 죄를 구속하신 구원자 되심을 믿고 내 삶의 주님으로 받아들이면, 그때 우리는 '하나님으로부터' 다시 태어나게 되며, 성령님이 우리 안에 들어오십니다. 즉, 우리가 영으로 다시 태어나는 것입니다.

6 육으로 난 것은 육이요 영으로 난 것은 영이니 요 3:6

그리고 우리 입술로 "주님, 당신은 그리스도이십니다", "당신은 하나님의 아들이십니다"라고 말할 수 있게 됩니다. 이것은 분명 엄청난 변화입니다.

15 누구든지 예수를 하나님의 아들이라 시인하면 하나님이 그의 안에 거하시고 그도 하나님 안에 거하느니라 요일 4:15

그러나 우리를 당혹스럽게 하는 것은 이렇게 성령님이 내주해 계시는데도 우리의 혼과 육은 여전히 옛날 방식대로 살아간다는 것입니다. 우리는 흔히 '하나님이 내 안에 계시고 내가 잘 믿는데 왜 삶이 바뀌지 않을까?'라고 생각합니다. 전심으로 신앙생활 하고, 열심히 충성하고, 더 헌신하지만 늘 뭔가 부족한 것 같고 삶이 온전치 못하다고 느낍니다.

우리가 예수 그리스도를 영접했을 때, 비록 우리의 혼과 육은 아무것도 느끼지 못할지라도 우리의 심령에는 분명히 그리스도의 영, 보혜사 성령님이 내주하시게 됩니다. 그 일이 일어났더라도 실제 우리의 삶이나 육신에 어떤 변화도 없는 것은 어쩌면 당연한 일입니다. 왜냐하면 영적인 변화는 자신의 육적 혼적 지각으로는 알 수 없으며, 그 영의 인도함을 받지 못할 때 우리는 자기 행위와 노력으로 변화된 것만을 인식하고 인정할 수밖에 없기 때문입니다.

중생(重生)한 삶을 깨닫고 누리기 위해서는 우리 심령 안에 계신 말씀이신 하나님의 영과 생명이 우리의 혼과 육에 풀어져야 합니다. 그럴 때 비로소 우리의 삶에 변화가 생기고 그것이 무엇인지 알게 됩니다.

┃ 내 자아와 성령님의 싸움

어떤 사람은 그것을 믿음으로 취하지 않고, 자신이 선한 일을 하고 하나님께 가까이 나아가면 성령님이 계시는 것 같고, 또 죄를 짓고 잘못하면 성령님이 계시지 않는 것처럼 여깁니다. 그래서 자신이 구원을 받았는지도 모르고 헤매는 사람들이 많습니다. 하지만 이전에는 그것조차 느낄 수 없었습니다. 왜냐하면 그 사람 안에 성령님이 사시는 것이 아니라 마귀가 들어와 있었기 때문입니다. 그때는 죄악 충만이라 죄의 법을 섬겨도 전혀 부담스럽지 않았습니다. 그러나 이제는 성령님이 내주하십니다.

그런데 그 후 우리의 삶은 대개 예수를 믿지 않았을 때보다 더 불편합니다. 늘 부대끼고 투쟁하는 삶을 삽니다. 내 자아의 육신의 소욕과 내 안에 계신 성령님이 서로 싸우기 때문입니다.

23 내 지체 속에서 한 다른 법이 내 마음의 법과 싸워 내 지체 속에 있는 죄의 법으로 나를 사로잡는 것을 보는도다 24 오호라 나는 곤고한 사람이로다

이 사망의 몸에서 누가 나를 건져내랴 ²⁵ 우리 주 예수 그리스도로 말미암아 하나님께 감사하리로다 그런즉 내 자신이 마음으로는 하나님의 법을 육신으로는 죄의 법을 섬기노라 롬 7:23-25

내가 하나님을 위해서 살려고 하면 내 육신이 나를 사로잡고, 반대로 조금이라도 나쁜 짓을 할 것 같으면 내 안에 성령님이 나를 사로잡는 것을 느끼게 되어 이렇게 해도 저렇게 해도 계속 불편합니다. 이제는 성령님이 계시기 때문에 자아가 원하는 대로 하려는 육체의 소욕은 성령을 거스르고 성령은 육체를 거슬러 이 둘이 서로 대적하여 원하는 것을 하지 못하게 하는 것, 그래서 내 속이 계속 부대끼는 것이 로마서 7장의 스토리입니다.

¹⁷ 육체의 소욕은 성령을 거스르고 성령은 육체를 거스르나니 이 둘이 서로 대적함으로 너희가 원하는 것을 하지 못하게 하려 함이니라 갈 5:17

그러나 바울은 하나님께 감사한다고 고백합니다. 왜냐하면 생명의 성령의 법이 죄와 사망의 법에서 우리를 자유하게 했고(롬 8:2) 영으로써 몸의 행실을 죽이면 사는(롬 8:13) 것이 무엇인지 알았기 때문입니다.

누구든지 그리스도의 영이 없으면 그리스도의 사람이 아닙니다(롬 8:9). 그리스도의 영이 있으면 마땅히 그 영의 인도함을 받아야 합니다. 우리의 혼과 육이 그리스도의 영의 인도함과 통치함을 받고 순종하여 삶이 변화되느냐, 즉 우리 안에 오신 하나님께서 우리의 혼과 육을 통해 하나님의 형상을 빚으시도록 우리 자신을 얼마나 내드리느냐가 훨씬 더 중요합니다.

14 무릇 하나님의 영으로 인도함을 받는 사람은 곧 하나님의 아들이라 롬 8:14

그런 삶을 살기 위해서는 성령세례 후에도 성령체험을 통해서 성령 충만한 상태를 유지해야 합니다.

오순절 성령강림

우리가 이 문제를 좀 더 명확하게 이해하고 체험하기 위해서는 먼저 생각해볼 문제가 있습니다.

예수께서 부활하시고 마침내 성령님이 그들 안에 내주하셨는데도 예수님은 제자들에게 "너희는 위로부터 능력으로 입혀질 때까지 에루살렘에 머물라"고 말씀하셨습니다(눅 24:49). 제자들에게 예루살렘은 언제 붙잡혀 갈지 모르는 위험한 곳입니다. 그렇지만 예수님은 예루살렘 성을 떠나지 말고 기다리라, 하나님 아버지의 약속을 기다리라고 말씀하셨습니다. 또 "요한은 물로 세례를 베풀었으나 너희는 몇 날이 못 되어 성령으로 세례를 받으리라"(행 1:5)고도 말씀하셨습니다.

그 결과 어떤 일이 일어났습니까? 마침내 오순절 날이 이르매 약속하신 성령이 강림하셨습니다.

1 오순절 날이 이미 이르매 그들이 다같이 한 곳에 모였더니 2 홀연히 하늘로부터 급하고 강한 바람 같은 소리가 있어 그들이 앉은 온 집에 가득하며 3 마치 불의 혀처럼 갈라지는 것들이 그들에게 보여 각 사람 위에 하나씩 임하여 있더니 4 그들이 다 성령의 충만함을 받고 성령이 말하게 하심을 따라 다른 언어들로 말하기를 시작하니라 행 2:1-4

죽으시고 부활하시고 승천하신 예수 그리스도의 영, 성령님은 또 다른 보혜사로 오순절에 강림하셨습니다. 이때 이미 제자들 안에 성령님이 계셨습니다. 성령님의 내주하심으로 그들은 본질적으로 변화되었습니다. 하지만 그들의 삶 가운데는 어떤 변화도 나타나지 않았습니다. 그러나 예수님이 약속하신 대로 위로부터 성령이 임하게 되었을 때 그들은 권능을 받게 됩니다. 그들 각자의 머리 위에 성령이 불처럼 임했고 그 결과 성령으로 새롭게 되어 실제 삶이 변화되었던 것입니다.

대표적인 사람이 베드로입니다. 여종 앞에서조차 예수님을 부인했던 베드로가 이제는 날 때부터 걷지 못해 성전 미문에 앉아 구걸하던 앉은뱅이를 일어나 걷게 하는 이적(異跡)을 행했고, 또 복음을 증거하여 한꺼번에 3천 명을 주께로 돌아오게 했습니다.

이 일들이 오순절 성령강림이라는 사건을 기점으로 이루어졌습니다. 위로부터 성령님이 임했을 때 그는 이 땅에 오신 예수님이 하신 일뿐만 아니라 그보다 큰 일도 하는(요 14:12) 삶으로 변화된 것입니다.

위로부터 임하시는 성령의 권능

오순절 성령강림을 단회적 사건으로 믿는 분들도 있습니다. 하지만 제가 경험한 성령님은 오늘도 우리 가운데 임하시는 성령님입니다. 오순절 성령강림은 예수 그리스도께서 약속하신 성령의 최초 강림이라는 점에서 특별한 것이지 일회적이어서 특별한 것은 아니라고 생각합니다.

이것은 역사적으로 많은 신앙 선배들의 삶을 보더라도 잘 알 수 있습니다. 존 웨슬리(John Wesley)의 경우 그는 예수님을 영접했고 선교사로서 각별한 수고와 헌신을 했지만 실패했습니다. 그가 예수님을 믿었을 때 그에게 성령님이 함께하지 않으신 것이 아닙니다. 그에게 성령님이 내주하셨습니다. 그렇지만 자신의 행위와 노력으로 최선을 다해 하나님을 섬기려고 했을 때 그는 아무 열매도 거두지 못했습니다. 그러나 올더스게이트의 모라비안 교도 집회에서 뜨겁게 성령을 체험함으로 그의 혼과 육이 영의 통치함을 받을 때부터 그에게 기름 부으심이 임했고, 놀라운 성령의 열매들이 맺히기 시작했습니다.

그 성령님은 지금 우리가 기도할 때에도 위로부터 임하십니다. 그

때 우리의 혼과 육이 영의 통치함을 받는 것을 비로소 경험하게 되는 것입니다. 성령님은 지금도 믿는 우리 안에, 그리고 우리와 함께 또 온 우주에 편재하시는 분입니다. 특별히 그 성령님이 우리에게 임하셔서 우리를 강력하게 사로잡으실 때 우리는 혼적(魂的) 의식을 내려놓게 됩니다. 그때 이미 우리 심령 안에 계신 성령님으로부터 생수의 강이 흘러나와 우리의 혼과 육이 그리스도의 영의 인도함을 받게 되고, 비로소 그리스도가 나타나는 삶을 살게 되는 것입니다.

성령님은 증거하시는 분

이 성령님이 우리를 위해 행하시는 것은 무엇일까요? 무엇보다 성령님은 예수 그리스도와 하나님 아버지를 알게 해주십니다. 성령님이 아니고서는 우리가 예수 그리스도와 하나님 아버지를 부를 수 없습니다. 성령님이 우리 안에 계시지 않는다면 예수 그리스도와 하나님 아버지가 누구신지 알 수도 없습니다.

13 그의 성령을 우리에게 주시므로 우리가 그 안에 거하고 그가 우리 안에 거하시는 줄을 아느니라 요일 4:13

우리가 하나님의 자녀가 되었다는 것을 어떻게 알 수 있습니까? 우리 안에 그리스도의 영이 없다면 우리는 마귀에게 속아 살 수밖에 없

습니다. 결코 우리 스스로 하나님을 우리 아버지라 말할 수 없고 믿을
수도 없습니다.

그런데도 우리가 하나님을 '아바 아버지'라 부를 수 있는 이유는 바
로 성령님이 친히 우리 영과 함께 우리가 하나님의 자녀임을 증거해
주시기 때문입니다.

> 16 성령이 친히 우리의 영과 더불어 우리가 하나님의 자녀인 것을 증언하시
> 나니 롬 8:16

누구나 하나님을 아버지라 부르는 것 같고 그렇게 부르는 것이 쉬
울 것 같아도 절대 그렇지 않습니다. 친구 따라 강남은 갈 수 있어도
친구 따라 눈에 보이지 않는 하나님을 아버지라 부르는 일은 결코 쉽
지 않습니다. 설령 입술로 말하더라도 그의 마음과 일치된 고백은 하
지 못할 뿐더러, 억지로 하려고 해도 잘 되지 않습니다.

왜 그렇습니까? 그 안에 마귀가 있기 때문입니다. 하지만 이제 우리
안에 성령님이 계시기 때문에 비로소 하나님을 아버지라 부를 수 있
고, 우리가 누구인지 알게 됩니다. 우리가 믿거나 믿기로 결단했기 때
문이 아니라 성령님이 예수 그리스도 안에 있는 믿음(faith in Jesus
Christ, NLT 갈 2:16,20)을 우리에게 주셨기 때문입니다. 하나님의 선물입
니다.

⁸ 너희는 '그 은혜에 의하여 믿음으로 말미암아' 구원을 받았으니 이것은 너희에게서 난 것이 아니요 하나님의 선물이라 엡 2:8

성령님은 바로잡아주시는 분

성령님은 우리의 죄에 대해서, 의(義)에 대해서, 이 세상의 삶에 대해서 우리가 알지 못하던 것을 깨닫게 해주십니다.

⁸ 그가 와서 죄에 대하여, 의에 대하여, 심판에 대하여 세상을 책망하시리라 ⁹ 죄에 대하여라 함은 그들이 나를 믿지 아니함이요 ¹⁰ 의에 대하여라 함은 내가 아버지께로 가니 너희가 다시 나를 보지 못함이요 ¹¹ 심판에 대하여라 함은 이 세상 임금이 심판을 받았음이라 요 16:8-11

이 말씀에는 놀라운 비밀이 있습니다. 성령님께서 우리 안에 오심으로 죄에 대해서, 의에 대해서, 심판에 대해서 세상을 책망하시기 때문에 그래서 우리가 죄가 무엇인지를 안다는 것입니다. 죄(罪)란 우리가 하나님을 믿지 않는 것입니다. 하나님께서는 예수 그리스도를 통해 우리가 하나님 앞으로 나올 길을 열어주셨습니다. 예수 그리스도는 하나님 앞으로 갈 길이십니다. 그 길을 가지 않는 것이 바로 죄입니다.

예수 그리스도 그분은 하나님의 영광의 광채시요 그 본체의 형상이십니다. 바로 하나님이 이 땅에 현시(顯示)한 분이십니다. 그래서 예수님은 "나와 아버지는 하나"라고 말씀하셨습니다.

> [9] 예수께서 이르시되 빌립아 내가 이렇게 오래 너희와 함께 있으되 네가 나를 알지 못하느냐 나를 본 자는 아버지를 보았거늘 어찌하여 아버지를 보이라 하느냐 요 14:9

예수 그리스도를 믿지 않는 것이 죄입니다. 다른 말로 하나님을 인정하지 않는 것이 죄입니다. 자기가 자기 삶의 주인이라고 믿는 것이 죄입니다.

> [9] 죄에 대하여라 함은 그들이 나를 믿지 아니함이요 [10] 의에 대하여라 함은 내가 아버지께로 가니 너희가 다시 나를 보지 못함이요 요 16:9,10

그러면 어떻게 의롭다 함을 받을 수 있습니까? '오직 믿음으로' 의롭다 함을 받는 것입니다. 우리 눈에 보이지 않더라도 성령님을 통해서 살아 계신 하나님, 예수 그리스도를 믿고 영이요 생명이신 그리스도의 말씀에 우리의 마음이 합해질 때 의롭다 함을 받습니다. 바로 이것이 성령님께서 우리에게 의에 대해 가르쳐주시는 것입니다.

그렇다면 심판이란 무엇일까요? 심판에 대해 알게 해주신다는 것은 이 세상 임금이 이미 심판을 받았다는 뜻입니다. 성령님이 우리 안에 오시면 우리는 자신이 누구인지 알고 우리 안에 계신 이, 예수 그리스도가 세상을 이겼다는 것을 압니다.

예수께서 십자가에 못 박힘으로써 모든 정사와 권세는 무장해제 되었고(disarmed), 이 세상에 있는 모든 마귀는 멸해졌습니다. 우리는 마귀가 이미 심판 받았음을 성령님을 통해 압니다. 왜냐하면 우리 안에 계신 성령님께서 예수 그리스도가 세상을 이긴 자라고 가르쳐주시기 때문입니다(요일 4:4).

성령님은 진리를 가르치시는 분

성령님은 우리에게 진리의 말씀을 깨닫게 해주십니다. 성경은 우리가 읽기만 한다고 해서 그 뜻을 저절로 알 수 있는 것이 결코 아닙니다.

저도 경험해봤지만 성령님이 우리의 삶을 사로잡지 않았을 때 성경은 수면제에 불과합니다. 억지로 읽고 아무리 읽어도 어찌나 어려운지, 왜 그렇게 앞뒤가 안 맞는지 저는 늘 고심했습니다. 우리가 성경을 읽을 때 성령님께서 그 말씀을 풀어서 우리 마음판에 기록해주실 때 말씀이 믿어지는 것입니다. 성령님이 임하여 말씀을 읽을 때 저는 특정한 말씀이 크게 확대되어 보이기도 했고, 신구약의 말씀이 일치되는 경험을 하기도 했습니다. 하나님의 감동하심으로 말씀의 뜻이 깨달아질 때 눈물을 흘리며 밤을 지새기도 했습니다.

더욱이 놀라운 사실은, 사람은 자신의 지식과 경험에 기초해서 말씀을 보기 마련이어서 말씀을 볼 때마다 자신이 가진 관점 이상을 보기 어려운데, 성령 안에서 말씀을 보면 볼 때마다 말씀을 더 깊이 깨닫게 되고 주님이 주시는 마음으로 가슴이 뜨거워지고 주님을 새롭게 만나는 경험을 하게 됩니다. 이런 일은 성령 안에서 말씀이 조명되었음을 증명하는 것입니다.

하나님은 하나님의 뜻을 성령의 감동으로 기록하게 하셨습니다. 말씀을 기록한 것은 사람이지만, 그것을 기록하게 한 분은 성령님입니다. 성경의 저자는 성령님이며 우리는 저자(著者)로부터 저자 직강을 들어야 합니다. 우리가 우리 생각으로 우리가 배운 지식과 이성으로 말씀을 읽는다면 그 말씀이 생명으로 우리 마음판에 새겨지지는 않습니다. 말씀을 보기는 보아도 그분의 인격과 마음의 뜻을 알 수는 없습니다. 우리가 성경을 통해 구원에 이르는 지혜를 얻을 수 있는 것은 우리 믿음 때문이 아니라 예수 그리스도 안에 있는 믿음 때문입니다.

성령님은 진리의 영(靈)이십니다. 성령님은 예수 그리스도를 증거하십니다. 성령님은 예수님이 말씀하시고 가르쳐주신 것을 기억나게 해주십니다(요 14:26). 성령님 없이는 우리가 진리의 말씀을 깨달을 수 없다는 사실을 알아야 합니다.

성령님은 인격체이심

성령님은 '인격'(人格)이십니다. 사랑하는 사람과 어떻게 교제합니까? 인격과 인격으로 교제합니다. 인격이라는 것은 마음을 가지고 있다는 것이고, 다른 말로 하면 생각과 감정과 의지가 있다는 것입니다. 우리는 다른 사람과 교제할 때 마음과 마음으로 교제합니다. 생각을 나누고 감정을 나누고 의지를 나눕니다. 그렇다면 성령님도 마찬가지입니다. 성령님이 우리 안에 오셔서 운행(運行)하십니다. 성령님은 우리의 마음과 육신 전부를 감싸시고 우리와 교제하십니다.

성령님은 '지성'(知性)을 갖고 계십니다. 성령님은 모든 것, 곧 하나님의 깊은 것까지도 통달하셔서(고전 2:10) 우리에게 말씀해주십니다. 그분은 '감정'을 갖고 계십니다. 따라서 성령님을 근심시키면 안 됩니다. 성령님은 우리 마음을 책망하시기도 합니다. 우리가 나쁜 짓을 하거나 하나님께서 기뻐하시지 않는 일을 했을 때 우리는 마음에 엄청난 부담감을 느낍니다. 그것이 바로 성령님의 책망입니다. 지속적으로 하나님의 뜻을 어길 경우 성령님은 근심하십니다.

한편으로 성령님은 '의지'(意志)가 있어서 "가라"라고 말씀하시기도 합니다. 누구에게 전화하라거나 누구를 만나라거나 돈을 주라거나 가서 어떤 행동을 하라는 거룩한 부담감을 주거나 또는 구체적으로 가르쳐주시기도 합니다.

그리스도의 성품으로 빚어 가시는 성령님
성령님은 우리에게 그리스도의 성품을 나타내십니다. 우리가 예수를 믿음으로, 말씀을 지키기 위해, 좀 더 자비하고 좀 더 겸손하고 좀 더 온유하게 되려고 노력한다면 그것만큼 어리석은 삶을 사는 사람은 없습니다. 그런 삶은 그 사람 자신의 선한 태도나 행위에 기초한 자기 의(self-righteousness)를 만들어낼 뿐입니다.

성경은 우리의 태도나 행위로는 결코 하나님의 의(義)에 이를 수 없다는 것을 가르쳐주고 있습니다. 우리가 거듭날 때 하나님께서는 우리에게 그리스도의 영을 주셨습니다. 그 영에서부터 하나님의 의가 나타나는 것이지 우리의 노력이나 행동으로 의를 이룰 수 있는 것이 아닙니다.

그리스도의 성품은 '성령의 열매'입니다. 그 성품이 나타나는 것은 우리가 가진 열매가 아니며 단지 그리스도의 영 안에 붙어 있을 때 맺히는 것입니다. 예수님은 포도나무이고 우리는 가지입니다. 우리가 그분에게 붙어 있을 때 예수 그리스도의 수액으로, 그분의 생명으로 성령의 열매가 우리 가운데 맺히는 것입니다. 우리의 노력이나 헌신 때문에 열매 맺는 것이 아닙니다.

사랑과 희락과 화평, 오래 참음, 자비, 양선, 충성, 온유, 절제를, 어떻게 우리가 노력해서 도(道) 닦듯이 우리 삶에 나타낼 수 있겠습니까? 우리의 영은 죄 사함을 받았고 그것에 기준하여 의인(義人)이 되었지만(하나님께서 우리를 하나님의 의로 부르셨음, 고후 5:21), 우리의 혼과 육은 여전히 죄 가운데 놓여 있습니다. 언제나 유혹과 두려움을 느끼고 자신이 원하는 대로 하기를 원합니다.

따라서 영으로 우리 육신을 쳐서 복종시켜야만 그리스도의 영의 성품이 우리를 통해 나타납니다(롬 8:13). 성령님이 우리의 혼과 육을 통치하실 때 우리의 심령 가운데서 생수가 올라와 그리스도의 성품이 나타나는 것입니다.

성령님에 대한 오해와 편견을 넘어서라

우리는 성령을 거역하거나 모독하지 말아야 합니다. 그런데 너무나 많은 사람들이 성령님을 무시하고 성령님을 부정하고 심지어 성령님을 훼방하고 모독하기까지 합니다.

특별히 성령님을 모독하는 것은 이 세상뿐만 아니라 오는 세상에서도 사함을 얻지 못하는 죄입니다.

31 그러므로 내가 너희에게 이르노니 사람에 대한 모든 죄와 모독은 사하심을 얻되 성령을 모독하는 것은 사하심을 얻지 못하겠고 32 또 누구든지 말로 인자를 거역하면 사하심을 얻되 누구든지 말로 성령을 거역하면 이 세상과 오는 세상에서도 사하심을 얻지 못하리라 마 12:31,32

우리가 성령님에 대해 알지 못할 때는 그럴 수도 있습니다. 그러나 구원을 얻고 성령님이 우리 안에 오셔서 영생의 참 빛을 경험하고도 성령님을 부인하거나 훼방한다면 그 사람은 이 세상뿐만 아니라 오는 세상에서도 용서받지 못합니다.

그런 사람은 드물겠지만 자신의 생각이나 견해와 다르다고 해서 성령님을 부인하거나 성령의 역사로 나타나는 여러 가지 현상들을 잘못되었다거나 또 그것을 악한 영의 짓이라고 매도하는 것은 결코 옳지 않습니다.

예를 들면, 성령님이 임하실 때 쓰러지거나 몸을 떨거나 소리를 지르거나 기침하거나 우는 일들을 보며 성령님이 역사하신다면 어떻게 이런 일들이 일어날 수 있느냐고 반문합니다. 그러나 그런 현상은 성령님이 우리의 혼과 육에 임하셨기 때문에 일어나며 또는 그 결과로 우리 육신 안에 있던 악한 영들이 드러나는 것입니다.

우리가 보기에 다소 불편해 보이는 현상들은 성령님의 직접적인 역사라기보다 숨어 있던 악한 영이 드러나는 경우일 때가 많습니다. 우리의 상처와 우리 안의 쓴뿌리와 잘못된 믿음 때문에 나타나는 것이지 성령님 자체가 그런 분은 아니라는 점을 우리가 분명히 알아야 합니다.

더욱이 우리는 교리적 전통을 중요시하는 교단에서부터 성령세례와 성령의 역사를 강조하는 교단에 이르기까지 각기 다른 교단이나 교파에 소속된 교회에서 서로 다른 강조점을 가지고 신앙생활을 합니다. 따라서 각자의 교리에 일치하지 않는다고 해서 서로를 비난하지는 말아야 합니다. 진정으로 우리가 추구해야 할 것은 성부, 성자, 성령님과 함께 동등하게 교제해야 한다는 것입니다. 왜냐하면 성부 하나님, 성자 하나님, 성령 하나님이시기 때문입니다.

성령님을 초청하십시오. '내가' 주님을 믿고 '내가' 주님을 섬기고 '내가' 열심히 신앙생활 하는 데서 벗어나십시오. 나는 내 삶을 변화시킬 수 없는 존재임을 인정하십시오.

신앙이란 내가 더 열심히 주님을 섬기는 인생이 아니라 성령님이 내 안에 오셔서 하나님의 형상을 빚으시기 때문에 내 생각이 아니라 그분의 생각으로, 내 감정이 아니라 그분의 감정으로, 내 의지가 아니라 그분의 의지로 변화되어 가는 것입니다.

우리 안에 오셔서 우리의 혼과 육을 통치함으로 진정한 그리스도의 삶을 살게 해주시는 성령님께 기회를 드리십시오.

오늘날 우리가 성령님을 체험하고 성령님의 인도함을 받는 삶
을 살기 어려운 이유는 우리가 성령님을 제대로 알지 못하기 때
문입니다. 성령님은 삼위일체 하나님이시며, 처음부터 함께하
셨으며, 영원히 함께하십니다. 성령님은 우리의 혼으로는 인식
할 수 없는 영이시자 인격체이십니다. 그분은 언제나 어떤 공간
에도 계십니다. 우리가 예수 그리스도를 영접했다면 자신의 의
식으로 인식하지 못하더라도 자신의 심령 안에 성령님이 계신
것을 믿어야 합니다. 성령님은 우리에게 예수님을 증거하시고,
우리가 하나님의 자녀인 것을 증언하시고, 우리와 교통하시기
를 원하십니다.

- 우리가 성령님의 존재와 임재를 체험하기 위해서는 지금까지 성령님에 대해
  잘 알지 못했거나 잘못 알고 있었던 사실에 대한 자신의 생각을 바꾸어야 합
  니다.

- 우리가 성령님과 교통하기 위해서 필요한 것은 '간절함'입니다. 간절함이란
  있으면 좋고 없어도 괜찮은 것이 아닙니다. 오직 성령님만을 추구하는 강렬한
  마음입니다.

- 주님! 예수 그리스도를 주님으로 영접했지만 주님의 도우심과 인도하심이 없
  이는 진정한 그리스도인의 삶을 살 수 없음을 고백합니다. 성령님, 간절히 소
  망합니다. 이 시간에 찾아오셔서 당신을 더 알아가게 하소서!

성령님의 주권적인
역사하심을 고대하라

성령님의 주권적인 역사

성령의 감동함 없이는 누구든지 예수 그리스도를 주(主)시라 시인할 수 없습니다. 우리가 예수 그리스도를 진정으로 믿고 우리 입으로 예수를 주시라 시인하여 선포한다면 성령님은 우리 안에 계시는 것입니다. 즉, 중생할 때 성령세례를 받게 됩니다.

그러나 동일한 성령님이시지만 성령님이 우리 안에 내주하시는 것과 우리가 매일의 삶 가운데 그리스도의 영의 인도함을 받는다는 것은 다릅니다. 우리의 영이 거듭나 성령이 우리 안에 내주하시지만 내주해 계시는 성령님이 전부가 아니라, 성령님이 위로부터 임하셔서 우리의 혼과 육을 사로잡는 주권적인 역사가 있을 때 비로소 우리는 실제적으로 그리스도의 영의 인도함을 받는 삶을 살 수 있게 됩니다.

이 역사가 없을 때 우리는 자기의식으로 신앙생활을 할 수밖에 없습니다. 구원을 받고 누구보다 헌신적으로 열심히 주님을 섬기는 신앙생활을 한다 하더라도 고통과 고난을 겪을 때, 심하면 자신이 받은 구원과 영생마저 의심하는 수준의 삶을 살게 됩니다. 주 안에서 누리는 은혜와 진리의 삶, 담대히 복음을 증거하는 삶, 자기 헌신과 자기 노력과 자기 행위와 무관하게 자유함을 누리는 '그리스도의 삶'을 살지 못하는 것입니다. 결국 자신이 죽고 그리스도가 사는 삶이 아니라 스스로 열심을 내어 그리스도를 따르려는 삶을 살 수밖에 없습니다.

이렇게 우리의 영 안에 성령님이 내주해 계시더라도 우리의 혼 가운데 성령님의 말씀의 조명과 주권적인 역사가 없다면 우리가 혼적(魂的) 수준의 삶을 살 수밖에 없습니다. 성령님께서 우리의 혼과 육을 통치하시는 경험을 해보지 못했다는 것은 성령님을 믿노라 하면서도 우리가 그분께 우리의 혼과 육을 전적으로 맡겨드린 적이 없다는 것입니다.

⁶ 육신의 생각은 사망이요 영의 생각은 생명과 평안이니라 롬 8:6

사실 우리는 우리 자신의 의지로 우리의 혼과 육을 성령님께 드리는 것이 불가능합니다. 인간은 자아가 형성될 때부터 자아를 지키고 나타내기 위해 살아온 존재입니다. 따라서 성령님께서 임하시고 주권적으로 나의 혼과 육을 사로잡아 통치하신다고 하는 표현이 옳습니다.

| 성령님이 나의 혼과 육을 다스리시지 못하는 이유

성령세례를 통해 성령님이 내주하게 되셨다는 것은 우리가 영(靈)
으로 거듭났다는 것을 의미합니다. 우리가 예수 그리스도를 영접하여
우리의 본질적인 죄를 회개하고 나의 옛 자아를 십자가에 못 박았을
때 세상 신(神)이 떠나가고 그리스도의 영이 나의 심령 안에 오셨다는
것입니다.

> 6 육으로 난 것은 육이요 영으로 난 것은 영이니 7 내가 네게 거듭나야 하겠
> 다 하는 말을 놀랍게 여기지 말라 요 3:6,7

그러면 성령님께서 우리의 심령 가운데 내주해 계시는데도 여전히
우리의 혼과 육을 통치하시지 못하는 것은 왜 그렇습니까? 그것은 나
를 사로잡고 있던 세상 신이 떠나가고 성령님이 오셨지만, 과거 세상
신에 기초한 자기의식(옛 자아)에 의해 프로그램된 관습적 사고방식,
오래된 습관, 패턴이 우리의 육신(혼과 육)에 이미 체질화되어 있기 때
문입니다. 그리고 죄의 세력이 계속해서 우리 육신에 죄를 짓도록 의
사전달을 하기 때문입니다.

더욱이 나의 옛 자아가 이미 십자가에 못 박혀 죽었고 그 결과 자신
이 영적인 존재로 거듭났는데도 불구하고 여전히 자신에게 구원받기
전에 있던 죄성(罪性)이 있다고 착각하기 때문입니다. 즉, 자신의 심령
안에 성령님이 계심으로 자신의 본질이 바뀌었는데도 자기 육신(혼과

50 알고 싶어요 성령님

육)을 자신이라고 생각한다는 것입니다.

예수님이 이 땅에 오셔서 우리를 위해 십자가에 못 박혀 죽으심으로 우리를 위한 구속의 역사를 이미 완성하셨기 때문에 우리는 구원을 얻었고 영생을 누리는 자입니다. 하지만 그렇더라도 우리가 일상에서 진정한 그리스도의 삶을 살기 위해서는 우리의 혼과 육이 실제적으로 성령님의 인도함을 받아야 하며, 더 나아가 우리 안에 계신 성령님께서 우리를 통해 나타나셔야 합니다.

이것은 오직 지속적인 성령의 인도하심 가운데서 가능한데 이러한 일은 성령님이 임하시는 역사를 경험해야 이루어집니다.

성령세례인가? 성령체험인가?

성령세례 이후에도 우리가 더욱더 성령을 구하는 것이 하나님의 뜻입니다. 우리는 성령강림의 체험을 지속적으로 사모해야 합니다. 그런데도 성령세례에 대한 여러 오해와 엇갈린 주장이 성령의 역사를 왜곡하고 성령님을 아는 지식을 제한하여 '성령님의 인도함을 받는 삶'에 대해 부정적인 영향을 끼쳤습니다.

개혁 복음주의에서는 우리가 중생할 때(혹은 물세례를 받을 때) 성령의 내주하심을 성령세례로 생각합니다. 즉, 물세례를 받을 때 성령세례도 임한다는 입장입니다. 한편, 오순절 은사주의에서는 우리가 중생할 때 이루어지는 성령의 내주하심과 성령세례를 다른 것으로 보며 (우리가 물세례를 받을 때 성령의 내주하심과 성령세례가 동일하게 임할 수도 있지만) 대개 물세례 이후 별도의 경험으로 성령세례가 임한다고 봅니다.

저는 성령의 내주하심을 성령세례로, 오순절 은사주의에서 말하는 성령세례를 '성령체험'이라 부르고자 합니다. 성령체험(성령의 임하심, 성령강림)은 외부로부터의 성령의 임하심으로, 그 혼과 육이 성령님께 사로잡히는 체험을 말합니다. 오순절 날 이후부터는 성령세례와 성령체험이 동시에 임할 수도 있으나, 대부분의 경우에는 성령세례 이후 진정한 성령체험을 하게 됩니다.

성령강림의 체험은 오순절 날의 일회적 사건이 아닙니다. 오순절 성령강림 이후로 성령님은 자녀들의 초청에 따라서 언제든지 위로부터 임하십니다. 성령체험은 바로 그 성령의 역사입니다(본서에서는 성령체험이라는 용어를 '성령강림의 체험'이나 '기름부으심을 받은 자의 안수를 통한 성령의 임하심'을 모두 포함하는 의미로 사용했습니다).

오순절 날 이후에도 성령님은 위로부터 임하셨습니다.

31 빌기를 다하매 모인 곳이 진동하더니 무리가 다 성령이 충만하여 담대히 하나님의 말씀을 전하니라 행 4:31

44 베드로가 이 말을 할 때에 성령이 말씀 듣는 모든 사람에게 내려오시니 45 베드로와 함께 온 할례 받은 신자들이 이방인들에게도 성령 부어주심으로 말미암아 놀라니 행 10:44,45

또한 기름부음을 받은 자의 안수를 통해서도 성령체험을 경험할 수 있습니다. 이것은 물세례는 받았지만 아직 성령을 받지 못한 사람들에게 베드로와 요한이 안수했을 때 성령체험을 하게 된 예를 통해서 볼 수 있습니다.

14 예루살렘에 있는 사도들이 사마리아도 하나님의 말씀을 받았다 함을 듣고 베드로와 요한을 보내매 15 그들이 내려가서 그들을 위하여 성령 받기를 기도하니 16 이는 아직 한 사람에게도 성령 내리신 일이 없고 오직 주 예수의 이름으로 세례만 받을 뿐이더라 17 이에 두 사도가 그들에게 안수하매 성령을 받는지라 행 8:14-17

5 그들이 듣고 주 예수의 이름으로 세례를 받으니 6 바울이 그들에게 안수하매 성령이 그들에게 임하시므로 방언도 하고 예언도 하니 행 19:5,6

옛날 집 앞마당에 있던 펌프를 한번 생각해보십시오. 펌프로 지하수를 끌어올리기 위해 수원지를 찾아 땅 속에 파이프를 박고 펌프를 통해 지하수가 솟아 나오도록 연결합니다. 이때 펌프는 우리의 육신에, 파이프는 우리의 영에 비유될 수 있습니다.

우리가 구원을 받았다는 것은 죄로 인해 하나님의 생명으로부터 멀어졌던 인간이 다시 하나님의 생명에 연결된 것과 같습니다. 이것은 파이프를 지하수에 박은 것과 같은 것입니다. 만약 예수를 영접하지 않은 불신자라면 그는 생명의 근원(생수의 근원이신 하나님)이 아닌 다른 곳에 파이프를 박은 사람입니다.

> **13** 내 백성이 두 가지 악을 행하였나니 곧 그들이 생수의 근원되는 나를 버린 것과 스스로 웅덩이를 판 것인데 그것은 그 물을 가두지 못할 터진 웅덩이들이니라 렘 2:13

파이프 안에 이미 물이 있더라도 펌프를 통해 실제로 물을 끌어올리는 것은 또 다른 일입니다. 예를 들어 펌프의 손잡이를 잡고 아무리 펌프질을 해도 물은 올라오지 않습니다. 이 상태를 비유해보면, 우리가 예수 그리스도를 영접함으로 성령님이 내주하신 것과 같다고 할 수 있습니다.

많은 그리스도인의 삶을 생각해보십시오. 분명히 그리스도인이 되었고 열심히 신앙생활을 합니다. 기도와 말씀, 봉사와 헌신을 하는데도 뱃속 깊은 곳에서부터 올라오는 생수를 느낄 수 없어 목말라하고 답답해합니다. 진리의 말씀을 추구하며 애써 주님을 닮아가고자 노력하는데 왜 자유함과 평강이 없고 놀라운 은혜를 누리지 못합니까?

이것은 마치 펌프질을 열심히 해도 물은 올라오지 않고 펌프 실린더의 고무 패킹이 과열되어 타는 냄새가 나는 것과 같습니다.

성령강림의 체험을 하라

펌프질을 하는데도 물이 올라오지 않는 이유는 펌프에 마중물을 붓지 않았기 때문입니다. 수원지로부터 생수가 파이프를 타고 올라와 펌프를 가득 채우기 위해서는 한 바가지의 마중물이 필요합니다. 위로부터 임한 마중물로 펌프 내 압력이 걸리고 마침내 물이 올라오기 시작하는 것입니다. 파이프를 지하수에 박은 것이 성령의 내주하심(성령세례)이라면 마중물에 해당되는 것이 위로부터 임하시는 성령강림의 체험입니다.

파이프를 지하수에 박았을 때 이미 파이프에는 물이 존재하는 것입니다. 그러나 그 물이 펌프를 통해 밖으로 나오려면 한 바가지의 마중물이 필요합니다. 그 한 바가지의 마중물 때문에 펌프에 물이 차게 되고 그때 펌프질을 하게 되면 그 압력 때문에 파이프로부터 물이 올라와 펌프를 가득 채워 밖으로 지속적으로 흘러가게 됩니다.

성령님과 우리의 관계를 이 비유로 다시 한번 생각해보십시오. 첫째, 파이프를 지하수에 박지 않고 펌프에 마중물을 붓는다고 물이 올라오겠습니까? 마찬가지로 성령님이 내주하시지 않는 성령체험이란 단순한 성령체험일 뿐입니다. 불신자들도 일회적 성령체험을 할 수 있습니다. 또 구원받은 그리스도인이라 할지라도 성령체험이 무엇을 의미하는지 제대로 알지 못하면 그에게도 역시 그 성령체험은 일회적인 체험에 그칠 확률이 높습니다. 왜냐하면 성령님을 통해 성부, 성자 하나님과 깊이 교제할 수 있다는 사실을 모르기 때문입니다.

둘째, 파이프에 물이 있는데도 한 바가지의 물을 시작으로 펌프를 가득 채우는 일이 없으면 압력은 걸리지 않습니다. 이것은 성령체험을 할 때 우리의 혼과 육이 성령에 사로잡히는 경험을 의미합니다. 그때 비로소 우리는 자신의 혼과 육이 자기 삶을 주도하는 본질적 자아가 아님을 깨닫고 체험합니다. 그러나 이 체험도 성령님에 대한 믿음, 성령님에 대한 의식이 있을 때 가능하지, 만일 자기 육신이 주체가 되어 성령강림의 체험을 한다면 그 또한 단순한 체험에 불과하게 되는 것입니다. 그런 체험을 하게 되면 도리어 두려워져서 성령님께 자신을 내드리기보다 자아를 지키려고 더 애쓰게 됩니다.

성령충만함을 받으라

그러나 진정으로 성령체험을 하게 되면 자아를 포기하는 두려움이 사라지고 자신의 혼과 육을 온전히 성령님께 드리게 됩니다. 그럴 때, 이미 자신의 심령 안에 계신 그리스도의 영이 자신의 혼과 육으로 흘러나오며 영이요 생명인 살아 계신 그리스도의 말씀이 그 마음에 부어지는 것을 경험합니다.

38 나를 믿는 자는 성경에 이름과 같이 그 배에서 생수의 강이 흘러나오리라 하시니 요 7:38

그 결과 우리는 삶의 모든 부분에서 지속적으로 그리스도의 영의 인도함을 받게 됩니다. 바로 이 상태를 가리켜서 성령충만함을 받는다고 말합니다. 우리는 흔히 성령충만함을 강력한 성령체험 또는 강력한 성령의 임재를 뜻한다고 생각합니다. 그러나 성령충만이란 성령 강림의 역사에 따른 결과로, 나의 영혼육(靈魂肉)이 온전히 그리스도의 영의 인도함을 받는 상태입니다.

그럼 성령충만한 상태를 유지하기 위해서는 어떻게 해야 합니까? 항상 성령체험을 구해야 합니다. 우리가 온전히 성령의 인도함을 받는 성령충만이란, 변화무쌍한 우리 마음이 마침내 우리의 영을 감싸고 계시는 성령으로부터 나오는 영이요 생명이신 살아 계신 말씀에 일치되는 것입니다. 그때 성령님이 그리스도 안에 있는 믿음으로 우리 마음에 말씀을 깨닫게 하시고 그 말씀이 진리임을 알게 하시는 것입니다.

성령세례 이후 성령체험을 했더라도 그 후에도 우리는 기회가 될 때마다 그리고 어렵고 힘들 때마다 계속해서 성령체험을 해야 합니다. 그래야 예수님이 이미 이루어놓으신 구원 사역이 그 사람의 실제 삶 가운데 체험되고 열매로 나타납니다.

11 예수를 죽은 자 가운데서 살리신 이의 영이 너희 안에 거하시면 그리스도 예수를 죽은 자 가운데서 살리신 이가 너희 안에 거하시는 그의 영으로 말미암아 너희 죽을 몸도 살리시리라 12 그러므로 형제들아 우리가 빚진 자로

되 육신에게 져서 육신대로 살 것이 아니니라 13 너희가 육신대로 살면 반드시 죽을 것이로되 영으로써 몸의 행실을 죽이면 살리니 14 무릇 하나님의 영으로 인도함을 받는 사람은 곧 하나님의 아들이라 롬 8:11-14

흔히 자신 안에 성령님이 이미 계시기 때문에 더 이상 위로부터 임하시는 성령체험이 필요 없으며, 내 안에 계신 성령님이 나타나도록 노력해야 한다는 주장을 듣게 됩니다. 그러나 비록 우리 자신의 영 안에 성령님이 계신다 하더라도 아직 온전히 구원받지 못한 우리의 혼과 육의 헌신과 노력으로는 그 성령님을 알 수 없고, 그분이 나타나게 할 수도 없으며, 나타나시는 것을 알지도 못한다는 것을 알아야 합니다.

그렇기 때문에 하나님의 은혜를 따라 주신 '예수 그리스도 안에 있는 믿음'이 우리에게 필요합니다. 이 믿음은 우리의 혼적 믿음이 아니라 내 안에 계신 예수 그리스도의 믿음입니다.

우리의 혼과 육이 성령님께 온전히 사로잡히는 체험적 과정을 통해 우리 안에 예수 그리스도 안에 있는 믿음이 생깁니다. 성령체험을 통해 비로소 하나님의 영에 기초한 새롭게 변화된 자기의식을 경험할 때 우리는 자신의 죄성(sinful nature)이 이미 없어졌으며, 우리 자신의 영 안에(자신의 혼과 육이 아니라) 새로운 하나님의 성품(divine nature)이 내재하게 되었다는 사실을 깨닫게 되는 것입니다.

⁹ 하나님께로부터 난 자마다 죄를 짓지 아니하나니 이는 하나님의 씨가 그의
속에 거함이요 그도 범죄하지 못하는 것은 하나님께로부터 났음이라 요일 3:9

성령체험을 가로막는 마귀의 책략

성령체험은 이미 우리 안에 계신 '그리스도'를 확증해줍니다. 우리
가 이미 구원받은 자라 해도 여전히 자신의 혼과 육에 기초한 의식으
로 살아가기 때문에 자신의 영 안에 계신 그리스도의 영이 실제로 체
험되지는 않습니다. 우리는 성령체험을 통해서 그리스도의 영을 체험
하게 됩니다.

성령체험을 통해 우리의 혼과 육에 다양한 현상이 일어나는 것을
보면서 우리가 '그리스도의 몸의 지체'가 되었음을 경험합니다. 성령
체험은 '그리스도의 영'의 인도함을 받아 주의 성품과 능력을 나타내
는 실제적인 그리스도인의 삶의 기초입니다. 성령체험은 구원받은 자
에게 주시는 놀라운 축복이며 은혜입니다.

우리는 이 땅에 하나님나라를 이루는 직분을 받은 자들입니다. 우
리를 통해 하나님의 영광이 나타나고 주(主)의 말씀이 이루어집니다.
우리를 통해 하나님의 사랑이 흘러가는 놀라운 일들이 일어납니다.
단, 우리가 노력하고 절제해서 경건하게 되어 이루는 것이 아니라 그
리스도의 영이 우리의 혼과 육을 통치함으로 우리를 통해 그리스도의
성품과 주의 권능이 나타나는 삶을 살 수 있게 되는 것입니다.

그런데 우리가 그리스도의 영을 체험하는 삶, 그리스도의 성품과 능력을 나타내는 삶이 있는지 알지도 못하고 그렇게 살지도 못하게 하려는 마귀의 악독한 책략(策略)이 있습니다. 마귀는 우리가 이 땅에서 한 인간으로 예수를 믿고 신앙생활 하는 데서 만족하게 하려고 합니다. 다만 육적(肉的)인 삶에 최선을 다하라고 부추깁니다.

그러나 우리가 성령체험을 하고 성령충만함을 통해 그리스도의 영의 인도함을 받게 되면 그때부터 우리는 더 이상 이 땅의 삶을 사는 자가 아닌, 이 땅에 도래(到來)한 하나님나라의 삶을 사는 자가 됩니다. 그리스도의 영이 내 혼과 육을 통치할 때는 성령의 조명하심으로 말씀이 내 마음판에 박히기 때문에, 내 영 안에 계신 그리스도의 영의 생각과 내 혼의 생각이 일치되어 말씀대로 생각하게 되고, 말씀대로 느끼게 되고, 말씀 때문에 의지가 생겨나 행동하게 됩니다.

따라서 우리가 더 이상 말씀을 '지키는' 차원에 머무는 것이 아니라 우리 안에 계신 그리스도께서 우리를 통해 나타남으로 말씀을 '이루는' 존재가 되는 것입니다. 이러한 삶이 실제로 있습니다. 특별한 사람에게만 주어지는 것이 아닙니다. 하나님은 모든 그리스도인들이 하나님의 자녀로서 바로 이런 삶을 살 수 있도록, 갈급해 하는 모든 자에게 지금도 물 붓듯이 성령을 부어주십니다.

우리 자신의 인생을 돌아보십시오. 열심히 신앙생활 하지만 정말 그 생활에 만족하십니까? 성령님께서는 지금도 우리에게 한 걸음 더 나아가라는 감동을 주십니다. 우리는 열심히 살다가 때가 되면 천국 가면 된다는 식으로 생각하기 쉽습니다. 또 내가 더 헌신하지 못해서, 내가 이 정도밖에 노력하지 않았는데 하나님께서 뭘 주시겠느냐고 생각합니다.

하지만 그것은 사실이 아닙니다. 그것은 마귀가 주는 생각입니다. 지금부터 성령체험을 간구하십시오. 성령체험은 중생한 모든 자에게 주님이 약속하신 놀라운 은혜입니다.

성령체험에 관한 Q&A

Q 그럼 꼭 성령체험을 해야만 구원을 얻는 것입니까?

A 결코 그렇지 않습니다. 거듭 강조하지만 우리는 이미 구원을 얻었고, 영생을 누리는 자입니다. 그러나 그것이 우리의 일상에서 그리스도의 삶을 살게 해주는 것은 아닙니다. 그것은 오직 성령체험 이후 그리고 계속적인 성령충만을 통해 이루어져 갑니다.

Q 성령체험을 하면 완전히 다른 사람으로 변화됩니까?

A 그렇지 않습니다. 성령체험을 했더라도 우리는 죄를 짓기도 하고 하나님이 원치 않는 삶을 살기도 합니다. 성령의 인도함을 받는 삶은 일회적인 체험의 결과로 이루어지는 것이 아닙니다. 성령의 역사는 말 그대로 성령님이 그 장소 그 시간에, 우리에게 임재하시고 나타나신 결과일 뿐, 우리가 성령을 받아 소유한 것이 아니기 때문입니다. 우리가 성령님께 사로잡히는 영광의 통로가 되어 성령님이 현재적으로

나타나시는 역사입니다.

따라서 '성령충만한 삶'이란 계속되는 성령님과의 교제 가운데 우리의 순종과 믿음으로 그분의 지속적이고 현재적인 나타나심을 뜻합니다. 이것이 구원을 이루어가는 '성화의 삶'입니다. 우리가 끊임없는 하나님 영광의 임재의식 가운데 우리 안에 계시는 성령님이 우리 육신의 삶을 완전히 사로잡으시도록 내드리며, 그 결과 모든 시간, 모든 일에 성령의 인도함을 받는 삶을 사는 것입니다.

Q 성령체험을 하지 못했다고 말하는 사람들 중에도 성품이 변화되고 능력으로 주(主)의 일을 행하는 사람이 있지 않습니까?

A 그러나 우리 자신이 인식하지 못하는 사이에 성령체험을 할 수도 있다는 사실을 간과하지 마시기 바랍니다. 우리는 흔히 성령체험이라고 하면 육신적이고 격정적인 현상과 경험에만 초점을 맞추는데, 그렇게 느끼지 못하는 성령체험도 할 수 있습니다.

예를 들어, 어느 날 말씀을 읽다가 또는 기도하다가 자신이 정말 죽을 수밖에 없는 죄인이라는 생각에 사로잡혀 두려움과 애통함 가운데 보내기도 합니다. 예수 그리스도의 십자가가 실제로 느껴지며 그분이 진정으로 자신의 죄를 대속하신 것이 믿어지고 그분이 자신의 생명이라는 사실이 믿어집니다.

말씀을 읽는 도중에 마치 하늘 문이 열리는 것 같고, 자신이 정말 구원받은 존재로서 더 이상 옛날의 자신이 아니라는 사실이 깨달아져서 몇 날 며칠 동안 말할 수 없는 기쁨이 샘솟듯 올라와 주위 사람들로부터 이상한 시선을 받기도 합니다. 말씀을 읽는 것이 늘 어렵다고 여겼는데 어느 날부턴가 말씀이 꿀송이같이 달고 말씀이신 하나님의 마음이 내 안에 부어지는 것을 느끼고, 신구약 말씀이 하나로 이해되는 이런 일이야말로 성령체험을 통해 이루어진 것입니다.

따라서 성령체험을 하지 못했는데도 놀랍게 변화된 것이 아니라, 자신이 이미 경험한 성령체험을 제대로 인식하지 못한 경우가 있을 수 있는 것입니다.

Q 오늘날 많은 그리스도인들이 그들의 삶 가운데 그리스도의 영의 인도함을 받지 않는 이유는 무엇입니까?

A 지나온 역사를 볼 때 그것은 성령에 대한 편견적 이해와 성령 사역에 대한 부정적인 시각, 그리고 온전하지 못한 가르침 때문입니다. 그것이 결국 말씀과 성령을 분리하는 결과를 초래했습니다.

초대 교회 시대에는 성령님 없이 신앙생활 한다는 것이 불가능했습니다. 그러다가 어느덧 성경이 정경(正經)으로 완성되자 더 이상 성령님을 통한 하나님과의 교제는 필요 없다는 식의 신앙생활을 하게 되었습니다. 물론, 성령의 역사에 따른 다양한 부작용의 영향도 있었을 것입니다.

우리는 '오직 말씀만으로'(Sola Scriptura)라는 말을 올바로 이해할 필요가 있습니다. 이 주장은 면죄부를 팔고 성경 말씀보다 교황의 말을 더 중요하게 여기던 때에 오직 성경으로 돌아가자는 종교개혁의 기치를 내건 주장이지 결코 성령을 부정하기 위해 나온 말이 아닙니다.

우리는 성령에 대한 오해로 성령과 말씀을 분리시키는 우(愚)를 범하지 말아야 합니다. 진리만을 붙들려 하다가 안타깝게 진리이신 그 하나님을 외면하는 결과를 가져오게 된다면 이 얼마나 어리석은 일입니까? 분명한 것은 예수님과 말씀을 분리할 수 없는 것처럼 성령과 말씀을 분리해서 생각할 수 없다는 것입니다.

Q 간혹 성령의 감동으로 하나님이 내게 이렇게 말씀하셨다고 하며 자신이 받았다는 계시를 성경보다 높이는 사람들이 있는데 그런 사람은 어떻게 이해해야 합니까?

A 이것은 명백히 잘못된 일입니다. 하나님은 하나님의 때에 성령의 감동으로 '성경의 말씀'을 하나님의 마음으로 풀어주십니다. 따라서 하나님의 음성을 직접 듣는다고 하면서 그것을 성경보다 더 우위에 두거나 성경 이외의 다른 것을 말한다면 그것은 거짓입니다.

성령의 성품과 열매 vs 성령의 능력과 은사

흔히 (개혁 복음주의에서 주장하는) 성령님의 내주하심은 우리의 내적 열매(영적 성숙), 즉 우리의 인격에 영향을 미치고, (오순절 은사주의 교회에서 주장하는) 위로부터 임하시는 성령을 통해서는 권능의 은사가 임하여 하나님의 뜻을 이루는 삶을 살게 한다고 생각합니다.

그러나 성령의 내적 열매나 은사는 서로 다른 역사가 아니라 모두 동일한 성령에 의해 이루어지는 역사입니다. 성령체험의 결과, 성령의 인도함으로 그리스도의 성품이 나타날 수도 있고, 하나님의 권능이 나타날 수도 있음은 그것이 성령님의 나타나심으로 이루어지는 역사이기 때문입니다.

영적 성숙이란 그리스도의 영의 인도함을 받고 오랜 시간 그분과 교제하고 친밀함을 나눔으로써 그리스도의 본질이 우리의 혼과 육을 통해 점차적으로 나타나는 것, 바로 우리를 통해 그분의 형상이 나타나는 것입니다. 반면에 성령의 능력과 은사는 이 땅에 도래한 하나님 나라에서 하나님의 뜻을 나타내고자 하는 갈급한 심령으로 구할 때 선물로 주시는 것입니다.

우리가 그리스도의 온전한 삶을 살기 위해서는 이 두 가지가 다 나타나야 합니다. 따라서 성령체험을 단지 성령의 능력과 은사를 받기 위한 과정으로 여겨서 성령님을 통해 주시는 영적 성숙의 길을 스스로 제한해서는 안 됩니다. 성령체험을 부인하여 성령을 통해 그리스도의 성품이 나타나는 것을 인정하지 않고, 인간적인 자기의와 노력으로 주님을 닮아가기 위해 애쓰는 것은 너무나 안타까운 일입니다.

성령체험을 통한 지속적인 성령충만함은 영적 성숙, 성령의 능력과 은사가 나타나는 데 영향을 미칩니다. 실제로 그리스도의 영의 인도함을 받아야 우리가 매일의 삶을 십자가에서 시작할 수 있고, 주의 말씀에 순종할 수 있습니다. 이 육체의 죽음과 순종으로 그 사람을 통해 주의 성품이 나타나는 것이 곧 성령의 열매입니다.

22 오직 성령의 열매는 사랑과 희락과 화평과 오래 참음과 자비와 양선과 충성과 23 온유와 절제니 이 같은 것을 금지할 법이 없느니라 24 그리스도 예수의 사람들은 육체와 함께 그 정욕과 탐심을 십자가에 못 박았느니라 갈 5:22-24

성령님께서 우리의 영뿐만 아니라 혼과 육을 통치함으로써 그분의 영광이 우리를 통해 나타나게 되며, 주의 뜻을 이루는 일에 소원함으로 나아갈 때 우리에게 기름부으심이 임하고 권능이 주어지게 되는데 그것이 성령의 능력이며 은사입니다.

8 어떤 사람에게는 성령으로 말미암아 지혜의 말씀을, 어떤 사람에게는 같은 성령을 따라 지식의 말씀을, 9 다른 사람에게는 같은 성령으로 믿음을, 어떤 사람에게는 한 성령으로 병 고치는 은사를, 10 어떤 사람에게는 능력 행함을, 어떤 사람에게는 예언함을, 어떤 사람에게는 영들 분별함을, 다른 사람에게는 각종 방언 말함을, 어떤 사람에게는 방언들 통역함을 주시나니 고전 12:8-10

성령의 충만함을 잘못 구하는 사례

성령충만의 궁극적 목적은 우리가 하나님의 성품과 본질을 나타내고 이 땅에서 주(主)의 뜻을 이루는 데 있습니다. 결코 우리 자신의 축복이나 형통과는 관계가 없습니다.

9 그러나 너희는 택하신 족속이요 왕 같은 제사장들이요 거룩한 나라요 그의 소유가 된 백성이니 이는 너희를 어두운 데서 불러내어 그의 기이한 빛에 들어가게 하신 이의 아름다운 덕을 선포하게 하려 하심이라 벧전 2:9

14 그가 우리를 대신하여 자신을 주심은 모든 불법에서 우리를 속량하시고 우리를 깨끗하게 하사 선한 일을 열심히 하는 자기 백성이 되게 하려 하심이라 딛 2:14

실제로 성령의 충만함을 받고 주의 복음을 전하고 주의 뜻을 이룰 때 우리에게 돌아오는 것이 영광만은 아닙니다. 주님과 함께 영광을 받기 위하여 고난도 함께 받게 됩니다. 왜냐하면 우리는 세상을 거슬러 이 세상이 원치 않는 목적을 추구하고, 이 세상과 다른 사고방식으로 살아가며, 이 세상 신(神)을 대적(對敵)하기 때문입니다.

그러나 우리가 우리 안에 계신 예수 그리스도를 통하여 하나님의 뜻을 이루는 삶을 살 때 하나님께서는 우리에게 물질을 주시고, 사람을 붙여주시고, 신분을 높여주시고, 놀라운 기사와 표적을 일으키시는 것 또한 체험할 것입니다. 단, 우리가 잊지 말아야 할 것은 이 모든 은혜는 하나님나라를 이루기 위해서 주신 것이지 우리 자신의 형통과 축복만을 위해 주어지는 것은 아니라는 점입니다.

따라서 "성령 받고 축복 누리자"라는 식의 주장은 하나님의 은혜를 인간을 위한 축복으로 변질시킨 잘못된 복음입니다. 축복 받기 위해서 또는 능력 얻기 위해서 성령의 충만함을 추구하는 것은 매우 위험하고 어리석은 일입니다.

그러면 성령의 권능과 은사가 임하여 주의 일을 행하는 사람 중에서 인격이 미숙하고 교만한 사람이 있는 이유는 무엇일까요? 이것을 지금까지 많은 사람들이 의문을 제기해온 문제이기도 한데, 그것은 단적으로 성령 사역의 중심에 십자가가 있지 않기 때문입니다. 동일한 한 성령의 역사임에도 불구하고 우리가 성령의 초자연적인 능력을 경험하는 것과 영적으로 성숙하게 되는 것은 별개의 일입니다.

나의 죽음과 예수의 생명

우리 안에 계신 그리스도께서 주시는 새 생명은 두 가지 일을 하게 됩니다. 첫째는 그리스도의 영으로 육의 행실을 죽이는 것이고, 둘째는 권능으로 주의 일을 행하는 것입니다.

거룩한 삶을 살기 위해서 우리는 매일 우리 자신의 육체를 죽여야 합니다. 이때 죽음은 매일 일상의 삶에서 과거의 습관과 태도에 물든 자신의 육적(肉的) 삶을 포기하는 일입니다. 우리가 성령을 따라 행해야 육체의 욕심을 이루지 않게 됩니다.

¹³ 너희가 육신대로 살면 반드시 죽을 것이로되 영으로써 몸의 행실을 죽이면 살리니 롬 8:13

¹⁶ 내가 이르노니 너희는 성령을 따라 행하라 그리하면 육체의 욕심을 이루지 아니하리라 갈 5:16

우리 죽을 육체에 예수의 생명이 나타나게 하는 과정은 지속적인 성령님과의 친밀함 가운데 육신의 소욕을 죽임으로써 이제는 그 육신이 예수 그리스도의 성품을 나타내는 그릇으로 변화되는 것입니다.

¹⁰ 우리가 항상 예수의 죽음을 몸에 짊어짐은 예수의 생명이 또한 '우리 몸에 나타나게 하려 함이라' ¹¹ 우리 살아 있는 자가 항상 예수를 위하여 죽음에 넘겨짐은 예수의 생명이 또한 '우리 죽을 육체에 나타나게 하려 함이라' 고후 4:10,11

³¹ 형제들아 내가 그리스도 예수 우리 주 안에서 가진 바 너희에 대한 나의 자랑을 두고 단언하노니 나는 날마다 죽노라 고전 15:31

이것은 과거의 옛 자아로는 상상할 수 없는 새로운 경험입니다. 이 경험은 내 육신(혼과 육)에 새로운 정보로 기록되며, 기록된 정보에 기초한 새로운 삶을 살 때 우리는 점점 더 하나님나라의 삶에 익숙해집

니다.

하나님나라의 삶이란, 바로 성령의 인도함을 받아 주의 성품과 생명이 내 육체에 나타나는 삶입니다.

14 그러나 내게는 우리 주 예수 그리스도의 십자가 외에 결코 자랑할 것이 없으니 그리스도로 말미암아 세상이 나를 대하여 십자가에 못 박히고 내가 또한 세상을 대하여 그러하니라 갈 6:14

세상에 대하여 죽었다는 것은 세상을 벗어났거나 세상과 관계를 끊었다는 뜻이 아니라 세상의 법칙이나 시스템에 얽매여 살지 않고 그보다 더 큰 하나님나라의 법칙에 의해 내 삶이 움직여진다는 뜻입니다.

십자가의 도에 기초한 성령 사역

이 땅에 도래한 하나님나라에서 주의 뜻을 이루어 나갈 수 있도록 하시는 성령이 우리에게 오시면 우리는 권능을 받게 됩니다. 그런데 이 능력과 은사는 사모하는 자에게 주시는 하나님의 선물로, 영적으로 성숙하지 못한 사람에게도 나타날 수 있습니다.

따라서 그리스도의 성품을 나타내고 그분의 일을 행하는 차원이 아니라 자신의 종교적 욕망을 채우거나 축복과 형통을 위해 성령을 받고자 하는 경우 그 부정적인 영향들이 나타나기도 합니다. 그런 사람에게 나타나는 하나님의 능력 때문에 많은 사람들이 시험에 들기도 합니다.

> 8 오직 성령이 너희에게 임하시면 너희가 권능을 받고 예루살렘과 온 유대와 사마리아와 땅 끝까지 이르러 내 증인이 되리라 하시니라 ^{행 1:8}

> 7 각 사람에게 성령을 나타내심은 유익하게 하려 하심이라 ^{고전 12:7}

혹시라도 사도행전 1장 8절의 성령의 임하심을 단지 권능에만 결부시키려 한다면 그것은 결코 온전한 해석이 아닙니다. 이 말은 우리가 그리스도의 증인의 삶을 살기 위해서는 권능이 필요하고, 그 권능을 받기 위해서 성령님이 임해야 한다는 뜻이지, 위로부터 임하시는 성령님이 단지 권능을 부여하시는 일에만 관계가 있다는 뜻이 아닙니다. 따라서 우리가 주의 뜻을 온전히 이루기 위해서는 영적 성숙과 권능에 대한 균형 잡힌 시각을 가져야 합니다.

이를 위한 기초는 십자가의 도(道)입니다. 구체적으로 매일 우리의 삶은 성령 안에서 예수 그리스도의 죽으심과 부활에 연합하여 시작되어야 하며, 삶 가운데 자신의 육체를 쳐서 복종시키는 것과 동시에 믿음으로 주의 뜻을 이루어 나가야 합니다.

자신의 육체를 죽이지 않고, 단지 성령의 권능만을 추구하는 사람들이 자행하는 비극적인 일들을 생각해보십시오. 그런 사람에게 성령의 권능은 축복이 아니며 우리에게도 저주가 됩니다. 그의 육체를 지배하는 마귀에 의해 결국 성령의 권능은 오용될 것입니다. 따라서 우리는 성령의 통치함으로 자신이 죽고 그리스도가 나타나는 삶, 하나님의 뜻을 이루기 위해 성령의 권능이 나타나는 삶을 동일하게 추구해야 합니다.

그리스도인의 믿음은 십자가에서 시작되었습니다. 그러나 그리스도인의 실제 삶은 오순절 성령강림으로부터 시작됩니다. 온전한 성령의 역사를 위해서는 그 기초와 중심에 십자가가 있어야 합니다. 나는 죽고 예수가 사는 삶, 내가 나의 주인이 아닌 예수 그리스도가 주인이 된 삶, 나의 영광이 아닌 주님만이 영광을 받으시는 삶, 자기 부인이 있는 삶이 나타나야 합니다.

성령의 역사와 영적 전쟁은 십자가를 통한 예수 그리스도의 죽으심과 부활, 믿음을 통한 우리의 연합, 내 안에 계신 성령님, 성령을 통한 육체의 죽임, 의의 병기로 하나님께 드리는 우리의 몸 가운데 성령의 나타나심이라는 기초 위에 이루어져야 합니다. 십자가에 기초하지 않는 성령 사역은 마귀에게 틈을 주게 되고 많은 혼란을 초래하게 된다는 것을 명심하시기 바랍니다.

모든 그리스도인들이 연합하여 하나가 될 수 있는 것은 성령의 임재 가운데 십자가를 바라볼 때입니다. 그 십자가를 통해 자신의 죽음과 부활을 볼 때 성령 안에 하나가 될 수 있고 그때 영적 부흥이 일어납니다.

우리는 성령의 세례, 강림, 체험, 충만 등 현상적인 일들에 초점을 둡니다. 그러나 정말 중요한 것은 성령님과의 관계입니다. 성령 하나님과 나누는 생명적 교제입니다. 그것은 우리가 이 육신의 장막에 사는 동안뿐만 아니라 육신의 장막을 벗을 때에도 영원히 지속되는 교제를 뜻합니다. 성령님을 통한 영적인 교제는 시간, 공간, 물질을 초월한 오직 '믿음'이라는 통로를 통해 현재적으로 지속됩니다. 오늘날 우리는 성령님과의 교제를 통해 예수 그리스도의 천상사역(육신으로 행하신 공생애 사역을 지상사역으로 볼 때)에 동참하는 삶을 살아가고 있습니다.

성령체험은 누구나 추구해야 합니다. 칭의와 성화는 우리의 회개와 거듭남으로, 우리 안에 계신 예수 그리스도로 말미암아 이미 완성된 것입니다. 그러나 우리가 실제적으로 성화된 삶을 살기 위해서는 성령체험이 필요합니다. 이 성령체험은 중생 또는 물세례와 동시에 또는 이후에 이차적으로 체험할 수 있습니다. 우리가 회개와 죄 사함과 부활을 믿었기 때문에 그 외적 증거로 물세례를 받는 것과 같이, 성령체험은 이미 우리 안에 내주하시는 성령님의 임재와 온전한 통치를 경험한다는 증거가 됩니다.

● 성령님! 당신을 더 알아가기를 소원합니다. 당신에 대한 말씀이 깨달아지기를 원합니다. 성령체험을 하기를 원합니다.

● 성령님의 인도하심으로 예수 그리스도의 성품과 성령의 권능이 나의 실제 삶에 나타나기를 소원합니다.

성령체험을 간절히
사모하고 간구하라

그리스도의 증인 되게 하는 성령체험

성령체험을 하고자 하는 이유는 자기를 부인하고 그리스도를 나타내기 위함이지, 더 높고 비밀한 어떤 것을 추구하기 위한 것이 아닙니다. 특별한 신비 체험을 하거나 지금의 삶에서 벗어나기 위해 성령체험이 필요한 것이 아니라 내 안에 그리스도가 온전히 더 나타나도록 하기 위해서 성령체험이 필요합니다.

우리는 성령체험을 통해 예수 그리스도의 십자가 죽음에 연합한 자신의 죽음을 보고, 그 죽은 육체에 그리스도의 생명이 나타나는 것을 체험해야 합니다. 그런데도 자신이 경험한 황홀경, 신비 체험 그리고 능력의 나타남에 묶이거나 그런 체험을 다른 사람과 비교하여 자신을 높이는 데 성령체험을 이용하려는 사람이 있습니다. 성령체험을 올바로 알지 못하는 사람들이 이런 사람을 보면서 성령체험의 불필요성마저 느끼게 되는 것은 어쩌면 당연한 일인지도 모르겠습니다.

사도 바울이 성령체험을 하고 난 다음 가장 먼저 한 일이 무엇인지 생각해보십시오. 바로 예수님을 그리스도라고 증거한 것입니다. 며칠 전까지만 해도 예수 믿는 사람을 닥치는 대로 잡아 가두려 했던 살기등등한 사도 바울이 성령으로 충만하게 되어 예수를 하나님의 아들이라고 증거하기 시작한 것입니다.

17 아나니아가 떠나 그 집에 들어가서 그에게 안수하여 이르되 형제 사울아 주 곧 네가 오는 길에서 나타나셨던 예수께서 나를 보내어 너로 다시 보게 하시고 성령으로 충만하게 하신다 하니 18 즉시 사울의 눈에서 비늘 같은 것이 벗어져 다시 보게 된지라 일어나 세례를 받고 19 음식을 먹으매 강건하여지니라 사울이 다메섹에 있는 제자들과 함께 며칠 있을새 20 즉시로 각 회당에서 예수가 하나님의 아들이심을 전파하니 행 9:17-20

사도행전 1장 8절에서도 "오직 성령이 너희에게 임하시면 너희가 권능을 받고 예루살렘과 온 유대와 사마리아와 땅 끝까지 이르러 내 증인이 되리라 하시니라"라고 기록하고 있습니다. 증인이 된다는 것은 그리스도를 나타내는 것입니다. 그리스도를 나타내는 것은 우리가 이 땅에서 하나님나라의 삶을 사는 것입니다.

성령체험으로 어떤 경지에 들어간다거나 신비한 체험을 하거나 방언을 말하고 더 놀랍고 특이한 경험을 하기 위해 성령체험을 구한다면 그것은 본질과 목적에서 한참 벗어난 것입니다. 성령님이 우리에게 찾아오실 때는, 우리가 우리의 삶을 사는 것이 아니라 그리스도의 삶을 살기 원하신다는 것을 알아야 합니다. 그렇게 할 때 그때부터 우리 마음속에 가졌던 염려, 걱정, 근심 대신 하나님의 평강이 우리 주 예수 그리스도 안에서 우리의 생각과 마음을 사로잡기 시작합니다. 성령님의 사랑이 솟구치기 시작합니다. 그리고 성경의 말씀이 믿어지기 시작합니다.

우리는 성령체험에 대해 갈급해야 합니다. 성령님을 추구하십시오. 하나님은 우리에게 성령을 선물로 받으리라 약속하셨습니다.

> 38 베드로가 이르되 너희가 회개하여 각각 예수 그리스도의 이름으로 세례를 받고 죄 사함을 받으라 그리하면 성령의 선물을 받으리니 39 이 약속은 너희와 너희 자녀와 모든 먼 데 사람 곧 주 우리 하나님이 얼마든지 부르시는 자들에게 하신 것이라 하고 행 2:38,39

진정으로 성령체험을 경험하기 원하십니까?

그러면 왜 성령체험을 경험하지 못하는 사람들이 있을까요? 왜 성령체험을 구하지 않을까요? 첫 번째로는 성령체험에 대한 잘못된 견해를 가졌기 때문입니다. 성령세례와 성령체험을 혼동하여 성령체험을 하지 못했는데도 이미 받았다고 생각하는 것입니다. 두 번째는 성령님이 누구신지 모르고 성령님의 인도함을 받는 삶이 무엇인지도 모르는 것입니다. 세 번째로 자신의 혼적 의지로 통제하지 못하는 영적인 것에 대해 두려워하는 마음이 있기 때문입니다.

"아니, 열심히 말씀 읽고 기도하고 신앙생활 잘하면 되지, 성령 그런 것을 쫓아다니면 위험해!"

주위에서 한두 번쯤 이런 이야기를 들어본 적이 있을 것입니다. 2천 년 전에 예수님은 육신을 입은 인간으로 이 땅에 오셨습니다. 그분이 죽으시고 부활하시고 승천하셔서 지금 우리 안에 보혜사 성령님으로 오셨습니다. 성령님은 살아 계신 분입니다. 따라서 우리는 성령님을 만나야 하고 성령님과 교제해야 합니다. 성령님과 함께 먹고 성령님과 함께 살아야 합니다. 또한 지금도 우리는 성령이 교회들에 하시는 말씀을 동일하게 들어야 합니다.

20 볼지어다 내가 문 밖에 서서 두드리노니 누구든지 내 음성을 듣고 문을 열면 내가 그에게로 들어가 그와 더불어 먹고 그는 나와 더불어 먹으리라 계 3:20

어떻게 하면 성령체험을 할 수 있을까요? 먼저 성령체험은 하나님께 달려 있는 것이 아니라 우리에게 달려 있다는 사실을 알아야 합니다. 왜냐하면 하나님은 이미 우리에게 성령을 주시기로 약속하셨기 때문입니다.

17 하나님이 말씀하시기를 말세에 내가 내 영을 모든 육체에 부어주리니 너희의 자녀들은 예언할 것이요 너희의 젊은이들은 환상을 보고 너희의 늙은이들은 꿈을 꾸리라 18 그때에 내가 내 영을 내 남종과 여종들에게 부어주리니 그들이 예언할 것이요 ^행 2:17,18

따라서 어떤 공식이 있을 수는 없지만, 적어도 우리가 해야 할 일과 하지 말아야 할 일들이 무엇인지 살펴봄으로써 성령체험을 경험하게 되기를 간절히 바라는 것입니다.

1. 우리에게 진정한 회개가 필요합니다

우리는 이미 죄 사함 받고 구원받은 자들이라고 스스로 생각합니다. 하지만 우리의 회개를 다시 생각해볼 필요가 있습니다. 진정한 회개는 하나님의 법(法)을 떠나 이 세상에서 자신이 주인 되어 자신이 원하는 대로 사는 것이 죄임을 깨닫는 것입니다.

예수님을 믿은 다음에도 자신만의 방식 그대로 살면서 예수만 믿으면 모든 일이 잘될 것이라 생각하고 신앙생활 한다면, 진정으로 죄 사함을 받고 구원받은 것일까요? 내가 나 자신의 주인이 되어 하나님을 하나님으로 인정하지 않고, 하나님의 법 밖에서, 이 세상의 법에 따라 자신의 혼과 육이 원하는 대로 살았던 그 삶이 잘못되었음을 깨달아 회개하는 것이야말로 진정한 회개이며, 그 회개가 있어야 성령체험도

할 수 있다는 것을 명심하시기 바랍니다.

그런데도 우리는 자신이 지은 죄의 결과만을 가지고 '이것도 잘못하고, 저것도 잘못했다'고 고백하는 것으로 회개했다고 말합니다. 실제 삶은 하나도 바뀌지 않았으면서 회개했다고 말하는 것입니다. 심지어 자기 삶의 태도와 사고방식이 잘못되었음을 인정하지도 않습니다. 예수님이 우리를 위해 죽으시고, 우리 죄를 사하시고, 약속하신 모든 것을 이루어주신다고 하니 그것만 믿으면 자신이 죄 사함 받고 구원받았다고 착각합니다.

그러나 온전치 못한 회개로는 결코 주의 뜻을 이루는 삶을 살 수 없습니다. 대부분 우리는 성경적 기준으로 율법에 어긋난 것들, 윤리 도덕적 기준으로 마음에 불편한 것들, 세상의 법적 기준으로 불법한 것들을 죄라 여기며 그것들을 회개합니다. 그러나 하나님 법 밖에서 살아가는 모든 것이 죄이며 전부 다 회개할 제목들입니다.

자신이 지은 모든 죄를 다 회개할 수 있을까요? 그것은 불가능합니다. 유일한 방법은 자신의 본질이 바뀌는 것입니다. 자신의 옛 사람의 삶이 죄 가운데 있었다는 사실을 알고, 그 옛 사람을 십자가에 못 박는 것입니다. 그리고 더 이상 동일한 삶을 살지 않겠다고 마음을 새롭게 하는 것입니다. 이것이 바로 하나님이 원하시는 회개입니다.

2 너희는 이 세대를 본받지 말고 오직 마음을 새롭게 함으로 변화를 받아 하나님의 선하시고 기뻐하시고 온전하신 뜻이 무엇인지 분별하도록 하라 롬 12:2

지금 이 부분을 읽고 있다면 주저하지 말고 성령님을 초청하고 회개하시기 바랍니다. 굳이 큰소리로 기도할 필요는 없지만 자신의 입술로 또박또박 기도하는 것이 좋습니다. 악한 영이 듣고, 자신의 영이 듣고, 성령님이 들으시도록 입을 열어 기도하십시오.

2. 성령체험이 꼭 필요하다고 말씀 드리십시오

어떤 사람들은 굳이 성령체험을 하지 않아도 신앙생활을 잘할 수 있다고 생각합니다. 성경책도 있고, 하나님을 사랑하고, 열심히 신앙생활을 잘하면 그만이지, 꼭 성령님이 필요한지 의구심을 품습니다. 그러나 명백히 잘못된 그 생각을 반드시 버려야 합니다.

하나님은 삼위일체 하나님이십니다. 성령님은 삼위(三位)의 위격을 가진 하나님이십니다. 그런데 어떻게 삼위일체 하나님과 교제하지 않고 신앙생활을 할 수 있다고 생각하십니까? 오늘날 우리는 성령님 없이 온전한 신앙생활을 할 수 없습니다. 이것은 성령체험 없이는 신앙생활을 할 수 없다는 말이 아닙니다. 얼마든지 신앙생활을 할 수 있습니다. 그러나 온전한 신앙생활, 즉 주의 뜻을 이루는 자녀의 삶을 살 수는 없다는 뜻입니다. 우리는 성령님을 만나야 하고, 체험해야 합니다. 그분이 우리를 통해서 나타나셔야 합니다. 그렇게 하기 위해서는 반드시 성령체험을 해야 합니다.

성령체험은 하나님의 임재 가운데 그분의 영광이 우리에게 나타나는 것입니다. 성령의 내적 열매든, 성령의 외적 열매든 모든 것의 시작은 성령체험으로 그리스도의 영이 우리의 혼과 육을 통치할 때부터입니다.

나의 영뿐만 아니라 나의 혼과 육도 성령님의 통치를 받기 원하고 그리하여 그리스도의 영이 나의 삶 가운데 그리스도의 성품과 그리스도의 권능을 나타내기 원한다고 기도하시기 바랍니다.

3. 성령체험에 목말라하십시오

이제 성령체험의 필요성을 깨달았다면 더 나아가 성령체험에 대한 갈급함이 있는지 묻고 싶습니다. 늘 반복되는 이 삶에서 벗어나 변화되고 싶다는 간절함이 있습니까? 우리는 성령체험에 대해 목말라해야 합니다. 주시면 받고 아니면 만다는 식으로는 성령님을 만날 수 없습니다. 목마른 사슴이 시냇물을 찾듯이 우리도 성령님의 임하심을 갈급히 찾고 구해야 합니다.

3 나는 목마른 자에게 물을 주며 마른 땅에 시내가 흐르게 하며 나의 영을 네 자손에게, 나의 복을 네 후손에게 부어주리니 사 44:3

요한복음 15장 5절에서 예수님은 "나는 포도나무요 너희는 가지라 그가 내 안에, 내가 그 안에 거하면 사람이 열매를 많이 맺나니 나를 떠나서는 너희가 아무것도 할 수 없음이라"고 말씀하셨습니다. 이 말은 무슨 뜻일까요? 우리의 모든 삶이 그리스도의 영의 인도함을 받아야 한다는 것입니다. 다른 말로 그분 없이는 아무것도 할 수 없는 존재가 되어야 한다는 것입니다.

25 만일 우리가 성령으로 살면 또한 성령으로 행할지니 갈 5:25

이 말씀 역시 우리 삶의 모든 부분까지도 성령님의 인도함을 받아야 한다는 뜻입니다. 성령님의 인도함이 없다면 우리가 죄 사함을 받은 기독교 신자의 삶은 살 수 있을지 몰라도 하나님 자녀의 삶은 살 수 없습니다.

4. 동기를 점검하십시오

자신이 성령체험을 받고자 하는 동기(動機)를 점검해보십시오. 제가 처음 성령체험을 갈망할 때 저를 가장 두렵게 했던 것이 바로 이 동기였습니다.

'내 욕심을 채우기 위해서, 남들보다 더 거룩해지겠다고, 남들이 하지 못하는 것을 행하기 위해서? 나의 교만 때문에 성령체험을 구하는 것은 아닐까?'

저는 이것을 놓고 날마다 기도했습니다. 그런데 성령체험을 하고 나서 성경을 읽으면 읽을수록, 더 충만한 성령체험을 통한 지속적인 성령충만의 삶이 아니고서는 진정한 그리스도인의 삶을 살 수 없음을 절실히 깨달았습니다. 하지만 그 당시 제 주변에서는 아무도 성령님에게 관심을 가진 사람이 없었습니다. 이것을 누구와 함께 나누거나 배울 수도 없었습니다. 그때 성령님이 제 마음을 두드리셨습니다. 저는 골방으로 갔고 계속 기도했습니다.

"주님, 제가 두렵지만 계속해서 더 성령체험을 해야겠습니다. 이 성경 말씀이 진짜라면 성령체험으로 말씀의 실체가 저를 통해 이루어지게 해주세요!"

그러자 마귀가 제 마음에 이렇게 속삭이는 것 같았습니다.

'너 뭣 때문에 성령체험을 구하는 거니? 거룩해지려고? 남들보다 더 큰 권세와 능력을 가지려고? 가진 것 별로 없으니까 열등감을 만회해보겠다고? 네 마음의 태도를 생각해 봐, 네가 쓰임받을 자격이 있니? 돌아서면 죄짓는 네게 무엇 때문에 줘야 하지?'

마귀가 자꾸 이렇게 거짓말하고 참소하자 저에게 두려움이 몰려왔고 끊임없이 부대꼈지만 성령님은 그것을 통해 저를 더 정결케 하기 시작하셨습니다. 계속적으로 성령체험을 구하는 것이 그리스도를 나타내는 삶, 증인의 삶을 살기 위한 것이라고 성경에 명확히 나와 있기 때문에 저는 더 담대히 기도했습니다.

"주님, 마귀가 저를 참소할 때마다 저는 그리스도를 더 간절히 나타내고 싶습니다. 저는 더 이상 육적인 존재가 아닙니다. 저는 이미 영적 존재입니다. 하나님의 자녀답게 살기 위해서는 더 많은 성령체험을 통해서 당신에게 온전히 사로잡히는 것이 필요합니다. 그래야만 내 육적인 것이 나타나지 않습니다. 갈급합니다. 채워주소서!"

성령체험을 받고자 하는 동기의 중요성은 마술사 시몬의 이야기를 통해서도 잘 알 수 있습니다. 마술사 시몬은 베드로와 요한 두 사도가 안수하여 사람들이 성령을 받자 그들에게 돈을 주며 "이 권능을 내게도 주어 누구든지 내가 안수하는 사람은 성령을 받게 하여 주소서"(행 8:19)라고 말했습니다.

그는 자기 유익을 위해 하나님의 권능을 취하고자 하는 죄를 범했습니다. 성령을 양도할 수 있는 어떤 것이라고 오해했습니다. 이에 베드로는 성령은 물건처럼 사고팔 수 있는 것이 아님을 분명히 하고 그를 다음과 같이 저주했습니다.

20 베드로가 이르되 네가 하나님의 선물을 돈 주고 살 줄로 생각하였으니 네 은과 네가 함께 망할지어다 행 8:20

성령체험을 왜 받고자 하는지 자신의 동기를 점검해보아야 합니다. 나 자신을 위해서가 아니라 나를 통해서 그리스도가 나타나기 위해서라는 것을 잊지 마십시오.

5. 불순종을 철저히 회개하십시오

우리가 스스로 짓는 자범죄(自犯罪), 알고도 고의로 짓는 고범죄(故犯罪), 말씀에 어긋나 있는 자신의 삶, 하나님께 불순종하는 삶을 살았던 것을 고백하고 회개해야 합니다. 이것이 가장 중요합니다.

평소 신앙생활을 할 때는 아무런 문제가 없다고 생각할 수도 있습니다. 그런데 지금 자신이 하나님 면전(面前)에 있다고 생각해보십시오. 그분이 당신의 마음과 생각을 다 보고 계시는데도 아무런 양심의 거리낌이 없습니까? 만약 있다면 그 문제들을 고백하고 회개해야 합니다.

저에게는 잊지 못할 시디(CD) 사건이 있었습니다.《고맙습니다 성령님》에서도 밝힌 대로 90년대에는 시디 해적판을 구하고, 시디를 복사해서 나누는 것은 남들도 다 하는 관행이지 그다지 큰 문제가 되지 않았습니다. 그 당시 제가 시디를 불법 복사하는 죄를 짓고 나서 하나님 앞에 나아갔을 때 성령님은 저의 그 죄를 지적하셨지만 저는 못 들은 척 했습니다. 죄를 고백하고 용서를 빌라는 말씀에 불순종한 것입니다.

의식적이든 무의식적이든 우리에게는 스스로 허용하고 저지르기 쉬운 죄들이 있을 수 있습니다. 사소한 문제라고 여기거나 별 문제가 되지 않는다고 생각할지 모르지만 하나님은 우리에게 이렇게 말씀하십니다.

"그것은 죄의 크고 작은 문제가 아니다. 진정한 죄는 나에게 불순종하는 것이다."

하나님은 우리를 늘 보고 계십니다. 뿐만 아니라 우리가 죄 없는 거룩한 자로 주님 앞에 서기를 원하십니다. 하나님의 자녀인 우리는 늘 죄의 유무(有無)에 초점을 맞추지만 하나님 아버지께서는 이미 우리의 죄를 사하셨기 때문에 우리가 당신의 말씀에 순종하는지, 불순종하는지 우리 마음의 태도에 더 관심을 가지고 계십니다. 순종이 제사보다 낫다는 것을 기억하십시오.

8 만일 우리가 죄가 없다고 말하면 스스로 속이고 또 진리가 우리 속에 있지 아니할 것이요 9 만일 우리가 우리 죄를 자백하면 그는 미쁘시고 의로우사 우리 죄를 사하시며 우리를 모든 불의에서 깨끗하게 하실 것이요 10 만일 우리가 범죄하지 아니하였다 하면 하나님을 거짓말하는 이로 만드는 것이니 또한 그의 말씀이 우리 속에 있지 아니하니라 요일 1:8-10

지금 당신의 양심에서 무언가 세미하지만 그러나 불편한 음성이 들려옵니까? 성령체험을 받기 위해서, 우리의 혼과 육을 성령님이 온전히 통치하시도록 내드리기 위해서는 그마저 회개해야 합니다. 내 마음에 감동이 주어질 때 순종하십시오. 아무도 모른다 할지라도 그런 것이 있다면 바로 지금 하나님 아버지께 고백하고 회개하십시오. 특별히 미워하거나 용서하지 못하는 사람이 있다면 예수 그리스도의 이름으로 그 사람을 용서하십시오.

6. 잘못된 두려움을 버리십시오

우리가 알지 못하는 영적 존재에 대한 두려움을 없애야 합니다. 이것은 악한 영에 대해서 뿐만 아니라 성령님에 대해서도 마찬가지입니다. 내 안에 계신 성령님에 대한 두려움을 없애야 성령체험을 하게 됩니다. 저 역시 성령체험을 간절히 사모할 때 한편으로 엄청난 두려움을 가지고 있었습니다. 성령체험을 받게 된 후에 하나님이 저에게 있는 것을 다 내놓으라고 할 것 같아서 두려웠습니다. 모든 것을 빼앗길 것 같은 두려움이 있었습니다.

'이제 겨우 먹고 살 만 한데 내가 가진 거 다 내놓으라고 하시면 어떡하지? 어렵게 공부해서 그나마 교수라도 하는데, 처자식 다 버리고 선교사로 나가라고 하시면 어떡하지? 하나님을 잘 믿으려면 나 자신을 완전히 포기해야 한다는데 하나님이 감당할 수 없는 시험을 주시면 어떡하지?'

제 안에서 이런 생각이 끊이지 않았습니다. 평소에는 별 생각 없이 뭐든 순종하겠다고 기도하지만, 막상 주님이 내게 나 자신을 완전히 포기해야 하는 일들을 요구하실 때를 생각해보니 내 입술로 순순히 "예"라고 대답할 수 없었습니다. 더욱이 하나님께서 그것을 요구하실 것 같은 생각이 들자 성령체험을 한다는 것이 부담스럽고 주저하게 되었습니다. 나중에 알게 됐지만, 이것은 마귀의 속삭임이었습니다.

우리는 주님이 내 인생의 주인이라고 하면서도 주님에게 안 된다고 하는 것이 너무 많습니다. 다른 것은 다 되어도 내 남편은 안 되고, 내

아내는 안 되고, 내 자식도 안 되고, 내 돈과 사업은 그냥 그대로 두셨으면 좋겠다고 합니다. 하지만 과감하게 그것마저 다 드린다고 고백해보십시오.

"내 전부, 내 가족, 내 소유, 내 시간, 모든 것이 당신 것입니다."

일어나지 않은 일이지만 정직하게 그 상황을 가정(假定)해보면 단지 가정인데도 그렇게 고백하는 것이 결코 쉽지 않음을 경험할 것입니다. 그러나 그 마음의 묶임을 파쇄하고 고백했을 때 말할 수 없는 평강과 자유와 기쁨이 임하는 것을 느낄 것입니다.

하나님을 오해하지 마십시오. 하나님은 무엇이 모자라서 우리의 것을 억지로 거두어 가시는 그런 분이 아닙니다. 다만 하나님은 우리 마음의 태도를 보기 원하십니다. 설령 하나님께서 모두 달라 하시면 내드리십시오. 그보다 백 배, 천 배 더 좋은 것을 주실 것입니다.

두려워하지 마십시오. 그 두려움은 마귀가 주는 것입니다. 우리가 성령체험을 받지 못하게 하려고 주는 거짓 두려움입니다.

7. 느끼려고 하지 말고 믿음으로 받으십시오

하나님은 구하는 자에게 성령을 주시겠다고 약속하셨습니다. 그것을 믿으십시오. 하늘에 계신 아버지는 구하는 자녀에게 성령을 선물로 주시는 분입니다.

⁹ 너희 중에 누가 아들이 떡을 달라 하는데 돌을 주며 ¹⁰ 생선을 달라 하는데 뱀을 줄 사람이 있겠느냐 ¹¹ 너희가 악한 자라도 좋은 것으로 자식에게 줄 줄 알거든 하물며 하늘에 계신 너희 아버지께서 구하는 자에게 좋은 것으로 주시지 않겠느냐 마 7:9-11

우리는 이미 구원받았고, 성령체험을 하기 위해 모든 잘못된 것을 회개했으며, 갈망함으로 지금 구하고 있습니다. 이제 하나님과 독대(獨對)하며 성령의 임재를 간절히 구할 차례입니다.

"주님, 제가 이 시간에 주님이 약속하신 성령이 임하시는 체험을 하기 원합니다. 비록 내 영은 구원받았고, 내 영 안에는 이미 하나님의 영이 함께하시지만 내 혼과 육에 찾아오시는 성령체험 없이는 일상에서 그리고 삶의 모든 부분에서 주의 자녀로서 주의 뜻을 나타낼 수 없습니다. 간절히 사모하오니 지금 이 시간에 임하시옵소서."

그렇게 기도했다면 성령체험을 하고 있다는 사실을 믿고 기다려야 합니다. 입술로 중언부언 기도하거나 육신으로 무엇인가를 느끼려고 노력하거나 어떤 징표를 찾으려고 애쓰지 마십시오. 그런 것에 정신력을 쏟을수록 우리 스스로 하나님의 영광의 임재를 가로막는다는 것을 알아야 합니다.

사람에 따라서 다양한 현상을 경험할 수 있고, 그렇지 않을 수도 있습니다. 성령님이 우리의 혼과 육을 사로잡으셔서 방언을 포함한 다양한 현상들을 경험하게 될 텐데, 이해할 수 없는 현상들이 일어나더라도 두려워하지 마시고 기뻐하십시오. 그런 일이 나타난다는 것은 성령님이 임하셨기 때문입니다.

성령님이 빛으로 사랑으로 영광으로 임하시면 하나님의 성전(聖殿)인 우리 육신이 반응하게 됩니다. 또한 하나님의 빛이 임하실 때 우리의 육신을 붙들고 있던 악한 영들이 떠나가기 때문에 보기에 아름답지 못한 현상들이 나타날 수도 있습니다.

한편, 기다리는 동안 우리의 육신에 아무 반응이 일어나지 않더라도 우리의 마음에 평소와 다른 하나님의 평강이 임하는 것을 느끼게 될 것입니다.

자신이 성령체험을 통해서 성령님에 인도함을 받는 삶을 사는
지 그렇지 못한지 어떻게 알 수 있습니까?

● 자신 안에 예수 그리스도를 나타내고 그분을 증거하고자 하는 갈망이 있는지
없는지 스스로 물어보면 됩니다. 일상생활에서 자신 안에 그런 마음이 일어난
다면 성령님의 인도함을 받는 삶을 살고 있는 것입니다.

● 자신의 신앙생활이 율법적 행위인지 믿음을 따르는지 살펴보면 됩니다. 율법
적 행위란 말씀을 지켜 행하려고 하는 자신의 육체적 노력을 의미합니다. 믿
음에 따르는 행위는 자신의 마음이 현재의 상황이나 처지에 묶이지 않고 예수
님을 의지하여 진리의 말씀을 믿고, 그 믿음에 따라 행동하는 삶의 태도입니
다. 자기 삶의 패턴이 후자라면 성령님의 인도함을 받는 삶을 살고 있는 것입
니다.

● 보혜사 성령님과 교제하고 더 알아가고 싶은 마음이 있는지 없는지 살펴보십
시오. 정말 사랑하는 사람이 있다면, 보면 볼수록 더 보고 싶고 만나면 만날수
록 더 만나고 싶어집니다. 자신 안에 계신 성령님에 의해 당신의 과거 생각,
감정, 의지가 통제함을 받는다면 성령님의 인도함을 받고 있습니다.

● 자기 마음속에 성령님이 자신을 통해 나타나기를 간절히 소망한다면 당신은
기름부으심을 구하고 있는 것입니다.

성령님,

Lead Me, Holy Spirit!

저를 인도해주세요

2

성령님이 부으시는
하나님의 사랑을 체험하라

| 예수님이 세례를 받으신 사건

성령체험이 단지 일회적인 사건으로 끝나지 않으려면 성령세례 후 우리 육신과 영이 어떤 상태가 되며, 또한 어떤 일이 일어나는지를 제대로 알아야 합니다. 그래야 말씀을 들을 때 그리스도의 믿음이 무엇인지를 알게 되며, 더욱더 성령을 사모할 뿐만 아니라 성령님과 동행하는 삶을 추구하게 됩니다.

그렇다면 예수께서 공생애 사역을 시작하시기에 앞서 세례를 받으시고 난 후 예수님에게 일어난 일들을 살펴보면 성령체험을 한 우리에게 어떤 일들이 일어나는지 예측해볼 수 있을 것입니다.

13 이때에 예수께서 갈릴리로부터 요단강에 이르러 요한에게 세례를 받으려

하시니 ^마 3:13

예수님이 요한에게 세례를 받으려 하시자 세례 요한은 오히려 자신이 예수님에게 세례를 받아야 한다며 예수님을 말립니다. 그러나 예수님은 그렇게 하는 것이 옳다는 말씀으로 요한에게 물로 세례를 받으셨습니다.

16 예수께서 세례를 받으시고 곧 물에서 올라오실새 하늘이 열리고 하나님의 성령이 비둘기같이 내려 자기 위에 임하심을 보시더니 17 하늘로부터 소리가 있어 말씀하시되 이는 내 사랑하는 아들이요 내 기뻐하는 자라 하시니라 ^마 3:16,17

예수님이 물세례를 받으시고 물 위로 올라오실 때 놀랍게도 하늘문이 열리고 성령이 비둘기처럼 임했습니다. 하나님께서는 친히 예수님에게 "이는 내 사랑하는 아들이요 내 기뻐하는 자라"라고 말씀해주셨습니다.

이 말씀을 통해 우리가 무엇을 알 수 있습니까? 예수께서 요단강에서 요한에게 세례를 받으실 때 성령이 임하셨습니다. 예수님은 우리와 성정(性情)이 동일하셔서 우리의 연약함을 체휼하는 분이시며 모든 일에 똑같이 시험을 받으셨지만 죄는 없으신 하나님이십니다. 그렇기 때문에 예수님은 세례를 받을 필요가 없으십니다.

더욱이 예수님은 성령으로 잉태되어 성령으로 나신 분이기 때문에 성령세례를 받을 필요가 없는 분이십니다. 예수님이 세례를 받고 물에서 올라올 때 하늘로부터 "이는 내 사랑하는 아들이요 내 기뻐하는 자라" 하는 소리가 들렸는데, 예수님은 본디 하나님의 아들이심으로 새롭게 그 말씀이 들려질 필요가 없었지만 하나님께서 친히 확증하여 다시 말씀해주셨다는 것입니다.

예수님이 요한에게서 세례를 받으신 이유

그러나 그럼에도 불구하고 예수님은 세례 요한에게 가서 모든 의(義)를 이루는 것이 합당하다고 말씀하심으로 물세례를 받았고 성령 강림의 체험을 하셨습니다.

¹⁵ 예수께서 대답하여 이르시되 이제 허락하라 우리가 이와 같이 하여 모든 의를 이루는 것이 합당하니라 하시니 이에 요한이 허락하는지라 마 3:15

이 말씀은 그렇게 할 필요가 없으신 예수님이 모든 의(義)를 이루기 위해 요한에게 가서서 세례를 받고 성령강림의 체험을 받고 하나님의 자녀가 되는 과정을 고스란히 겪으셨다는 것을 의미합니다. 인자(人子)로서 이 땅에 오신 예수 그리스도께서 바로 우리를 위해 그 일을 행하셨습니다. 왜 그러셨습니까? 그것은 우리가 이 땅에 도래한 하나님

나라에서 하나님의 자녀의 삶을 살고자 하면 무엇을 어떻게 해야 하는지를 몸소 보여주시기 위해서입니다.

따라서 우리가 성령의 조명 아래 예수께서 행하신 일들을 살펴보면 성령세례를 어떻게 받는지, 성령세례를 받은 후 어떻게 하나님과 교제해야 되는지 알 수 있습니다. 그것은 결코 예수님 자신을 위한 일이 아니었습니다. 우리가 예수 그리스도와 동일한 삶, 이 땅에서 하나님의 자녀의 삶을 살도록 예수께서 본(本)을 보이신 것입니다.

성령님이 오셔서 들려주시는 내적 음성

예수님은 태어나실 때부터 성령님이 함께하셨습니다. 성령으로 잉태되셨기 때문입니다. 그런데도 말씀을 보면 성령이 예수께 위로부터 임하신 것을 볼 수 있습니다. 다시 말해 성령이 한 번 강림하면 다시는 강림하지 않는 것이 아닙니다. 우리가 예수 그리스도를 믿고 중생할 때 성령님이 내주하시지만 오순절 성령강림의 역사처럼 다시 임하실 수 있다는 것입니다.

우리가 그리스도를 나타내는 삶을 살도록 하기 위해 성령님이 우리에게 임하시고 첫 번째로 들려주시는 하나님의 음성은 바로 우리가 하나님의 자녀가 되었다는 사실입니다.

성령님이 임하신 후 가장 먼저 우리에게 알려주고 싶어 하시는 것이 "이는 내 사랑하는 아들이요 내 기뻐하는 자라"는 것입니다.

우리가 예수 그리스도를 믿고 중생했더라도 실제 삶에서 하나님의 자녀됨을 체험하지 못하는 일이 얼마나 많습니까? 분명히 내 입술로 하나님을 "아바 아버지"라 부르고, 자신이 하나님의 자녀임을 알고, 또 죄 사함을 받아 의인(義人)이 되었음을 고백하고 열심히 신앙생활을 합니다.

그러나 실상은 대부분이 종처럼 살고 있습니다. 또한 자신이 통제할 수 없는 환난 가운데 있거나 여러 가지 고난과 역경이 임할 때는 어떻습니까? 거듭났는데도 불구하고 어려운 사건을 만날 때마다 "하나님, 정말 제가 하나님의 자녀가 된 것이 맞습니까? 왜 하나님은 묵묵부답하십니까?"라고 자신이 하나님의 자녀인지 아닌지, 자신이 구원을 받았는지 못 받았는지, 자신 안에 성령님이 계신지 안 계신지 의심을 품을 때가 얼마나 많습니까?

분명히 성령으로 아니하고는 아무도 예수를 주님이라고 말할 수 없다고 했습니다(고전 12:3). 그런데 예수께서 니고데모와 함께 나눈 대화를 보십시오. 우리가 성령의 내주(內住)로 예수님을 주(主)라고 시인하지만, 바람이 임의로 불매 그 소리는 들어도 어디서 와서 어디로 가는지 알지 못하는 것처럼, 내 의식, 내 혼과 육으로는 성령님이 계신지 안 계신지 알 길이 없습니다.

그런데 성령님이 오셔서 나의 혼과 육을 통치하시면 그때부터 하나님의 존재하심이 실제로 체험됩니다. 성령님이 나의 혼, 즉 나의 생각, 감정, 의지에 하나님의 생명을 부어주시고, 자신이 누구이신지를 계시하시기 때문입니다.

"사랑하는 나의 자녀, 그토록 기다리고 기다린 나의 자녀, 마침내 내가 너를 얼마나 사랑하는지를 네가 알게 되었구나! 너로 말미암아 내가 말할 수 없이 기쁘구나!"

이것이 바로 성령의 내주(구원) 이후 성령님이 친히 위로부터 임하셔서 우리 마음에 들려주시는 첫 번째 음성입니다.

네 힘으로는 사랑스러운 자녀의 삶을 살 수 없단다

1 너는 두려워하지 말라 내가 너를 구속하였고 내가 너를 지명하여 불렀나니 너는 내 것이라 사 43:1

우리가 하나님의 자녀가 되었다는 것은 태생이 바뀌었다는 것입니다. 혈통(血統)으로나 육정(肉情)으로나 사람의 뜻으로 나지 않고 하나님으로부터 났으며, 더 이상 육(肉)으로 난 자가 아니라 영(靈)으로 난 자이며 영적인 존재가 되었다는 것입니다. 그리스도 안에서 새로운 피조물이 된 것입니다. 하나님의 본질로부터, 하나님의 사랑으로부터 태어난 존재가 되었습니다.

이 말은 우리가 우리 노력으로 하나님을 더 사랑하고 하나님을 더 닮아가려고 노력하는 것이 아니라 하나님께서 우리 안에 오셔서 우리의 혼과 육을 통치함으로써 우리를 하나님의 형상으로 지으시기 원하신다는 것입니다. 이 경험이야말로 새로운 피조물의 자각이요 신앙의 시작이며 신앙의 끝이라 할 수 있습니다.

내가 예수 그리스도를 믿었기 때문에 죄 사함을 받고, 하나님의 자녀가 되었고, 하나님을 아바 아버지라 부르는 믿음보다 더 중요하고 반드시 먼저 알아야 할 것이 있습니다. 하나님께서 나를 사랑하시고 기뻐하신다는 것을 자기 생각으로 믿기만 하는 것이 아니라 그것이 내 마음에서 체험되어야 한다는 것입니다. 하나님의 사랑과 기쁨이 나의 영혼육(靈魂肉)으로 체험되는 것이야말로 기독교의 핵심이자 비밀이며 주(主)와 동행하는 그리스도인의 삶의 전부입니다. 아버지로부터 태어났기 때문에 아버지의 사랑을 태생적으로 느끼는 것입니다.

그런데 우리는 좀처럼 이 진리를 체험하지 못합니다. 그렇기 때문에 법적으로 하나님의 아들딸이 되었는데도 실제 신앙생활은 여전히 종처럼 하고 있습니다. 하나님은 우리를 사랑하시고 하나님은 우리를 말할 수 없이 기뻐하십니다. 그렇지만 그것을 말로만 들어서는 온전한 신앙생활을 할 수 없습니다. 그 사랑이 내 영혼육에서 체험되어야 합니다.

그런데 처음 예수 그리스도를 믿고 죄 사함을 받아 하나님의 자녀가 된 다음, 우리가 가장 먼저 무엇을 했는지 생각해보십시오. 우리는 하나님이 어떤 분이시고, 예수 그리스도가 어떤 분이신지 알고자 성경공부를 합니다. 하나님이 우리를 어떻게 사랑하시는지 더 믿기 위해 말씀을 읽고 묵상하고 암송하고 기도합니다. "그렇습니다", "아멘" 하며 자신의 마음에 믿어지도록 내면화하고 의식화합니다. 그래서 열심히 믿노라 고백도 하고 그것이 사실이라고 받아들여도, 자신이 진짜 하나님의 자녀라는 것이 느껴지지 않고, 하나님의 진리의 말씀이 자신의 삶과 생명에 체험되지 않는다는 것이 문제입니다. 그래서 사람들은 더 많은 프로그램, 더 많은 기도, 더 많은 말씀을 읽고 암송해서 그렇게 살려고 발버둥 칩니다.

저 역시 그랬습니다. 결단하고 헌신하지만 그 헌신이 그리 오래가지 못했습니다. 왜냐하면 자기의(自己義)로 시도했기 때문입니다. 자기 노력, 자기 행위로 했기 때문에 결국 실망하고 깊은 우울에 빠집니다. 그러다가 특별한 말씀을 듣고 또다시 결단해서 이번에야말로 제대로 살아보려고 애쓰지만 그 헌신 역시 오래가지 못해 더 깊은 우울에 빠져듭니다.

하나님이 우리에게 지대한 관심을 가지고 계시고 우리를 도와주기 원하신다는 것을 믿는데도, 그분의 사랑이 우리의 삶에서 실제로 체험되지 않아 열심히 헌신하고 봉사하고 사역하면 할수록 가슴이 뜨거워지기는커녕 답답해집니다. 그래서 자신이 할 수 있는 만큼 기껏 애쓰고 헌신하다가 어느새 탈진해서 그때부터 다른 사람을 판단하고 비난하고 나아가 신앙에 대한 회의를 가지게 되는 것입니다.

기독교의 신앙은 하나님과의 관계입니다. 내가 예수 그리스도와 함께 십자가에서 죽고 예수 그리스도와 연합될 때 보혜사 성령님, 그리스도의 영, 하나님의 생명이 우리 안에 오셔서 하나님이 누구신지, 나 자신이 누구인지 알게 해주신다는 것입니다.

그런데 내 의식으로 그것을 믿는다면 그것은 지식일 뿐입니다. 우리 하나님은 살아 계십니다. 내 의식으로 내면화하는 노력으로 그분을 붙드는 것이 아닙니다. 내 안에 그리스도의 생명이 들어와서 하나님의 사랑을 체험하게 되는 것, 그것이 신앙의 시작입니다. 이 체험이 없이는 열심히 성경공부하고 헌신하고 봉사한들 하나님이 진정 누구신지도 모르고, 인생이 변화되지도 않습니다.

30 너희는 하나님으로부터 나서 그리스도 예수 안에 있고 예수는 하나님으로부터 나와서 우리에게 지혜와 의로움과 거룩함과 구원함이 되셨으니 고전 1:30

우리는 하나님으로부터 태어나서 예수 그리스도 안에 있습니다. 우리가 예수님으로부터 지혜와 의로움과 거룩함과 구원함을 배워나가는 것이 아니라 예수 그리스도가 우리에게 지혜와 의로움과 거룩함과 구원과 우리의 생명이 되십니다. 우리는 우리의 삶을 사는 자가 아니라 그리스도의 삶을 사는 자입니다.

20 내가 그리스도와 함께 십자가에 못 박혔나니 그런즉 이제는 내가 사는 것이 아니요 오직 내 안에 그리스도께서 사시는 것이라 갈 2:20

내 안에 그리스도께서 사십니다. 하나님의 사랑만이 우리를 바꿀 수 있습니다. 하나님의 사랑을 머리로 묵상하는 것이 아니라 그 사랑이 내 안에서 체험될 때 우리는 세상을 이길 수 있습니다. 하나님은 사랑이십니다. 하나님은 우리를 사랑하십니다. 그것을 경험하게 되면 이 세상 어떤 환난이나 고난에도 승리할 수 있습니다.

너는 내 사랑 없이 살 수 없단다

만일 정상적인 가정에서 정상적인 부모와 자녀의 관계 안에서 자라난 자녀라면, 현재 자신이 매우 어렵고 고통스러운 처지에 있는데 자기 부모가 능력이 없고 물질이 없어서 자신을 도와주지 못한다 할지라도, 부모님이 자녀인 자신을 사랑한다는 것을 부인할 수 있겠습니까? 그것은 믿고 안 믿는 믿음의 차원이 아닙니다. 마음으로 체험되기 때문에 그 사랑을 부인하려 해도 부인할 수 없는 것입니다.

사람의 부모도 그런데 하물며 하나님 아버지이시겠습니까? 우리도 하나님의 사랑을 부인할 수 없습니다. 왜냐하면 우리가 하나님의 생명으로부터 태어났기 때문입니다. 우리는 하나님으로부터 태어났고 하나님께서 우리를 사랑하십니다. 그것은 무엇과도 바꿀 수 없고 부인할 수 없는 사실입니다. 우리는 하나님의 사랑 없이는 살 수 없는 존재입니다.

　부모의 사랑을 제대로 받지 못한 사람은 다른 사람과 정상적인 관계를 잘 맺을 수 없는 것과 같은 이치입니다. 흔히 우리가 받는 상처 중에 가장 큰 상처가 뭐라고 생각하십니까? 학대라고 생각하십니까? 아닙니다. 없어야 했지만 있어서 받은 상처보다 있어야 하는데 없어서 받게 된 상처가 훨씬 큽니다. 부모의 사랑과 용납을 경험해보지 못한 사람은 늘 거절감에 시달리고 삶의 공허감과 상실감을 느낍니다. 무슨 일을 하더라도 자기가 늘 외톨이 같고 자신의 존재에 큰 의미를 두지 못합니다.

　육신의 부모로부터 받아야 할 사랑을 받지 못했는데 그 사람이 사랑을 머리로 이해할 수 있겠습니까? 사랑은 체험되는 실제입니다. 하나님의 사랑은 하나님의 본질입니다. 우리는 하나님의 사랑을 받는 자녀가 되었다는 분명한 정체성을 반드시 체험해야 합니다. 이것을 위해서는 "이는 내 사랑하는 아들이요 내 기뻐하는 자라"라는 하나님의 음성을 들어야 합니다.

　우리가 살아가는데 어떻게 즐겁고 기쁜 일만 있겠습니까? 어려운 일도 있고, 힘든 일도 있고, 고통도 있고, 질병도 있고, 어찌할 바를 몰라 헤매는 일도 있습니다. 그러나 그 모든 것을 이길 수 있는 힘은 하나님의 사랑입니다. 우리가 거듭났기 때문에 그 사랑을 믿는 것이 아니라 성령님이 우리의 혼과 육을 통치하시는 때부터 내 혼과 육에 하나님에 사랑이 체험되는 것입니다.

육신의 부모의 사랑을 체험하지 못했어도 그토록 고통스럽고 힘들고 모든 관계가 다 어그러지는데 하물며 하나님의 사랑을 체험하지 못하고 어떻게 공중 권세 잡은 마귀가 붙잡고 있는 이 세상에서 하나님의 자녀로 살아갈 수 있겠습니까? 하나님의 사랑을 체험하지 못한 사람은 결코 이 땅에서 승리할 수 없습니다. 자신이 처한 환경이나 상황, 자신이 느끼는 감정과 상관없이 내면 깊숙한 데서 올라오는 그분의 끝없는 사랑을 느낄 수 있어야만 우리는 이 세상을 넉넉히 이길 수 있습니다.

언젠가 제가 기도할 때 하나님께 이렇게 여쭤보았습니다.

"하나님, 도대체 절 얼마나 사랑하세요?"

그러자 하나님께서 "엘리 엘리 라마 사박다니"라는 예수님의 외침을 들려주셨습니다. "나의 하나님, 나의 하나님, 어찌하여 나를 버리셨나이까?"라는 절규도 외면한 채 그 아들을 버릴 만큼 "내가 너를 사랑하고 너를 기뻐한다"라고 말씀해주셨습니다. 저는 그 말씀에 고꾸라지지 않을 수 없었습니다. 너무나 감격하고 기뻐서 울고 또 울었습니다.

나는 너에게 영이요 생명을 주는 아버지란다

17 너의 하나님 여호와가 너의 가운데에 계시니 그는 구원을 베푸실 전능자이시라 그가 너로 말미암아 기쁨을 이기지 못하시며 너를 잠잠히 사랑하시

며 너로 말미암아 즐거이 부르며 기뻐하시리라 하리라 습 3:17

하나님은 우리를 다시 사랑하시기 위해서 오랫동안 기다리셨습니다. 하나님은 누가복음 15장에 나오는 집 나간 아들을 기다리는 아버지의 그 마음으로 우리를 기다리셨습니다.

육으로 난 것은 육이요 영으로 난 것은 영입니다. 하나님은 영적으로 다시 태어난 우리 때문에 얼마나 기뻐하시는지 모릅니다. 성령님은 우리에게 그것을 알게 해주기를 간절히 원하십니다.

3 다만 이뿐 아니라 우리가 환난 중에도 즐거워하나니 이는 환난은 인내를, 4 인내는 연단을, 연단은 소망을 이루는 줄 앎이로다 5 소망이 우리를 부끄럽게 하지 아니함은 우리에게 주신 성령으로 말미암아 하나님의 사랑이 우리 마음에 부은 바 됨이니 롬 5:3-5

성령을 통해 우리 마음에 하나님의 사랑이 부어지기 때문에 우리가 이 세상을 이길 수 있고 모든 고통을 인내할 수 있습니다. 그 사랑이 내 안에 있기 때문에 하나님이 나와 함께 계신다는 것을 알고, 하나님이 함께 계시기 때문에 진리의 말씀이 믿어지고, 이 말씀을 선포할 수 있는 것입니다.

35 누가 우리를 그리스도의 사랑에서 끊으리요 환난이나 곤고나 박해나 기근

이나 적신이나 위험이나 칼이랴 롬 8:35

우리를 하나님의 사랑에서 끊을 수 있는 것은 아무것도 없습니다. 왜냐하면 우리에게 성령이 임하여 하나님의 사랑을 체험하게 될 때부터 성령님이 우리와 영원히 함께하시는 것이 믿어지기 때문입니다. 그분은 우리 육신이 죄를 지었다고, 내가 교만하고 못났다고 떠나가지 않습니다. 그때부터 인생은 변화됩니다. 더 이상 옛 사람이 삶을 살수 없습니다. 더 이상 자신의 생각과 머리로 말씀을 이해하고 내 노력으로 적용하는 인생을 살지 않게 됩니다.

하나님의 성전(聖殿) 된 내 안에 하나님의 생명이 있고, 그 하나님의 생명이 느껴지고, 내 육신을 포기하고 부인하는 만큼 성령님이 하나님을 더 나타내신다고 생각해보십시오. 성령님이 내 안에서 하나님의 성품을 나타내시는 삶, 성령님이 내 안에서 하나님의 권능을 나타내시는 삶, 바로 그분의 형상으로 변화되는 삶을 사는 것입니다. 이 일은 정말 귀하고 소중해서 글이나 말로 다 형언할 수 없습니다.

세상에 무엇과도 바꿀 수 없는 하나님의 사랑을 반드시 맛보아야합니다. 그 사랑을 맛보아 알고 그 사랑에 압도되어야 합니다. 내가 내목숨을 던질 만큼 하나님을 사랑한다 해도, 그분이 나를 사랑하는 것을 체험하지 못한다면 그것은 아무것도 아닙니다. 기독교 신앙은 하나님과의 상호 관계적 체험입니다. 하나님과 생명적 교제가 없는 관계는 아무 관계도 아닙니다. 단지 남일 뿐입니다.

무한한 아버지의 사랑

하나님의 사랑 없이 우리가 할 수 있는 것은 아무것도 없습니다. 우리가 예수 그리스도를 믿고 구원을 얻었을 때 우리는 원죄(原罪)로부터 구원받았습니다. 그렇지만 바울이 "오호라 나는 곤고한 사람이로다 이 사망의 몸에서 누가 나를 건져내랴"(롬 7:24)라고 한탄했던 것처럼 우리의 육신은 지금도 여전히 죄를 짓고 있습니다. 마음으로는 하나님의 법을 따르지만 육신으로는 죄의 법을 섬기기 때문입니다. 사는 날 동안 자범죄(自犯罪)를 지을 수밖에 없는 우리가 하나님의 사랑을 깊이 체험하면 그 사랑 때문에 죄를 회개하고 죄를 끊게 되고 죄에서 돌아서게 되는 것입니다. 그 사랑 때문에 더러운 중독에서 벗어날 수 있게 되는 것입니다.

'돌아온 탕자'의 비유는 이해할 수 없는 하나님의 놀라운 사랑을 너무나 잘 보여줍니다. 방탕한 죄악 가운데 있다가 돌아온 아들에게 도무지 납득할 수 없는 이상한 행동을 한 것은 다른 사람이 아닙니다. 바로 탕자의 아버지입니다. 뻔히 그 잘못을 아는데도 그토록 죄만 짓다 돌아온 죄인에게 좋은 옷을 입히고 가락지를 끼우고 새 신을 신기고 송아지를 잡아 잔치를 벌이다니요. 우리의 죄를 용서하실 뿐만 아니라 아무런 조건이나 대가 없이 우리에게 타락 전 자녀의 모든 신분과 권세와 능력을 다시 회복시켜주시는 놀라운 사랑입니다. 이런 사랑을 베푸시는 이유는 우리를 통해 당신의 뜻을 이룰 수 있다는 완전한 믿음을 가지고 계시기 때문입니다.

7 내가 너희에게 이르노니 이와 같이 죄인 한 사람이 회개하면 하늘에서는 회개할 것 없는 의인 아흔아홉으로 말미암아 기뻐하는 것보다 더하리라 눅 15:7

사람으로서는 알 수 없고 말할 수도 없는 놀라운 용납과 사랑을 경험하게 될 때 자신의 더럽고 악한 죄와 습관과 중독이 싫어지기 시작하는 것입니다.

하나님의 사랑을 체험한 자와 체험하지 못한 자

이 세상에 '나'를 바꿀 수 있는 것은 아무것도 없습니다. 있다면 오직 하나님의 본질인 하나님의 사랑밖에 없습니다. 말도 안 되고 이해할 수도 없는 그 사랑입니다. 내가 지금 죄를 짓고 하나님을 멀리하는 데도 불구하고 성령으로 우리 마음에 부어주시는 그 놀라운 하나님의 사랑 때문에 내가 변하는 것입니다.

하나님은 내 육신의 태도와 행동에 기초하여 관계하는 것이 아니라 내 영 안에 계시는 하나님의 생명에 기초하여 관계하십니다. 하나님은 나를 통해 하나님의 뜻을 이룰 수 있다는 절대적인 불변의 믿음을 가지고 계십니다. 그래서 우리를 그렇게도 사랑하시는 것입니다.

그렇기 때문에 우리는 우리가 하나님을 생각하는 방식으로 신앙생활 해서는 안 됩니다. 이것은 이성적(理性的) 지각일 뿐입니다. 우리는 하나님이 우리를 보시는 방식으로 우리 자신과 세상을 보아야 합니다. 이것이 바로 계시적(啓示的) 지각입니다. 우리에게 이 계시적 지각이 있을 때 비로소 영으로써 몸의 행실을 죽이면 살리라는 말씀에 생명이 임하게 됩니다.

그 사랑이 없다면 어떻게 하나님 앞에 날마다 설 수 있겠습니까? 그 사랑이 없이 어떻게 죄와 상처에서 벗어날 수 있겠습니까? 상처를 치유할 수 있는 것은 열심히 노력하는 신앙생활이나 유명한 집회, 각종 세미나 프로그램이 아닙니다. 그런 것으로는 치유함을 받을 수 없습니다. 모든 상처와 의문과 갈등은 하나님의 사랑을 체험하는 것으로 끝납니다. 하나님의 사랑을 체험하지 못하면 아무리 말씀을 읽고 그 말씀을 받아들이고 적용하려 해도 마귀가 밀 까부르듯이 우리를 참소하는 유혹에 넘어가고 맙니다. 왜냐하면 내 안에 계신 예수 그리스도의 이름의 능력이 나타나지 않기 때문입니다.

하나님의 사랑을 경험하지 못한 자는 예수 그리스도의 이름을 도용하여 기도하거나, 문제에 대해서 기도할 뿐입니다. 그러나 하나님의 사랑을 경험한 자는 자신이 예수 그리스도의 이름으로 선포할 때, 아버지께서 그의 일을 행하신다는 것을 믿게 됩니다. 그리고 문제에 대해서가 아니라 문제를 향해서 예수님처럼 선포기도하게 됩니다.

하나님의 사랑이 모든 사역의 기초다

성령세례 이후에 성령님이 내주하시기 때문에 더 이상 다른 성령의 역사가 필요하지 않다고 보는 견해나, 위로부터 임하는 성령의 역사를 통해서는 하나님의 사랑을 경험하기보다 성령의 능력과 은사를 받는다는 신학적 견해 때문에 우리가 자칫 "너는 나의 사랑하고 기뻐하는 자라"라는 주님의 음성을 놓칠 수 있습니다.

위로부터 성령이 임하시는 것이 오직 은사와 능력에만 국한된다고 생각한다면 큰 착각입니다. 우리가 성령으로 충만해지면 하나님의 사랑을 통해 우리에게 그리스도의 성품이 나타납니다. 고린도전서 12장은 흔히 우리가 '은사장'이라고 말합니다. 그런데 받은 은사로 내 몸을 불사르게 내어 줄지라도 사랑이 없으면 소리 나는 구리와 울리는 꽹과리와 같이 아무것도 아니라고 하신 말씀 또한 반드시 기억해야 합니다(고전 13:1-3).

> 22 그날에 많은 사람이 나더러 이르되 주여 주여 우리가 주의 이름으로 선지자 노릇 하며 주의 이름으로 귀신을 쫓아내며 주의 이름으로 많은 권능을 행하지 아니하였나이까 하리니 23 그때에 내가 그들에게 밝히 말하되 내가 너희를 도무지 알지 못하니 불법을 행하는 자들아 내게서 떠나가라 하리라
> 마 7:22,23

능력과 은사가 있어도 그리스도의 성품, 즉 하나님의 생명 안에 있는 사랑이 나타나지 않으면 그것은 아무것도 아니라는 뜻입니다. 제가 날마다 무릎 꿇고 기도하며 구하는 것 역시 하나님의 사랑입니다.

"하나님, 제게 더 큰 사랑이 필요합니다. 하나님의 사랑이 없으면 제가 불법(不法)을 행하는 자가 되는 것 아닙니까? 하나님, 하나님의 사랑을 더 부어주십시오."

우리가 경험하는 성령의 역사를 단지 외적, 은사적, 체험적으로만 추구한다면 그것은 결국 사람을 망하게 만드는 것입니다. 하나님의 권능은 하나님의 사랑 안에서 역사합니다.

하나님의 사랑이 부어져야 사랑할 수 있다!

한 율법사가 예수님을 시험하여 율법 중에서 어느 계명이 크냐고 물었습니다. 예수님의 대답은 다음과 같았습니다.

37 예수께서 이르시되 네 마음을 다하고 목숨을 다하고 뜻을 다하여 주 너의 하나님을 사랑하라 하셨으니 38 이것이 크고 첫째 되는 계명이요 39 둘째도 그와 같으니 네 이웃을 네 자신같이 사랑하라 하셨으니 40 이 두 계명이 온 율법과 선지자의 강령이니라 마 22:37-40

예수님이 율법사에게 일러준 사랑을 우리가 할 수 있다고 생각하십니까? 구약의 모든 율법과 선지자들의 가르침이 하나님을 사랑하고 네 이웃을 사랑하라는 이 두 계명에서 나왔다고 하는데 그 사랑을 정말 할 수 있을까요?

타락한 우리는 그런 사랑이 없는 존재입니다. 가장 선한 마음을 갖더라도 인간적인 사랑밖에 할 수 없는 존재입니다. 그래서 보혜사 성령님이 우리 안에 오신 것입니다. 성령님이 임하셔서 우리의 육신이 하나님의 사랑을 경험할 때 비로소 그 하나님의 사랑을 나누어줄 수 있는 것입니다.

성령님이 우리에게 임하실 때 우리는 두 가지 감정을 동시에 느낍니다. 하나는 육신의 죄 있는 우리가 하나님의 거룩하심 앞에 경외감으로 두려워 떠는 것입니다. 다른 한편으로 하나님의 놀라운 사랑이 나를 덮을 때 가슴이 벅차오르고 주체할 수 없이 눈물이 흐르고 기뻐서 그저 주님 앞에 계속 머물러 있고 싶다는 황홀감을 느낀다는 것입니다.

이 사랑을 무엇과 바꿀 수 있겠습니까? 그동안 이 놀라운 사랑에 무관심했고 하나님의 사랑을 느끼지 못했던 딱딱하고 굳어진 마음을 찢으십시오. 하나님의 사랑을 경험하기 위해 자신의 모든 것을 내려놓으십시오. 하나님의 사랑이 없이는 이 세상을 이겨나갈 수 없음을 고백하십시오.

"주님, 내가 노력해서 얻을 수 있는 사랑이 아니라 하나님이 나를 찾아오셔서 내게 부어주시는 그 사랑을 경험하기를 원합니다."

> 7 사랑하는 자들아 우리가 서로 사랑하자 사랑은 하나님께 속한 것이니 사랑하는 자마다 하나님으로부터 나서 하나님을 알고 8 사랑하지 아니하는 자는 하나님을 알지 못하나니 이는 하나님은 사랑이심이라 요일 4:7,8

사랑은 하나님께 속한 것입니다. 하나님으로부터 난 자만이 하나님을 알고 그 사랑을 나눌 수 있습니다. 사랑하지 않는 자는 하나님을 알지 못합니다. 그것은 하나님이 없기 때문이거나 태생적인 하나님의 사랑을 경험하지 못했기 때문입니다.

다 사랑하자고 합니다. 그래서 다들 사랑하려고 애를 씁니다. 우리가 의식화하고 내면화해서 자기 육신대로 사랑하려고 노력할 때 자신이 통제할 수 있는 정도까지는 사랑할 수 있기 때문에 하나님의 진정한 사랑과 인간적인 사랑이 구별되지 않습니다. 그렇지만 그 열매를 보면 압니다. 사랑한다고 하는데 교회가 깨어지고, 뜨겁게 사랑할수록 관계가 어려워진다면 그 사랑은 하나님의 사랑이 아닙니다.

사람이 자기의로 사랑하기 때문에 사랑하면 할수록 관계가 더 어려워지고 깨어지는 것입니다. 그리고 왜 그런 일이 일어나는지 이해하지 못하게 됩니다. 그 사랑으로는 세상을 이길 수 없습니다. 그리스도인이란 하나님의 사랑을 먹고, 하나님의 사랑을 나타내고, 하나님의 사랑을 전하는 사람입니다. 하나님이 사랑이시기 때문입니다.

모든 상처를 이길 수 있는 것도 하나님의 사랑 때문입니다. 우리를 치유하시는 하나님의 사랑을 경험해야 합니다. 많은 사람들이 이런 이야기를 합니다. 말씀치유집회에 와서 말씀을 듣고 기도를 받고 난 다음 병이 나았는데 조금 있으니까 다시 옛날로 돌아간다는 것입니다. 그런 경우는 얼마든지 있을 수 있습니다.

왜냐하면 집회에 참석한 그 순간에 믿음으로(기도하는 자의 믿음 또는 기도를 받는 자의 믿음으로), 또 그곳에 임하신 강력한 성령의 임재로 치유가 일어나지만, 하나님의 사랑이 계속 흐르지 않는다면 결국 다시 어둠에 묶이게 되고 더럽고 악한 영이 그 자리를 차지할 수 있기 때문입니다.

하나님의 사랑을 체험하는 데 목숨을 걸라

밤이나 낮이나 내가 무슨 일을 하든지, 내가 어디를 가든지, 가정이나 직장에서 힘들고 어렵거나 기쁘거나 슬프거나 일상의 삶을 사는 동안 내 안에 그리스도께서 함께하신다는 사실을 어떻게 알 수 있습니까? 그것은 태생적인 하나님의 사랑을 체험할 때입니다. 그 사랑을 체험하면 인생이 바뀝니다. 왜냐하면 하나님이 끊임없이 나를 사랑하시고 한결같이 나를 기뻐하시기 때문입니다. 이것이 그리스도인이 신앙을 출발할 때부터 골인 지점까지 놓치지 말아야 하는 가장 중요한 것 중 한 가지입니다. 이 점을 잊어서는 안 됩니다.

이 사랑 위에 은사가 있고, 이 사랑 위에 헌신이 있고, 이 사랑 위에 모든 사역이 있어야 합니다. 내가 나의 부모로부터 태어났기 때문에 그 부모의 사랑을 체험하듯이 내가 하나님의 사랑으로부터 태어난 하나님의 자녀인 것을 체험하지 못했다면 그 사랑을 체험하는 데 목숨을 걸어야 합니다. 그 체험 없이 우리는 살아갈 수 없습니다.

자신의 인생을 돌이켜 생각해보십시오. 성령님이 나를 찾아오셔서 그 압도적인 사랑으로 나를 감싸시는 것을 경험한 적이 있습니까? 그 사랑을 경험했다면 결코 마귀에게 휘둘리거나 깊은 절망에 빠지지 않습니다. 믿음이 흔들리지 않습니다.

우리가 그 사랑을 체험하기 위해서 먼저 성령세례를 받아야 하고 성령이 위로부터 임하시는 강력한 성령체험을 가져야 합니다. 그럴 때 성령님이 내 안에 오셔서 내가 하나님으로부터 태어났으며, 하나님이 나를 끝없이 사랑하시며, 하나님이 나로 말미암아 말할 수 없이 기뻐하시는 것을 체험하게 하십니다. 그 사랑이 우리의 머리로 이해되는 것이 아니라 우리의 심령 안에서 물방울처럼 올라오는 것을 느끼시기 바랍니다.

신앙생활에서 가장 어려운 것은 자신의 지식과 경험에 기초하여 믿고자 하는 세상적 사고방식을 제거하는 일입니다. 세상적 사고방식이야말로 하나님께서 내 자아를 뚫고 내 육신에 나타나는 것을 가로막는 가장 큰 장애물입니다. 그로 인해 진리의 말씀에 따른 하나님의 은혜를 누리지 못하는 것입니다.

우리는 성령세례 이후 자기의식으로 하나님의 사랑을 느끼려고 노력합니다. 이것은 마치 이미 날 때부터 저절로 주어지는 부모의 사랑을 자신이 노력해서 느끼려고 애쓰는 것과 같습니다. 하나님의 사랑은 자신의 육신적 노력으로 추구해서 경험하는 것이 아닙니다. 이미 주어진 하나님의 사랑을 믿을 때 비로소 느껴지는 것입니다.

- 이 사랑의 체험이 하나님과 나 자신의 실제적 관계입니다.

- 이 사랑을 느낄 때 나는 죄로부터 벗어날 수 있습니다.

- 이 사랑을 느낄 때 이 세상의 묶임으로부터 자유로워집니다.

- 이 사랑을 느낄 때 환난 가운데서도 인내하고 소망을 이룰 줄 알게 됩니다.

- 이 사랑을 느낄 때 자범죄로부터 벗어날 수 있습니다.

- 이 사랑을 느낄 때 자신과 다른 사람을 용서할 수 있습니다.

시험을 통해 더 깊은
영적 세계로 나아가라

성령체험 이후에 오는 시험

우리가 단지 기독교 신자의 삶이 아닌 예수 그리스도의 능력과 성품을 자신의 일상에서 나타내어 그리스도를 증거하는 삶을 살고자 한다면 성령체험을 통해 우리의 혼과 육이 그리스도의 영의 통치함을 받아야 한다고 누누이 강조했습니다.

그런데 성령체험을 구하는 사람이나 경험한 사람들이 착각하는 것은 성령체험을 하고 나서부터는 항상 기쁨이 넘치고, 모든 일이 잘 풀리고, 하나님의 은혜가 임하고, 놀라운 은사를 받게 될 것이라고 생각한다는 것입니다. 그러나 사실은 그렇지 않습니다.

성령체험을 경험하면 이후로 우리의 삶은 예전과 동일하지 않게 됩니다. 우리의 생각과 다르게 오히려 과거에 경험해보지 못한 고통과

괴로움을 겪게 됩니다. 왜냐하면 성령님이 우리를 이끌어 마귀의 시험 가운데로 데려가시기 때문입니다. 하나님께서는 우리가 그 시험을 통해서 우리 자신이 누구인지 알게 하시고, 자신의 내면을 들여다보게 하여 치유하시고, 하나님의 사랑과 예수님의 권능을 경험하도록 하십니다.

예수님은 삼위일체 하나님이시지만 우리를 구속(救贖)하시기 위해 이 땅에 인자(人子)로 오셔서 우리와 동일한 삶을 사셨습니다. 이것은 우리도 이 땅에서 그리스도의 삶을 살 수 있다는 소망을 줍니다. 아버지는 인자인 아들에게 아버지 속에 있는 생명을 주셨습니다. 또 아버지는 아들에게 심판하는 권세도 주셨습니다.

26 아버지께서 자기 속에 생명이 있음 같이 아들에게도 생명을 주어 그 속에 있게 하셨고 27 또 인자됨으로 말미암아 심판하는 권한을 주셨느니라 요 5:26,27

예수님이 성령에 이끌려 광야로 가서서 마귀에게 시험을 받으실 때 마귀의 시험을 이기신 것도 마귀를 심판할 권한을 가지셨기 때문입니다. 이것이 우리에게 동일하게 적용해볼 수 있는 사건입니다. 성령님이 우리 안에 오시면 우리도 예수님처럼 마귀의 일을 멸할 수 있는 권한을 부여받게 됩니다. 영으로 몸의 행실을 죽일 뿐만 아니라 마귀를 대적하여 이길 수 있고 이 땅에서 주(主)의 뜻을 이루는 삶을 살 수 있게 됩니다.

그렇다면 진정한 그리스도인의 삶을 살고자 하는 우리에게 성령체험 이후 어떤 일들이 펼쳐질까요? 우리가 가야 할 바를 먼저 몸소 보여주신 예수님이 성령체험을 하신 후에 그 성령에 이끌려 광야로 가서 시험을 받으셨다는 사실을 우리는 다시 한번 주목할 필요가 있습니다. 그래서 예수님이 어떤 시험들을 받으셨고 또 그 시험들을 어떻게 이기셨는지 살펴봄으로써 오늘 우리의 신앙생활을 통하여 그리스도를 더 나타낼 수 있게 될 것입니다.

예수님은 마귀로부터 세 가지 시험을 받으셨고 성령과 말씀으로 그 시험을 이기셨습니다. 마귀가 시험을 다한 후의 상황을 성경은 이렇게 기록하고 있습니다.

11 이에 마귀는 예수를 떠나고 천사들이 나아와서 수종드니라 마 4:11

13 마귀가 모든 시험을 다 한 후에 얼마 동안 떠나니라 눅 4:13

이 말씀을 보면 예수님이 광야에서 시험을 받으셨을 뿐만 아니라 그 후 십자가를 지시기 전까지, 마귀가 끊임없이 예수님 주위를 돌며 집요하게 예수님이 십자가를 지시지 못하도록 방해했다는 것을 알 수 있습니다.

이 말씀에 비추어 우리 자신의 인생을 생각해보십시오. 우리가 한

번 성령체험을 하게 되면 하늘 문이 열리고 하나님나라가 보이고 더 이상 마귀가 범접하지 못하고 평생 평안하고 아름답기만 한 삶을 살 수 있다고 생각하십니까? 결코 그렇지 않습니다.

사실은 우리가 성령체험을 하기 전에는 마귀도 우리에게 별다른 관심을 보이지 않았을 것입니다. 왜냐하면 경건의 모양은 있으나 경건의 능력은 잘 나타나지 않았기 때문입니다.

그러나 성령체험을 하고 나서부터 우리는 마귀와 본격적으로 직면하는 삶을 살아가게 됩니다. 분명한 것은, 예수님이 성령에 힘입어 귀신을 쫓아내셨다면 우리도 성령으로 마귀를 쫓아낼 수 있다는 것입니다.

하나님나라 자녀의 삶을 살지 못하게 하는 시험

광야의 시험 당시 예수님은 어떤 상태이셨습니까? 예수님은 성령에 이끌려 마귀 앞으로 가셨습니다. 예수님은 누구의 도움도 받을 수 없는 거친 광야에서 시험을 받으셨고 사십 일을 밤낮으로 금식하셔서 굶주리셨습니다. 환경이나 육신적으로 볼 때 고통과 고난 가운데 시험을 받으신 것입니다. 바로 여기에 우리 신앙의 비밀이 있습니다.

예수님이 이 시험을 어떻게 이기셨습니까?

첫 번째로 마귀는 예수님에게 "네가 만일 하나님의 아들이어든 명하여 이 돌들로 떡덩이가 되게 하라"고 시험했습니다. 시험하는 자가 예수께 "네가 만일 하나님의 아들이라면"이라고 물은 데는 두 가지 복선(伏線)이 있는데 "네가 진짜 하나님의 아들이냐? 네가 하나님의 아들이라면 신성(神性)을 사용해서 돌들이 떡덩이가 되게 하는 기적을 일으킬 수 있잖아? 신성을 발휘해봐라"라는 뜻이 있습니다.

이 시험은 하나님의 아들이라는 예수님의 정체성에 대한 도전이자 육신을 입으셨기에 금식하여 주리신 예수님에게 육체의 욕구를 먼저 채우도록 유혹한 것입니다.

그러나 예수님이 이 땅에 오신 것은 인자(人子)로서 끝까지 자신을 낮추시고, 십자가에서 많은 사람의 죄를 대신 짊어지고 죽기 위해서입니다. 사람들은 이해하지 못했지만 하나님의 아들이 십자가에서 허무하게 죽어버린 것 같은 이 죽음을 통해 모든 인류가 죄 사함을 받는 놀라운 은혜를 입게 된 것입니다.

마귀는 현실적으로 인간에게 가장 고통스러운 것이 굶주림이라는 것을 잘 알았기에 그 점을 노리고 예수님을 시험했습니다. 그렇지만 예수님은 성령에 의지하여 "사람이 떡으로만 살 것이 아니요 하나님의 입으로부터 나오는 모든 말씀으로 살 것이라"(마 4:4)라는 진리의 말씀을 선포하셨고, 선포된 이 진리 앞에 마귀는 더 이상 어떤 말도 할 수 없었습니다.

우리 가운데도 자신의 육체적인 욕구를 채우기 위해 신앙생활 하는 사람이 얼마나 많은지 모릅니다. 물론 스스로는 인정하지 않을지 모릅니다. 그러나 자기 육신의 욕구를 채우기 위해 예수님을 필요로 하는 사람이 많습니다. 그것은 단적으로 24시간 우리 마음의 생각과 기도 내용을 살펴보면 잘 알 수 있습니다.

예수님은 요한복음 4장에서 사마리아의 수가성 여인에게 전도하시고 난 뒤 음식을 구하러 동네에 들어갔다가 나온 제자들에게 이렇게 말씀하셨습니다.

³⁴ 예수께서 이르시되 나의 양식은 나를 보내신 이의 뜻을 행하며 그의 일을 온전히 이루는 이것이니라 요 4:34

그의 뜻을 행하고 그의 일을 이룬다는 것은 다른 것이 아닙니다. 우리가 세상의 눈으로 말씀을 보고 듣고 생각하는 그대로 우리 마음이 묶이는 것이 아니라, 이미 2천 년 전에 예수께서 십자가를 지셔서 다 이루신 약속의 말씀을 내가 믿고 그 약속의 말씀이 이 땅에 이루어지도록 하는 것입니다.

예수님은 하나님나라 자녀의 삶, 그리스도인의 삶을 현재에 보여주셨습니다. 우리가 그 삶을 살면 하나님께서는 우리에게 필요한 모든 것을 더해주시겠다고 말씀하셨습니다.

³¹ 그러므로 염려하여 이르기를 무엇을 먹을까 무엇을 마실까 무엇을 입을까 하지 말라 ³² 이는 다 이방인들이 구하는 것이라 너희 하늘 아버지께서 이 모든 것이 너희에게 있어야 할 줄을 아시느니라 ³³ 그런즉 너희는 먼저 그

의 나라와 그의 의를 구하라 그리하면 이 모든 것을 너희에게 더하시리라

마 6:31-33

하나님께 경배하고 그분만 섬기지 못하게 하는 시험

두 번째로 마귀는 이 세상 부귀영화에 대해서 그리고 경배와 순종의 대상에 대해서 시험했습니다. 마귀는 예수님을 매우 높은 산으로 데리고 가서 천하만국과 영광을 보게 합니다. 그리고 자신에게 엎드려 경배하면 이 모든 것을 주겠다고 말합니다.

그럴 때 예수님이 뭐라고 말씀하십니까?

10 이에 예수께서 말씀하시되 사탄아 물러가라 기록되었으되 주 너의 하나님께 경배하고 다만 그를 섬기라 하였느니라 마 4:10

그리스도인의 삶은 부귀영화를 누리는 것이 아니라 하나님을 경배하고 그분을 섬기며 그분의 뜻을 이루는 것입니다. 그런데 우리가 부귀영화를 누리기 위해 돈을 섬기고 사람을 섬기고 관계를 섬기고 권세를 섬기는 일들이 얼마나 많습니까? 자기 앞에 있는 부귀영화를 취하면서 그 영광을 하나님께 올려드린다고 말하는 사람도 있습니다. 하지만 하나님이 진정으로 원하시는 것은 하나님께 경배하고 그분만 섬기는 삶입니다.

예수님의 광야 시험 사건으로 알 수 있듯이 우리가 성령체험을 받게 되면 마귀는 우리를 가만두지 않고 시험합니다. 그러나 예수님은 우리가 어떻게 악한 영을 이길 수 있는지 보여주셨습니다. 마귀가 우리를 시험할 때 거기에 속지 않고 하나님의 권세로 하나님의 때에 하나님의 일을 행하는 것이 그리스도인이라는 것을 알려주시는 것입니다.

하나님의 뜻을 이루지 못하게 하는 시험

세 번째로는 마귀가 예수님을 예루살렘의 성전 꼭대기에 세우고 "네가 만일 하나님의 아들이라면 뛰어내려라. 그러면 하나님께서 천사들을 보내어 너를 다치지 않게 해주실 것이라고 성경에 기록되어 있다"라고 시험했습니다. 그럴 때, 예수님은 "주 너의 하나님을 시험하지 말라 하였다"라고 말씀하셨습니다. 이것은 하나님나라의 삶과 하나님의 역사에 대한 시험입니다.

우리는 흔히 하나님의 은사와 능력이 있는 사람들을 시험해보고자 합니다. 하나님의 능력이 있다면 이렇게 해보고 저렇게 해보라고 쉽게 말합니다. 그런데 이 말씀에 비추어볼 때 우리는 놀라운 진리를 깨달을 수 있습니다. 하나님의 역사가 이 땅에서는 기적으로 보일 수 있지만, 사실 기적은 하나님나라의 질서라는 것입니다.

예수님은 이 땅에 도래한 하나님나라의 삶을 살기 위해 필요한 것은 자기 능력이 아니라 하나님의 주권에 의한 하나님의 능력임을 아셨습니다. 내 능력이 아닌데 내가 원할 때, 내 뜻대로, 내 마음대로, 또는 누가 원한다고 해서 능력을 행한다면 그는 결코 하나님의 사람일 수 없을 것입니다.

예수님도 그러셨듯이 우리가 순종해야 할 대상은 하나님 한 분뿐입니다. 그렇기 때문에 마귀가 뛰어내리라고 시험했을 때 예수께서 단호히 "주 너의 하나님을 시험하지 말라 하였느니라"라고 말씀하신 것입니다.

마귀를 이기는 시험의 시작

예수님은 성령에 이끌리어 마귀에게 시험을 받으셨는데, 그렇다면 왜 성령님이 예수님을 마귀에게 인도하셨을까요? 결론부터 말하면, 성령체험 후에는 우리도 마귀의 일을 멸할 수 있다는 사실을 예수께서 보여주신 것입니다.

앞서 언급한 것처럼 우리가 성령체험을 하지 않았다면 마귀도 우리에게 관심을 갖지 않았을 것입니다. 마귀가 관심을 갖지 않는 이유는 둘 중에 하나입니다. 첫째, 그 사람이 진정한 구원을 받지 못했거나 둘째, 어차피 그냥 놔둬도 하나님의 권능으로 주(主)의 말씀을 이루는 삶을 살지 못하기 때문입니다. 그러나 우리에게 위로부터 성령님이 임하시고 성령님이 우리의 혼과 육을 통치하시게 될 때부터 마귀는 사력을 다해 우리를 대적하기 시작합니다. 왜냐하면 우리가 그 단계를 넘어서면 그때부터 마귀 자신의 거짓과 책략이 다 드러나고 자기 팔다리가 잘리는 역사가 일어난다는 것을 너무나 잘 알기 때문입니다.

성령님이 우리를 마귀에게 이끄실 때는, 이제 갓 걸음마 하는 어린 애처럼 우리를 보호해주시지는 않습니다. 성령님은 성령체험을 하고 그리스도의 영의 통치함을 체험한 사람에게 마귀의 시험을 감당하도록 허락하십니다. 왜냐하면 실전 경험을 갖도록 하기 위해서입니다. 그리고 우리가 그 실전 경험을 통해 내면을 청소하고 악한 영을 이기는 경험을 하도록 하십니다. 할렐루야!

10 도둑이 오는 것은 도둑질하고 죽이고 멸망시키려는 것뿐이요 내가 온 것은 양으로 생명을 얻게 하고 더 풍성히 얻게 하려는 것이라 요 10:10

4 자녀들아 너희는 하나님께 속하였고 또 그들을 이기었나니 이는 너희 안에 계신 이가 세상에 있는 자보다 크심이라 요일 4:4

우리는 성령 안에서 말씀으로 악한 영을 이기게 됩니다. 왜냐하면 우리가 하나님께 속했고 우리 안에 예수님이 함께 계시기 때문입니다. 우리 안에 예수님이 계시고, 하나님의 권능이 임하고, 그리스도의 영의 통치함을 받고 있다면 마귀는 분명히 우리를 가만두지 않습니다. 항상 우리의 틈을 노릴 것입니다.

이것은 하나님의 전략입니다. 역설적으로 마귀의 유혹, 마귀의 참소, 마귀의 공격이 있기 때문에 우리가 하나님의 자녀임을 아는 것이며, 하나님의 사랑을 체험한 자가 마귀를 이기는 기회를 통해 진정으로 자신이 누구인지 알게 되는 것입니다. 우리가 지금 이 땅의 삶을 살지 않고 이 땅에 도래한 하나님나라의 삶을 산다는 것을 깨닫고 체험하는 것도 바로 이때부터입니다. 더럽고 악한 것들이 어떻게 하든지, 더 이상 세상 어둠의 세력이 두렵지 않고, 죄의 세력에 묶이지 않고, 자유함을 누릴 수 있는 것도, 내 안에 계신 예수 그리스도의 이름과 권능이 무엇인지 알게 되었기 때문입니다.

죄와 부정적인 감정을 공격하는 시험

성령체험을 하고 나서 우리도 예수님처럼 마귀의 시험을 받되 우리에게는 예수님이 경험하지 않으신 특별한 시험이 더 있습니다. 그것은 바로 우리 내면의 죄와 그로 인해 타락한 마음과 부정적인 감정에 대한 마귀의 공격입니다. 예수님은 처음부터 죄가 없는 분이셨기 때문에 죄에 대한 시험이 없었습니다.

그렇지만 우리는 죄 가운데 태어났고, 예수 그리스도의 대속(代贖)으로 죄 사함을 받은 존재입니다. 우리의 영은 새롭게 되었지만, 우리의 혼과 육은 여전히 죄의 세력에 노출되어 있고 자신의 상처와 욕심으로 죄를 짓게 됩니다. 이때부터 악한 영은 우리 자신이 지은 죄와 상처에 대해 본격적으로 시험하게 됩니다.

성령체험을 경험한 사람 중에는 비교적 순기능 가정에서 경건하게 살아왔으며, 평상시 말씀을 사랑하고, 상처와 쓴뿌리와 잘못된 믿음으로부터 어느 정도 자유로운 사람이 있습니다. 이 경우에는 악한 영이 유혹하거나 두려움을 주거나 참소해 오더라도 쉽게 물리칩니다. 반면에 역기능 가정에서 자라나 매우 큰 충격을 받았거나 심한 상처와 쓴뿌리가 있거나 왜곡된 믿음을 가진 사람 혹은 경건치 못한 삶을 오래 지속해온 사람은 그만큼 악한 영이 그 사람의 죄 문제를 깊이 파고들기 때문에 심한 시달림을 받게 됩니다.

심리학에서 부르는 조하리의 창(Johari's Windows) 이론에 따르면, 우리 마음에는 나도 알고 남도 아는 영역, 남은 아는데 내가 모르는 영역, 나는 알지만 남이 모르는 영역, 나도 모르고 남도 모르는 영역이 있다고 합니다. 나도 내 마음 안에 무엇이 있는지 모르는 것이 우리 마음입니다. 더욱이 나도 모르고 남도 모르는 마음(unknown area)이 우리 마음의 70퍼센트나 차지한다고 합니다. 지금은 기억해낼 수 없지만 그 잠재의식 안에 숨어 있는 과거의 거절감, 분노, 슬픔, 고통, 외로움, 두려움, 수치심, 죄책감 등이 얼마나 많겠습니까?

악한 영은 우리가 과거에 지은 죄와 우리의 부정적인 감정에 대해서 참소합니다. 만약 우리가 성령 안에서 하나님의 사랑을 체험하고 자신이 누구인지 알고 하나님의 말씀을 가진 자라면 이것을 능히 이길 수 있지만, 그렇지 못한 경우에 악한 영으로 인하여 감정적으로 그리고 육신적으로 고통을 받고 괴롭힘을 당하게 됩니다.

그런데 역설적이지만 우리는 고통을 받는다는 사실 자체에 감사해야 합니다. 왜냐하면, '아, 마귀도 이제 내게 관심을 갖는구나. 그렇다면 그놈들이 나에게 어느 정도 위협을 느낀다는 얘기가 아닌가?'라고 생각할 수 있기 때문입니다. 물론 괴롭고 힘들겠지만 나의 내면을 청소할 수 있는 기회가 주어졌다고 생각해야 합니다. 마귀는 나를 죽이기 위해 그렇게 하지만 나는 오히려 그 과정을 통해 나의 내면이 정결케 되는 것입니다.

만약 이런 일들을 두려워하거나 맞닥뜨리기 싫어서 회피한다면 그 사람의 삶에서 영적 성숙을 기대하기 어렵습니다. 사실 우리는 수많은 방어기제를 활용하여 자신의 내면으로부터 올라오는 여러 부정적이고 악한 감정을 누르고, 겉으로는 다른 사람들부터 인정받을 수 있는 가면을 쓴 채 살아가곤 합니다.

우리가 성령체험을 한다는 것은 우리의 내면 어두운 곳에 갑자기 엄청나게 크고 밝은 조명등이 켜지는 것과 같습니다. 그 빛이 당신이 숨겨두고 닫아놓은 모든 마음의 방을 비추는 것입니다. 빛이 비춰면 그 안에 있던 쓰레기와 쥐들이 빛 가운데 다 드러나고 보이게 됩니다.

우리의 상처와 쓴뿌리, 잘못된 믿음이 쓰레기라면 쥐는 그 안에 서식하는 악한 영입니다. 오랫동안 더러운 쓰레기가 그대로 방치되면 쓰레기는 썩고 냄새가 나면서 쥐들이 들어와 살게 됩니다. 예를 들어서 누군가를 용서하지 않고 미워하는 마음을 계속 품고 있으면 악한 영이 그의 마음속에서 그것을 붙들고 있게 되는데, 빛이 들어오면 악한 영들이 놀라 이리 뛰고 저리 뛰고 못 나간다고 버티면서 그 사람의 마음을 두렵고 괴롭게 만드는 것입니다.

그런 것들은 타락한 삶을 사는 동안 우리가 죄와 탐욕으로 스스로 심은 것들입니다. 천부(天父)께서 심지 않으신 것들이 모두 뽑히는 역사가 일어날 때 비로소 뱃속 깊숙한 곳에서 생수의 강이 흘러나오기 시작합니다. 내면의 청소가 이루어지는 동안 엄청난 고통을 느끼지만 그것은 동시에 엄청난 축복이라는 것도 알게 됩니다. 그때부터 하나님의 은혜를 경험하게 되고, 진정한 자유함을 누릴 수 있습니다.

한편, 스스로 자신의 내면을 청소하기 위해 성령 안에서 기도할 때 성령님은 내가 기억하지 못하는 나 자신의 과거를 떠올려주시기도 하고, 생각나게 하시기도 합니다. 우리는 그것들을 예수 그리스도의 이름으로 청소해야 합니다.

마귀에게 틈을 허용하지 말라

자신의 신앙생활과 자신의 내면을 지금 되돌아보십시오. 이미 구원을 받았음에도 불구하고 여전히 상처와 쓴뿌리와 왜곡되고 편협한 믿음을 가지고 있고, 육신의 탐욕과 중독적인 죄를 끊지 못하고 있고, 전통과 관습에 묶인 채 율법적인 신앙생활을 하고 있지는 않습니까?

악한 영들은 그리스도의 영이 계신 우리의 영에는 결코 들어올 수 없습니다. 그러나 우리에게 여전히 상처가 있고 쓴뿌리가 있고, 우리가 하나님의 말씀에 순종하지 않는 삶을 사는 한, 죄의 세력은 우리 육신을 죄의 법 아래로 사로잡기 위해 늘 우리 주위를 돌며 틈을 노립니다.

그러다가 우리가 유혹이나 두려움에 묶이거나 거짓말이나 참소(讒訴)에 넘어갈 때, 그 죄를 타고 들어와 우리의 혼과 육을 사로잡고 우리의 삶을 지배하게 됩니다. 그들은 우리가 우리 영에 계신 그리스도의 영의 인도함을 받아 삶의 태도와 행동을 바꾸고 악한 영을 쫓아내는 비밀을 깨닫게 되는 것을 가장 두려워합니다.

그래서 그들은 우리가 이미 지은 죄와 상처, 쓴뿌리, 용서하지 못함, 그리고 잘못된 믿음을 합법(合法)으로 가장하여 집중적으로 공격합니다. 또 좋지 않은 환경, 잘못된 삶의 습관, 왜곡된 관계, 타락한 분위기를 통해서 공격합니다. 그러나 그들이 말하는 것은 어느 것도 합법적이지 않으며 진리가 아니라는 사실을 알아야 합니다. 왜냐하면 우리가 구원받을 때 우리가 지은 모든 죄가 이미 사함을 받았고, 내 안에 하나님의 영이 계심으로 나는 더 이상 육적인 존재가 아니라 영적인 존재이기 때문입니다. 따라서 새로운 피조물로서 예수님이 지불하신 피 값에 기초하여 우리 자신의 혼과 육을 새롭게 해야 합니다.

그러면 우리가 마귀의 이런 내적 공격을 이기고 나면 모든 것이 해결된 것일까요? 그렇지 않습니다. 기억하십시오. 그들은 우리가 육신의 장막을 벗을 때까지 떠나가지 않습니다. 우리가 이 공격을 이기고 나면 마귀는 예수님을 시험했던 것처럼 하나님 자녀의 삶에 대해서, 부귀영화와 하나님에 대한 순종에 대해서, 하나님의 뜻을 이루는 것에 대해서 공격하게 됩니다.

위로부터 임하시는 성령의 임재를 강하게 체험한 사람 중에서 사회적으로 인정받지 못하고 열등감이 많고 자존감이 낮은 사람, 혹은 다른 사람의 인정을 구하는 사람일수록 자신의 정체성을 회복하고 내면을 청소하기보다는 즉시 골방에 들어가 금식하며 특별한 은사 받기를 구하는 경향이 있습니다.

하나님의 태생적 사랑을 경험하지도 못하고, 마귀의 시험을 이기지도 못한 채 단지 능력과 은사만 구하다가 잘못된 사람들을 저는 여러 명 보았습니다. 성령체험 후, 이제 하나님으로부터 능력만 받으면 뭔가 될 수 있다는 마귀의 유혹에 속는 것입니다. 그럴 경우 큰 두려움에 사로잡히거나 잘못된 환청(幻聽)과 환시(幻視)를 경험하기도 합니다. 경우에 따라서는 자신이 성령의 인도함을 받고 있다고 속는 경우도 있습니다.

성령체험 후에 부어지는 은혜

성령체험 후에 오는 다양한 시험을 거치게 되면, 그 과정 가운데 자신의 신앙생활에서 놀라운 영적 성장이 일어났다는 것을 깨닫게 될 것입니다. 하나님이 주신 은혜는 크게 세 가지로 나눠볼 수 있습니다. 첫 번째는 깊은 기도에 대한 갈망함입니다. 이런 기도는 성령에 이끌리는 기도이며, 바로 이런 기도를 통해서 영적 세계를 경험하게 됩니다(롬 8:26,27).

두 번째는 예수 그리스도의 이름의 권세가 임하는 것입니다. 성령님이 자신의 혼과 육을 통치하는 것을 경험함으로써 이제 하나님의 성전인 내 안에 그리스도께서 주인 되시는 삶을 사는 것이 무엇인지를 알게 되었기 때문입니다(요 16:26,27).

세 번째는 말씀과 성령이 분리될 수 있는 것이 아니며 하나라는 사실을 체험하게 됩니다. 기록된 성경의 말씀이 성령의 조명으로 살아 계신 그리스도의 말씀으로 체험되는 것입니다(요 6:63).

더 깊은 기도로 영적 세계를 경험하라

강력한 성령체험을 하고 나면 성령의 인도하심에 따라 더 깊은 기도를 통해 영적 세계로 나아가고자 하는 갈망이 생깁니다. 그러나 기도를 통해서 영적 세계를 경험하는 것이 쉬운 일만은 아닙니다. 자기를 부인하고 자기 십자가를 지는 훈련을 통해서 영의 세계로 나아갈 수 있습니다. 또한 자신의 육신적 행위와 모든 탐욕을 내려놓아야 합니다. 그 과정 가운데 악한 영의 공격을 받기도 합니다.

저는 침묵 가운데 깊은 곳으로 나아갈 때마다 머리카락이 쭈뼛 설 만큼 두려움을 주는 악한 영들이 저를 둘러싸고 공격하는 것을 경험하기도 했습니다. 또 기도하지 못하도록 동굴 안에서 뱀이 똬리를 틀고 저를 노려보는 장면을 환상으로 보기도 했습니다. 사람에 따라 차이가 있을 수 있지만, 영적 세계로 나아갈 때 누구나 이런 종류의 동굴을 통과하게 됩니다. 그러나 우리가 성령의 보호하심과 인도하심에 따라 말씀으로 거짓 환상과 음성을 분별하고 믿음으로 그 동굴을 벗어나면 놀라운 빛 가운데 거하게 되는 것을 경험하게 될 것입니다.

우리가 영의 눈을 뜨면 성령님만 계신 것이 아니라 악한 영도 있다는 것을 알게 됩니다. 성령님만 말씀하시는 것이 아니라 악한 영도 우리에게 말합니다. 악한 영이 광명의 천사로 가장하여 말하더라도 우리가 하나님의 사랑을 알고 그분과 친밀함을 나누는 관계라면 얼마든지 분별할 수 있습니다. 하지만 마귀의 거짓말에 속아서 하나님의 음성을 들었다고 말하며 거짓되고 부정적인 예언을 하고 다니는 사람도 있습니다.

오늘날 말씀을 가르치고 삶을 인도해줄 멘토(mentor)는 많습니다. 그러나 영적인 일을 분별해주고 영성을 지도해줄 수 있는 멘토는 많지 않다는 것이 큰 문제가 되고 있습니다. 성령체험을 경험한 후 이 모양 저 모양으로 일어나는 여러 가지 현상들이 무엇을 의미하는지 몰라 두려워하는 성도들, 자신이 정말 성령의 인도함을 받고 있는지 몰라 의심하는 성도들, 자신의 죄와 상처 때문에 또는 영적 분별력이 없어서 악한 영에 붙들려서 고통받고 있는 성도들이 수없이 많은데도 불구하고, 우리는 이것을 알면서 모르는 척하거나 심지어 터부(taboo)시하고 있는 형편입니다. 너무나 안타까운 일입니다.

지금부터라도 교단과 교파를 초월하여 이런 일들에 대해 영적으로 멘토링 할 수 있는 사역자나 교회나 사역단체를 공인해주어서, 그 일들을 맡기거나 각 교회 지도자들이 훈련을 받을 수 있는 시스템을 갖추어야 할 것입니다.

예수 그 이름의 능력을 체험하라

성령체험을 하고 나면 단순히 예수 그리스도를 믿는 차원이 아니라 살아 계신 예수 그리스도를 만나게 되고, 그분의 삶을 경험하기 시작합니다. 그 결과로 우리가 과거 예수 그리스도의 이름을 도용하여 얼마나 자신의 유익을 챙기기 위해 애쓰는 삶을 살았는지 깨닫기 시작합니다.

그리스도의 영이 나의 혼과 육을 통치하시는 것을 경험하게 되었을 때 더 이상 나의 본질이 육신에 있지 않고 영에 있다는 사실, 내 육신이 나의 것이 아니라 그리스도의 몸이 되었다는 사실, 더 이상 나의 삶이 아니라 예수 그리스도의 삶이라는 사실을 알게 되고 예수 그리스도의 이름이 아니고서는 아무것도 할 수 없다는 것을 깨닫게 됩니다.

이것을 깨닫는 것과 그렇지 못한 것은 그야말로 하늘과 땅 차이입니다. 성령을 통해서 이 사실을 알게 될 때 더 이상 주(主)를 바라보거나 주를 위하는 차원만이 아니라 이미 내 안에 계신 주를 나타내는 삶을 살기를 소원하는 자신을 발견하게 될 것입니다.

흔히 예수께서 기록된 말씀으로 마귀를 물리치셨다고 알고 있는데 여기서 우리가 놓치는 부분이 있습니다. 문자화된 말씀만으로는 악한 영을 대적해서 이길 수 없습니다. 만약 그렇다면 오늘날 우리에게 동일하게 말씀이 있는데 왜 우리가 그 말씀을 선포해도 아무일도 일어나지 않는 걸까요? 그 말씀을 선포했을 때 무슨 일이 일어납니까? 예수께서 단지 성경에 기록된 말씀을 말했기 때문에 마귀를 이기실 수 있었습니까? 예수님이 성령충만한 가운데 기록된 말씀을 선포했기 때문에 그 말씀에 하나님의 권능이 임하여 살아 있는 생명의 말씀으로 변화된 것입니다.

성경은 성령의 감동으로 기록되었습니다. 그 말씀을 하신 분이 성령님이시고 그분이 성경의 원저자이십니다. 따라서 이 성령 안에서 말씀이 풀어질 때 그 말씀이 성령의 검(劍)이 됩니다.

인터넷의 발달로 세계적으로 유명한 목사님의 설교도 집안에서 들을 수 있고, 스마트폰으로도 언제 어디서나 말씀을 접할 수 있는 시대가 되었습니다. 지금 우리는 말씀의 홍수 속에 살고 있다 해도 과언이 아닙니다. 홍수 때에 마실 물이 없다는 말처럼 우리는 말씀이 없는 기갈(飢渴)이 아니라 말씀에 따르는 능력이 없는 기갈을 겪고 있습니다. 듣기는 들어도 행하지 않는 기근에 허덕이고 있습니다. 왜 그렇습니까? 그 말씀에 하나님의 영과 생명이 임하지 않기 때문입니다. 성령 안에서 그 말씀이 풀어지지 않기 때문입니다. 말씀이 단지 우리 안에 지식으로만 들어와 있기 때문입니다.

내 혼과 육이 온전히 그리스도의 영의 인도함을 받고 기록된 말씀에 대한 그리스도 영의 내적 증거가 이루어지도록 하기 위해서는 지속적으로 성령충만함을 유지해야 합니다. 그렇게 될 때 내 혼과 육에 프로그램 되었던 과거의 내 패턴과 습성이 자꾸 씻겨 내려가고 말씀을 통해서 세상을 새롭게 볼 수 있게 됩니다. 눈과 귀로 감각되는 세상이 어떠하다 할지라도 세상이 내 마음에 대하여, 반대로 내 마음이 세상에 대하여 십자가에 못 박히고, 그리스도의 영 안에서 말씀을 이루어가는 삶을 살게 되는 것입니다.

> **14** 그러나 내게는 우리 주 예수 그리스도의 십자가 외에 결코 자랑할 것이 없으니 그리스도로 말미암아 세상이 나를 대하여 십자가에 못 박히고 내가 또한 세상을 대하여 그러하니라 갈 6:14

그때 우리는 이 땅에 도래한 하나님나라에서 예수 그리스도의 이름으로 기사와 표적을 경험할 수 있습니다.

진정한 영적 전쟁은 성령체험 후부터입니다. 예수님도 성령체험을 하신 후 성령에 이끌려 마귀에게 시험을 받으셨습니다. 시험이 끝난 후에도 사탄은 잠시 물러갔을 뿐입니다. 성령충만한 삶은 마귀의 공격이 없는 삶이 아니라 마귀를 알고 대적하여 이기는 삶입니다. 영적 전쟁은 예수 그리스도의 이름으로 시작되지만 승리는 내 안에 계신 예수 그리스도의 나타남에 달려 있습니다. 성령세례 후 생겨나는 여러 내면의 현상들을 두려워하지 말고, 반드시 있어야 할 전쟁임을 기억하십시오. 성령 안에 있다면 그것은 이미 승리한 전쟁을 치르는 것입니다.

힘들더라도 성령의 임재 가운데 말씀을 묵상하고 그 말씀이 성령에 의해 자신의 마음에 풀어지기를 구해야 합니다. 그것을 어떻게 알 수 있습니까? 어떤 상황에 직면했을 때 말씀을 적용하기 위해 기억하고 있는 말씀을 의식적으로 끄집어내는 것이 아니라 자신의 생각과 상관없이 그 말씀이 자기 내면에서 떠오르는 것을 체험해보십시오. 그리스도의 영의 인도함을 받는 것이 무엇인지 알게 되며, 그 말씀에 능력이 함께할 것입니다.

- 성령님, 저의 내면을 있는 모습 그대로 보게 하시고, 어린 시절의 상처와 쓴뿌리를 기억해내는 것을 두려워하지 않게 하시고 직면하게 하옵소서!
- 성령님, 매번 동일한 죄나 어려움에 처하게 하는 일이나 생각이나 감정의 근본적인 원인은 무엇입니까?
- 육체적 욕구를 위해서 주님을 저버리거나 세상의 부귀영화를 위해 우상에 경배하거나 하나님을 시험하고 있는 일은 없는지 알게 해주옵소서!

CHAPTER 06

진정한 성령체험은 결국
성령의 열매로 나타난다

어느 성령 사역자의 첫 기도

성령체험 이후에 우리는 흔히 자신이 이해하지 못하는 현상이나 체험에 대한 두려운 마음을 갖기 쉽습니다. 더 나아가 그 성령의 역사를 무시하거나 심지어 비난하기도 합니다. 저 역시 이성적이고 통제되지 않는 감정의 표출을 꺼려했기 때문에 성령의 역사에 대해 매우 부정적인 신앙생활을 했던 사람이었습니다.

11 그레데인과 아라비아인들이라 우리가 다 우리의 각 언어로 하나님의 큰 일을 말함을 듣는도다 하고 12 다 놀라며 당황하여 서로 이르되 이 어찌 된 일이냐 하며 13 또 어떤 이들은 조롱하여 이르되 그들이 새 술에 취하였다 하더라 행 2:11-13

'아, 믿으려면 좀 점잖게 믿지 왜 저렇게 감정에 사로잡혀 있는 거지?'

'저것이 어떻게 성령의 역사일 수 있어? 귀신이 들어가서 저렇게 된 거 아니야?'

'성령님은 절대 저렇게는 역사하지 않으셔!'

이런 수많은 생각을 가졌습니다. 그러다가 하나님께서 저를 온누리 교회 내의 내적치유위원회에 강제적으로 보내시고, 제가 먼저 내적치유를 받도록 하셨습니다.

거의 10개월이 지난 후 내적치유위원회 팀장으로서 처음으로 다른 사람들을 위해 공식적으로 기도해주는 시간을 맞이했습니다. 두렵고 떨리는 마음으로 제 앞에 줄 서 있는 분들을 위해 기도해줄 때 눈을 감고 기도하다가 뭔가 분위기가 이상해서 눈을 떠보면 사람이 쓰러져 있거나, 주체할 수 없이 울거나, 또 어떤 사람은 기침을 하는 등 이상한 일들이 일어나기 시작했습니다. 저로서는 도저히 이해할 수 없는 현상들이었습니다. 어쩌다가 한 사람이 아니라 기도할 때마다 계속 그런 일들이 일어나는 것을 경험한 것입니다.

저는 내적치유위원회로 인도함을 받을 당시 하나님께서 저에게 1년 내에 징표를 보여주신다고 하셨던 약속의 말씀이 바로 이 사건이라는 사실을 직감적으로 알았습니다. 그리고 하나님께서 이 사역으로 저를 이끄셨을 뿐만 아니라 저에게 기름 부으셨다는 사실을 깨닫게 되었습니다.

나타나는 현상과 체험들

흔히 안수기도를 받을 때나 집회에 참석해서 찬양과 경배를 드리거나 말씀을 듣는 도중에, 성령님이 임하심으로 나타나는 다양한 현상들을 보게 됩니다. 예를 들어, 온몸에 진동이 일어나고 떨리는 현상, 쓰러지거나, 쓰러지지 않았지만 몸이 경직되는 현상, 자신의 의지와 상관없이 몸이 저절로 움직여지는 현상(특별히 허리가 반복적으로 꺾이고 목과 팔다리가 제멋대로 움직이는 현상 등), 다리에 힘이 빠져 주저앉고 싶다거나 감각이 무뎌지는 현상, 눈꺼풀이 심하게 떨리는 현상 등입니다.

그 외에도 호흡이 가빠지거나, 몸이 무겁게 느껴지고 뭔가 내리누르는 느낌을 받거나, 반대로 온 몸이 깃털처럼 가벼워지는 것을 느끼거나, 마치 큰 형광등을 켜놓은 것처럼 머리 주위가 따뜻하게 느껴지거나, 눈앞에 형형색색의 빛의 움직임을 보거나, 심한 기침을 하거나, 수천 볼트의 전기가 지나가는 것처럼 팔이 진동하고 감전된 것처럼 느끼거나, 손바닥이 뜨거워지거나, 자신의 의도와 상관없이 하품을 계속 하거나, 얼굴을 일그러뜨리고 괴로워하거나, 드물지만 갑자기 주체할 수 없이 웃기도 합니다.

그렇다면 이런 현상이 나타날 때 실제로 우리는 어떤 체험을 하게 되는 것일까요? 현상과 체험이 반드시 비례하는 것은 아닙니다. 예를 들어 어떤 사람은 기도를 받자마자 푹 쓰러지고 온 몸이 진동하는 것을 느꼈지만 특별한 영적 체험은 없었는가 하면, 반대로 어떤 사람은 육신의 현상은 없었지만 영적으로 매우 놀랍고 특별한 체험을 하기도 합니다.

또 마음 가운데 놀라운 체험을 하기도 합니다. 하나님의 사랑이 마음으로 깊이 느껴지게 되고, 성령님이 자신의 과거를 마치 파노라마처럼 보여주셔서 슬픔을 이기지 못해 눈물을 흘리기도 하고, 미처 깨닫지 못한 죄가 생각나 그것을 깊이 회개하는 죄 사함의 체험을 하기도 하고, 자신 안에 있던 악한 영의 묶임이 풀리고 떠나가는 것을 체험하기도 합니다.

또한 육신이나 마음의 치유를 동시에 경험하기도 합니다. 예수님을 만나 손을 잡고 정원을 거닐거나, 예수님의 품 안에 안겨 있거나, 예수님이 하시는 말씀을 듣기도 합니다. 자신도 모르는 사이에 방언을 하게 되거나, 환상을 통해 지금 자신이 있는 곳이 아닌 다른 곳에 가보는 경험을 하거나, 자신의 의지나 생각과 상관없는 말을 선포하기도 합니다.

사실 우리는 수많은 현상과 체험들에 대해 별로 아는 바가 없고 제대로 들은 적도 없어서, 그것이 단순한 일회적 경험이려니 치부하고 지나가는 경우가 많습니다. 물론 체험이나 현상 그 자체가 중요한 것은 아닙니다.

그러나 그 체험과 현상이 성령님이 자신과 함께하셨음을 나타내주는 사인(sign)이 된다는 것을 아는 것은 매우 중요합니다.

기독교는 관계 신앙이며 체험 신앙입니다. 삼위일체 하나님을 믿을 뿐만 아니라 그 하나님과 생명적 관계를 갖는 것이 정말 중요합니다. 그런데도 너무나 많은 사람들이 단지 그 삼위일체 하나님을 믿는 데 만족하는 신앙생활을 하고 있습니다. 마찬가지로 진리의 말씀을 믿는 것은 정말 중요하지만 그것이 끝은 아닙니다. 말씀을 믿는 믿음을 통해 그 말씀이 체험되어야지, 단지 말씀을 믿기만 한다면 그 말씀은 지적(知的) 유희로 끝나버립니다.

우리는 한 걸음 더 나아가야 합니다. 그 말씀이 살아 역사하셔서 내 마음판에 풀어져야 하고 체험되어야 합니다. 그런 의미에서 기독교는 관계 신앙이고 체험 신앙이라고 할 수 있습니다.

성경의 말씀은 진리입니다. 그러나 우리 가운데 일어나는 경험, 혹은 체험, 혹은 표적이 그 말씀의 증거라는 사실 또한 기억하십시오.

20 제자들이 나가 두루 전파할새 주께서 함께 역사하사 그 따르는 표적으로 말씀을 확실히 증언하시니라 막 16:20

말씀이 진리라면 그 진리에 따르는 실체가 경험되어야 하고 우리의 삶에 나타나야 합니다. 왜냐하면 말씀은 단지 '기록된 말씀'이 아니라 예수 그리스도시고 말씀이 곧 하나님이시기 때문입니다. 그 말씀이 우리와 관계한다면 그 말씀에 따르는 실체가 우리 삶 속에 나타나고 체험되어야 하지 않겠습니까?

²⁰ 하나님의 나라는 말에 있지 아니하고 오직 능력에 있음이라 고전 4:20

이 말씀은 능력이 중요하고 말씀은 중요하지 않다는 것이 아닙니다. 말씀이 살아 있다면 그 말씀에 따르는 실체가 내 삶 가운데 나타나야 한다는 뜻입니다. 사도 바울도 경건의 모양은 있지만 경건의 능력은 부인하는 자들에게서 돌아서야 한다고 했습니다(딤후 3:5). 우리가 말을 많이 하고 또 그럴 듯하게 말하더라도 그 말씀대로 살지 않고 그 말씀을 증거하는 실체가 나타나지 않는다면, 그 말씀은 아무것도 아니며 단지 지식에 불과할 뿐입니다.

말씀이냐 체험이냐? 말씀과 체험이다!

말씀은 살아 있는 말씀이 되어야 합니다. 말씀은 성령의 조명하심으로 생명의 말씀, 능력의 말씀이 되어야 합니다. 말씀에 따르는 체험, 말씀에 따르는 실체는 나타나야 하지만, 체험이나 현상으로 말씀을 증거하려는 우(愚)를 범해서는 안 됩니다. 내가 체험했기 때문에 성경의 말씀이 진리라고 말한다면 체험이 달라지면 성경의 말씀도 바뀌어야 하는데, 어떻게 그런 일이 있을 수 있겠습니까?

진리가 진리이기 위해서는 체험이나 현상을 통해 그 진리가 실체로 나타나서 진리와 체험이 병행되어야 합니다. 결과적으로 말씀은 체험으로 증거되지만, 체험은 말씀의 판단을 받아야 합니다. 말씀의 판단을 받지 않은 체험은 거짓일 확률이 매우 높습니다. 체험만 붙드는 신앙과 그 체험은 결국 자신을 죽이고 다른 사람에게도 피해를 주어 잘못된 길로 빠지게 만듭니다.

따라서 우리는 체험과 현상을 제대로 이해할 필요가 있습니다. 흔히 체험적인 신앙을 추구하지만 체험은 결코 추구의 대상이 아닙니다. 하나님으로부터 주어지는 은혜일 뿐입니다. 체험만 중요하다는 생각과 체험만 추구하는 신앙생활은 잘못입니다.

우리가 신앙생활을 하는 목적은 내 안에 계신 그리스도가 나타나도록 하기 위한 것이지 체험을 하기 위한 것이 아닙니다. 우리 신앙의 중심은 진리의 '말씀'과 내 안에 계신 '예수 그리스도'이십니다. 내 안에 계신 그리스도께서 내게 알려주시는 말씀이 곧 신앙생활의 전부입니다. 그리스도께서 나타나심으로 말미암아 그 말씀에 따르는 표적이 내 삶에 드러날 때 비로소 다음과 같은 일이 가능해집니다.

7 너희가 내 안에 거하고 내 말이 너희 안에 거하면 무엇이든지 원하는 대로 구하라 그리하면 이루리라 요 15:7

성령과 말씀이 하나되는 이 말씀이 모든 그리스도인의 삶의 중심이 되어야 합니다. 우리는 말씀이 없는 광신(狂信)이나 주정주의(主情

主義, 감정이 중요하며 가장 근원적이라는 사상), 반대로 지식만을 추구하는 영지주의(靈智主義, 인간적인 깨달음만으로 영적인 것을 추구하는 사상), 일상의 삶을 도외시하는 신비주의 추구를 반대해야 합니다. 그것들을 항상 경계해야 하며, 매우 위험하게 여겨야 합니다.

그렇지만 성령님의 역사로 나타나는 체험과 현상들은 부정하지 말아야 합니다. 빈대 잡겠다고 초가삼간을 다 태울 수는 없습니다. 체험을 부정할 경우 우리의 신앙까지 아무것도 아닌 것이 될 수 있습니다. 왜냐하면 하나님은 우리를 통해서 자신의 뜻을 나타내고 행하시기 때문입니다.

체험 있는 신앙의 힘

성경에 나오는 수많은 하나님의 사람들의 삶을 보십시오. 하나님을 체험하지 않은 신앙이 어디에 있습니까? 하나님은 하나님 자신의 말씀을 이루는 분이십니다(렘 1:12). 그런데 그 말씀에 따른 역사가 체험되지 않는 신앙을 어떻게 신앙이라고 말할 수 있겠습니까?

하나님을 추구하지 않고 체험만 추구하는 신앙은 분명히 잘못되었지만 체험이 없는 신앙이란 무미건조한 종교 의식일 뿐입니다. 단지 자기 믿음과 자기 노력과 행위로 살아가는 율법적인 신앙에 머무를 수밖에 없는 것입니다.

많은 사람들은 체험이 우리의 삶에 지속적인 효과를 주는지에 대해 질문합니다. 그런 체험을 한다고 해서 그 체험이 믿음을 자라게 하고 지속적으로 이끌어줄 수 있는지를 묻는 것입니다. 그 질문에 답하기 전에 이런 질문에는 어떻게 답할 수 있을지 생각해볼 필요가 있습니다.

"명설교를 한 번 들었다고 그 사람의 인생이 바뀝니까? 명설교가 그 사람의 인생에 계속해서 영향을 끼칩니까?"

이 질문의 답은 그럴 수도 있고 아닐 수도 있다는 것입니다. 체험도 마찬가지입니다. 사람에 따라 성령의 역사에 따라 다릅니다. 한 번의 놀라운 체험이 어떤 사람의 인생을 뒤바꿔놓을 수 있습니다. 절대적이고 지속적인 효과를 끼치기도 합니다. 반면에 한 번의 체험으로 끝나버리고 기억 저편으로 묻어두는 사람들도 얼마든지 있을 수 있습니다.

그러나 수많은 사람들이 하나님을 만난 이후부터 그 인생이 놀랍게 변화되는 것을 볼 수 있습니다. 저 역시 그 부류에 속합니다. 하나님이 찾아오셔서 저를 만나주신 그 기억을 아직도 잊을 수 없고, 바로 그 기억과 체험 때문에 고난과 환난이 찾아와도 더 이상 끝 모를 나락(奈落)으로 떨어지지 않습니다.

성령 안에서 안식하며 교제한다는 것

성령체험의 역사를 통해 다양한 현상들을 보게 되는데 그중에서 가장 논란이 되는 것이 '쓰러지는 현상'이 아닐까 생각합니다. 하나님의 임재 가운데 찬양하다가 쓰러지기도 하고, 집회 후 기도 시간에 안수 기도를 받다가 쓰러지기도 하고, 자신도 미처 인식하지 못하는 상황 가운데 쓰러지기도 합니다.

그런데 이 현상이 많은 사람들에 의해서 부정적으로 인식되거나 오해받고 있습니다. 일부에서는 이렇게 쓰러지는 현상을 가리켜 '혼절하다'라고 표현합니다. 그러나 그것은 성령의 역사로 쓰러지는 것이 무엇인지 경험해보지 못한 데서 나온 매우 부적절한 표현이라고 생각됩니다.

그 이유는 첫째, 혼절했다는 것은 그 현상을 인간의 관점에서 바라보는 표현이지만, 쓰러지는 현상은 명백히 사람에 의해 일어난 것이 아니라 하나님의 영광의 임재로 일어난 일이기 때문입니다(대하 5:13,14 ; 7:1,2).

둘째, 혼절이란 까무러쳐서 정신을 잃는 것을 말하는데, 성령에 의해서 쓰러지는 현상은 혼절과 같이 의식이 없거나 쓰러졌다가 일어나서 그 사이의 일을 전혀 기억할 수 없는 체험이 아니기 때문입니다. 그것은 하나님의 영광의 임재 가운데 자기도 모르게 쓰러져본 사람이라면 누구나 분명히 말할 수 있을 것입니다.

쓰러진 동안 우리 육신의 감각은 무뎌지고 제대로 움직이지 못하기도 하지만 우리의 의식은 여전히 있습니다. 마치 나의 혼과 육은 죽어가는 것 같은 경험을 하지만 동시에 내 영은 하나님의 영에 반응하여 깨어나 하나님의 영과 깊이 교제하는 것을 느낍니다. 그러다가 일어나면 말할 수 없는 평강과 하나님의 사랑이 느껴집니다. 의식이 약간 몽롱하고 주위 감각이 사라지지만 여전히 자신이 누구인지 압니다.

또 하나님의 영은 우리에게 자유의지를 주셨기 때문에 쓰러진 상태가 싫거나 두려운 감정이 들면 자기의식으로 얼마든지 깨어날 수 있습니다. 강제로 행하지 않으신다는 것을 경험을 통해 알 수 있습니다. 따라서 이 현상을 '성령 안에서 안식한다'고 표현하는 것이 가장 적절해 보입니다.

성령 안에서 안식한다고 해서 꼭 쓰러져야만 안식하게 되는 것은 아닙니다. 기도 사역을 다 마쳤는데도 그 자리에 가만히 서 있는 분들이 계셔서 이제 그만 돌아가시도록 권면한 적이 있는데, 그 분들이 못 움직이겠다고 하는 말을 들었습니다.

사람들은 현상에 매우 민감해서 다른 사람들이 다 쓰러지는데 자신은 쓰러지지 않으면 자신은 은혜를 받지 못했다거나 마치 하나님이 자신을 버린 것 같은 소외감을 느끼기도 합니다. 그래서 이미 임하신 하나님의 임재에 자신의 육신을 내드리기보다 자신의 혼적 의식으로 자신을 정죄하며 자책하는 경우도 많습니다. 너무나 안타까운 일입니다.

저 역시 쓰러지지 않는 사람 중에 하나였습니다. 그런데 쓰러지지 않아도 하나님과 얼마든지 교제할 수 있었습니다.

쓰러지는 현상에 대한 부정적인 견해

기도를 받고 쓰러지는 현상은 매우 극적이기는 하지만 그런 경험이 없는 사람이 볼 때 그다지 보기 좋은 모양은 아닙니다. 이런 현상에 대해 부정적인 생각을 가진 사람들은 보통 쓰러지는 현상의 본질이 무엇인지 알려 하지 않고 그 현상 자체에 초점을 맞춰 왈가왈부합니다.

일부러 쓰러뜨린다?

첫 번째로 왜 일부러 쓰러뜨리느냐고 의심합니다. 물론 그런 오해를 받을 수도 있습니다. 또 자기 능력을 나타내려고 일부러 쓰러뜨리는 사역자가 있을 수 있다고 생각됩니다.

저에게도 재미있는 간증들이 있습니다. 한번은 제가 한 자매에게 기도해준 적이 있는데, 그 자매가 눈을 감고 기도하면서 속으로 제가 왜 자꾸 미는지 모르겠다는 생각을 했다고 합니다. 계속 미니까 '아, 밀리다가 결국 넘어져야 하나, 말아야 하나?' 이런 생각이 들자 갑자기 기분이 나빠져서 눈을 떴는데 자신 앞에 아무도 없었다는 것입니다. 그때 저는 이미 그 앞을 지나 한참 떨어진 곳에서 다른 사람을 기도해주고 있었다는 것입니다. 사람이 민 게 아니라 성령님이 그 자매를 사로잡고 있었던 것이지요.

한편 손을 대지 않고 기도했다고 문제가 생긴 일도 있습니다. 기도 사역을 할 때 손을 대면 민다는 오해를 받을 수 있어서 아예 손을 대지 않고 기도했는데, 어떤 분이 저에게 와서 왜 손을 얹고 기도해주지 않

느냐고 따져 묻기도 했습니다. 기도하는 손을 통해서 하나님의 사랑
에 접촉되는 것을 느끼고 싶어 하는 분들도 있는 것입니다.

장풍을 쓴다?

둘째로, 기도할 때 기(氣) 수련하는 사람처럼 장풍(掌風)을 쓴다고 의
심하는 것입니다. 기도하다보면 저도 모르게 힘이 들어갈 때가 있습
니다. 그렇다고 장풍을 쓰는 것은 아닙니다. 하나님의 영광의 임재는
우리 안에(in us), 우리 위에(upon us)도 계시고 우리가 있는 공간 내에
서도 함께하십니다.

제가 집회에서 말씀을 전하는 동안 카메라맨이 제 옆모습을 촬영하
기 위해 강단 측면으로 올라서다가 그 순간 성령의 강력한 임재 가운
데 앞으로 고꾸라지며 성령 안의 안식으로 들어간 적이 있습니다. 그
때에도 카메라는 계속 돌아갔기 때문에 바닥을 비추고 있었는데, 그
것은 바로 그 시간 그 장소에 하나님의 강력한 임재가 있었기 때문이
지, 장풍으로는 결코 그런 일이 일어날 수 없을 것입니다.

최면술이다?

셋째로, 집단 최면술을 쓰거나 개인적으로 최면을 걸어 쓰러뜨린다
고 의심하기도 합니다. 하지만 성령을 부정하는 사람, 체험을 부정하
는 사람도 집회에 참석했다가 하나님의 불이 임하는 경험을 하기도
하고, 어떤 특별한 향기를 맡기도 하고, 자기도 모르는 사이에 몸에 진

동을 느끼기도 하고, 치유를 받기도 하는데 그러면 그 일은 어떻게 설명할 수 있겠습니까? 결코 최면술로는 가능하지 않습니다.

실제로 트집을 잡기 위해 집회에 참석했다가 자신이 알지 못하는 체험을 하고 치유함을 받고 하나님의 사랑을 느껴서 회개했다는 간증도 있습니다.

악한 영의 소행이다?

넷째, 악한 영들에 의해 일어난 일이라고 의심하기도 합니다. 그럴 수 있습니다. 그렇지만 그것은 성령이 임하셨기 때문에 악한 영들이 드러난 것입니다.

이런 예는 마가복음 9장에 잘 나와 있습니다. 귀신 들린 아들을 둔 아버지가 그 아들을 데리고 와서 예수님의 제자들에게 귀신을 내쫓아 달라고 했을 때는 아무 일도 일어나지 않았습니다. 그런데 예수님이 그 아들을 "내게로 데려오라" 하시고 그를 데리고 오니까 아들 안에 있는 귀신이 예수님을 보자 그 아들에게 즉시 경련을 일으켜 거품을 흘리며 땅에 엎드려 구르게 했다는 말씀이 나옵니다.

하나님의 영광이 임하시면 악한 영은 더 이상 숨을 수 없습니다. 보기에 아름답지 않을지 모르지만 악한 영이 그 정체를 드러낼 때 쫓아낼 수 있고, 한 사람이 악한 영으로부터 자유케 되기 때문에 놀라운 축복인 것입니다.

성령 안의 안식, 두려움 없이 맡기고 누려라

자신이 하나님의 영광의 임재로 쓰러진다면 그것은 하나님이 나와 함께하셨다는 것을 나타냅니다.

우리가 안식하기에 가장 좋은 자세는 뭘까요? 사람이 균형을 잡고 서 있으려면 신경, 뼈, 근육, 인대가 의식의 통제를 받아야 합니다. 내 혼과 육의 모든 것들을 다 내려놓고 가장 편안하게 쉬는 자세는 눕는 것입니다. 누워 있을 때 우리의 혼과 육이 잠잠해지기 때문에 내 영이 더 깨어나 하나님의 영에 반응할 수 있는 상태가 됩니다. 따라서 누워서 성령 안에서 안식하는 것은 매우 좋은 경험입니다.

그러나 일부러 그러한 안식을 추구하지는 마십시오. 안식은 하나님이 주시는 은혜이지 내가 추구해서 얻을 수 있는 것은 아닙니다. 안수기도를 받을 때, '내가 여기서 쓰러지지 않으면 성령님에게 민감하지 않다는 것이 나타나는 게 아닐까? 다들 쓰러지는데 나만 쓰러지지 않으면 그것도 이상하고 창피하지 않을까?' 이런 생각으로 일부러 쓰러지기도 합니다.

하지만 쓰러지고 안 쓰러지는 것은 신앙의 성숙도와 전혀 관계가 없습니다. 일부러 쓰러지려고도 하지 말고, 쓰러지지 않으려고 노력하지도 마십시오. 그저 그분에게 두려움 없이 자신을 맡긴다고 생각하십시오. 그것이 가장 좋은 방법입니다. 그럴 때 하나님께서 하나님 자신의 일을 행하실 것입니다.

성령 안에 안식이 주는 의미

그렇다면 왜 우리는 성령 안에서 안식하게 되는 걸까요? 인간적인 관점에서 볼 때 쓰러진다는 것은 부정적으로 느껴지는 현상입니다. 그런데 왜 하나님께서 임하시면 다리가 후들거리고 힘이 빠지고 쓰러지는 일들이 있을까 생각해보았습니다.

너희는 내 것이다!

무엇보다 우리가 우리 삶의 주인이 아니라는 것을 알게 하신다고 생각합니다. 하나님은 안식을 통해 우리의 몸은 우리의 것이 아니라 하나님의 성전임을 알려주기를 원하십니다. 성령 안의 안식은 하나님께서 다시금 자신의 성전을 차지하고 싶어 하신다는 사인(sign)이 아닐까 생각해봅니다.

> 19 너희 몸은 너희가 하나님께로부터 받은 바 너희 가운데 계신 성령의 전인 줄을 알지 못하느냐 너희는 너희 자신의 것이 아니라 20 값으로 산 것이 되었으니 그런즉 너희 몸으로 하나님께 영광을 돌리라 고전 6:19,20

우리는 우리 몸으로도 하나님께 영광을 돌려야 합니다. 그런데 우리는 우리 몸과 마음이 원하는 대로 본질상 진노의 자녀처럼 살아갑니다. 실제로 우리가 구원을 받았는데도 우리의 일상은 여전히 구습(舊習)을 벗지 못하고 옛날 방식 그대로 살아갈 때 하나님께서 우리에게 이렇게 말씀하신다는 것입니다.

"여긴 내 성전이다. 너희는 너희 것이 아니라 내 성전이다. 내 성전을 정결하게 하기를 원한다."

하나님이 나를 친히 통치하신다!

우리는 교만해서 주님 없이 내 멋대로 내 마음대로 살 수 있다고 생각합니다. 하지만 하나님의 영이 임하시는 그 순간에 고꾸라짐으로써 우리에게 하나님의 통치가 무엇인지 보여주고 그것을 체험하게 하기 원하신다는 것을 느낍니다. 하나님의 생명이 없이는 우리가 아무것도 아니라는 사실을 알려주기 원하시는 것입니다.

죽음이 무엇인지 알려주신다!

성령 안에 안식을 통해 하나님께서 아마 우리가 죽는다는 것이 무엇인지 경험하게 하시는 것이 아닐까 생각해봅니다. 죽기를 무서워하여 한평생 매여 종노릇하는 모든 자들을 해방시켜주러 오신 분이 예수 그리스도이십니다.

15 또 죽기를 무서워하므로 한평생 매여 종 노릇 하는 모든 자들을 놓아 주려 하심이니 히 2:15

죽는다는 것이 무엇입니까? 바로 우리의 혼과 육을 우리 스스로 통치하는 것이 아니라 내 안에 계신 그리스도가 통치하신다는 것, 그것이 우리가 죽는 경험입니다. 잠시 동안이지만 우리가 성령 안에서 안식할 때 성령께서 내 의지, 내 생각, 내 감정을 사로잡는 것을 경험하게 되고, 주의 말씀이 영으로 우리의 혼에 임할 때 우리는 그분의 사랑을 느끼게 됩니다.

성령 안에 안식한 예들

성령 안에 안식하는 예를 성경적으로 그리고 역사적으로도 찾아볼 수 있습니다.

> 13 그때에 여호와의 전에 구름이 가득한지라 14 제사장들이 그 구름으로 말미암아 능히 서서 섬기지 못하였으니 이는 여호와의 영광이 하나님의 전에 가득함이었더라 대하 5:13,14

하나님의 성전에 영광의 구름이 임하자 제사장들이 서서 제사를 드릴 수 없었다고 합니다. 다니엘서와 에스겔서에서도 그들이 환상 가운데 하나님을 만났을 때 두려워 엎드려 떨게 되고 쓰러지고 감각이 사라지는 것을 경험했다고 나옵니다.

> 8 그러므로 나만 홀로 있어서 이 큰 환상을 볼 때에 내 몸에 힘이 빠졌고 나

의 아름다운 빛이 변하여 썩은 듯하였고 나의 힘이 다 없어졌으나 ⁹ 내가 그의 음성을 들었는데 그의 음성을 들을 때에 내가 얼굴을 땅에 대고 깊이 잠들었느니라 단 10:8,9

예수님과 제자들이 높은 산에 올라가 예수님이 제자들이 보는 앞에서 모습이 변형되셨을 때 홀연히 빛난 구름이 덮이면서 그 속에서 소리가 났습니다. 그때 제자들은 그 자리에 서 있을 수 없었습니다.

⁵ 말할 때에 홀연히 빛난 구름이 그들을 덮으며 구름 속에서 소리가 나서 이르시되 이는 내 사랑하는 아들이요 내 기뻐하는 자니 너희는 그의 말을 들으라 하시는지라 ⁶ 제자들이 듣고 엎드려 심히 두려워하니 마 17:5,6

예수님이 잡히시던 날 밤, 동산으로 군병들이 왔을 때 예수께서 "너희가 찾는 나사렛 예수가 바로 나"라고 말씀하시자 그들이 땅에 쓰러지는 일도 있었습니다.

⁶ 예수께서 그들에게 내가 그니라 하실 때에 그들이 물러가서 땅에 엎드러지는지라 요 18:6

다메섹 도상에서 하늘로부터 영광의 빛이 임했을 때 사도 바울은 땅에 엎드러졌고 눈이 멀기도 했습니다.

³ 사울이 길을 가다가 다메섹에 가까이 이르더니 홀연히 하늘로부터 빛이 그를 둘러 비추는지라 ⁴ 땅에 엎드러져 들으매 소리가 있어 이르시되 사울아 사울아 네가 어찌하여 나를 박해하느냐 하시거늘 ⁵ 대답하되 주여 누구시니이까 이르시되 나는 네가 박해하는 예수라 행 9:3-5

전 세계적으로 영적 대각성운동이나 영적 대부흥운동이 일어났을 때 사람들이 영광의 말씀 앞에 압도되어 고꾸라지고 참회하고 귀신이 떠나가는 일들이 부지기수로 일어났다는 것을 알 수 있습니다. 존 웨슬리, 조나단 에드워즈, 조지 휫필드, 찰스 피니, D. L. 무디에 이르기까지, 그리고 20세기 이후에 일어난 성령의 역사에서도 하나님의 영광이 임했을 때 많은 사람들에게 갖가지 현상들이 일어났습니다.

성령의 역사를 부정적으로 보는 인본주의 관점

성령의 역사로 나타나는 다양한 현상들을 부정적으로 보는 것은 교단적 신학적 차이도 있겠지만 그보다도 우리가 너무나 인본주의적인 생각에 사로잡혀 있기 때문이라고 생각합니다. 오늘날 우리의 삶은 이성적이고 합리적이고 과학적인 관점에서 모든 것들을 이해하려고 합니다. 그래서 그 관점에서 이해되지 않으면 그것들을 부정하고 잘못되었다고 쉽게 낙인을 찍습니다.

우리가 잘 아는 것처럼 제자들에게 오순절 성령이 강림했을 때도 사람들은 그들이 새 술에 취했다고 비난했습니다. 그런 비난은 지금도 마찬가지로 일어나고 있습니다.

> ¹⁴육에 속한 사람은 하나님의 성령의 일들을 받지 아니하나니 이는 그것들이 그에게는 어리석게 보임이요, 또 그는 그것들을 알 수도 없나니 그러한 일은 영적으로 분별되기 때문이라 고전 2:14

육에 속한 사람은 영의 일을 깨닫지 못합니다. 따라서 영적인 일을 체험하지 못한 사람은 그 현상만을 보고 판단하기 쉽습니다. 그러나 우리는 그 현상의 본질이 무엇인지를 올바로 깨달아야 합니다.

성령의 역사는 우리의 생각이나 의지에 반하지 않는다?

우리는 성령님이 인간의 생각이나 의지에 반하는 일을 결코 시키지 않는다고 생각하고 또 그렇다고 믿기를 원합니다. 그래서 하나님이 시키시면 뭐든지 하겠다고 기도하지만 막상 시키면 하나님의 일이 아니라고 거절하거나 부정합니다. 왜냐하면 자신의 생각과 의지와 다르기 때문입니다.

예를 들어 사도행전 10장에 보면 베드로가 오후 3시에 기도하러 지붕 위에 올라갔을 때 하늘에서 큰 보자기가 내려오는 환상을 보았는데 거기에 각종 부정한 네 발 가진 짐승과 땅에 기어다니는 것과 공중에 나는 것들이 들어 있었습니다.

하나님께서 베드로에게 "일어나 잡아먹으라"는 음성을 들려주셨는데 이때 베드로가 어떻게 했습니까? 그는 "주님, 그럴 수 없습니다. 저는 속되고 깨끗지 않은 것은 한 번도 먹어본 적이 없습니다"라고 거절했습니다.

이처럼 인간의 신앙 기준으로 보면 옳지 않더라도 하나님의 관점에서 볼 때는 당연한 일이 얼마든지 있을 수 있습니다. 우리가 우리의 혼적(魂的)인 관점이 아니라 그리스도 안에 있는 믿음으로 말씀에 기초해서 본다면 우리가 선뜻 이해가 되지 않는 것들도 믿음으로 순종할 수 있게 될 것입니다.

성령의 역사는 우리 마음에 두려움을 주지 않는다?

또 다른 예로, 우리는 하나님으로부터 온 것이라면 우리 마음에 두려움이 없어야 한다고 믿습니다. 이렇게 이상하고 불안하고 두려운데 이것이 어떻게 아름답고 거룩하고 완전하신 하나님이 우리에게 행하시는 일이겠느냐고 생각합니다. 하지만 하나님의 영광이 임하실 때 우리의 생각과 감정에 혼돈이 오는 것은 당연합니다.

17 내가 볼 때에 그의 발 앞에 엎드러져 죽은 자같이 되매 그가 오른손을 내게 얹고 이르시되 두려워하지 말라 나는 처음이요 마지막이니 계 1:17

영광의 하나님이 임했을 때 느끼는 두려움과 경외감이란 어쩌면 한 가지일 수밖에 없습니다. 우리는 완전하시고 거룩하시고 공의로우신 하나님의 영광에 압도될 때 죽을 것만 같은 두려움을 느끼게 됩니다.

성령의 역사라면 마땅히 거룩하고 조용하다?

하나님이 행하시는 일이라면 무질서하고 시끄럽고 무례한 일들이 일어나지 않을 거라고 생각합니다. 일반적으로 하나님은 경건한 분위기, 장중한 음악, 조용함 가운데 임하신다고 생각하기 때문입니다. 물론 그런 경우도 있지만 신유(神癒)집회에서는 오히려 그와 반대되는 일이 흔하게 일어납니다.

제가 인도하는 말씀치유집회의 현장도 예외는 아닙니다. 말씀을 전하는 도중이나 또는 말씀을 마치고 기도하거나 찬양하는 시간에 한편에서는 기뻐서 웃는데 다른 한편에서는 악한 영의 나타남으로 여기저기 쓰러지고 울부짖고 기침하고, 비명을 지르는 등 소란스러운 일들이 일어납니다.

그러면 어떤 분들은 '어이쿠, 여기 잘못 왔구나', '이상한 데 왔구나'라고 생각하고 놀라 도망치다시피 자리를 떠납니다. 그것은 바로 자신 안에 있는 두려움 때문입니다.

그러나 만약 성령님이 임하시지 않았다면 어떻게 그런 일들이 일어날 수 있겠습니까? 그 일은 성령님이 일으키신 일이 아니라 성령님이 임하시자 각종 더러운 죄악, 질병과 악한 영이 떠나가기 때문에 일어나는 일입니다. 하나님의 영광의 빛이 우리 내면의 어둠 가운데 비췄을 때 우리 안에 숨어 있거나 눌러놓았던 슬픔, 우울, 염려, 걱정, 불안, 두려움, 비통, 원망, 거절 등 모든 상처와 악한 영들이 드러나는 것이 당연하지 않겠습니까? 그 일들은 도리어 정말 기뻐해야 할 일입니다.

단지 나타난 현상만으로 하나님의 역사를 판단하는 것은 어리석은 일입니다.

그 사람을 보니 이것은 절대 성령의 역사가 아니다?

성령사역을 하는 사람의 태도나 인격을 보고 이것은 절대로 성령의 역사일 수 없다고 부정하는 경우도 있습니다. 사역자의 잘못일 경우가 적지 않다는 점에서 저 역시 성령사역자의 한 사람으로서 정말 가슴이 아픕니다.

하나님께서 은혜로 특정한 사람에게 강력하게 임하실 때 그에게 능력과 은사를 허락하십니다. 그러나 그 성령님이 나타나시는 것은 그 사람의 혼과 육을 통해서입니다. 이 말은 그 사람의 배움, 그 사람의 경험, 그 사람의 인격을 통해서 성령님이 나타나신다는 뜻입니다.

온전한 사역자라면 성령님으로 인해 먼저 십자가로 가게 됩니다. 그 십자가에서 자신의 인격적 결함, 잘못된 경험, 모든 내면의 상처를 치유받는 시간을 갖습니다. 그런데 사역자 중에서 간혹 자신의 부족한 능력, 신분, 학력, 어려운 처지를 하나님의 능력으로 보상받으려 하는 잘못을 범하는 경우가 있습니다.

물론 잘못된 일입니다. 그렇지만 그런 사람에게도 하나님의 능력이 나타나기 때문에 문제가 발생할 수도 있습니다. 예를 들면 안하무인으로 행동하거나, 사람들의 죄를 들추어내거나, 사람들을 비인격적으로 대우하거나, 함부로 말하거나, 헌금을 강요하기도 합니다. 그러면서 자신에게 하나님의 능력이 나타나기 때문에 그래도 괜찮다고 착각합니다.

그런 사역자를 볼 때, 우리는 성령님이 저런 사람을 통해 역사하실 리 없고, 또 저런 사람을 통해 일어나는 역사는 절대 성령의 역사가 아니라고 판단하게 되는 것입니다.

아무리 능력이 뛰어난 사역자라도 그가 인격적으로 성숙하지 못하거나 교만하다면 그 사역자에게서 하나님의 사랑과 하나님의 아름다움을 느낄 수는 없습니다. 그러나 설령 그 사역자의 인격에 문제가 있고 다른 사람들에게 피해를 주었다 할지라도 그 사람을 통해서 나타난 역사는 하나님의 역사라는 것만큼은 인정해야 합니다.

즉, 사람의 인격과 하나님의 역사를 분별해야 한다는 것입니다.

초점은 열매 신앙이다!

무엇보다 가장 중요한 것은 성령의 열매입니다. 아무리 남과 비교할 수 없는 놀라운 체험을 했다 하더라도 자신의 열매를 보면 그 체험이 무엇인지 알 수 있습니다. 하나님이 원하시는 열매가 나타나지 않는 체험이라면 그것은 내 안에 있는 악한 영의 장난일 수도 있습니다. 그렇기 때문에 체험으로 판단해서는 안 되는 것입니다. 현상이나 체험을 부정해서도 안 되지만 그 체험과 현상이 전부가 아니라는 것을 알고, 본질적인 측면에서 그 열매를 살펴야 합니다.

과거에는 우리의 혼과 육이 우리 자신의 과거와 세상에 묶여 있었기 때문에 하나님의 생명의 말씀이 우리의 혼과 육에 기록될 수 없었습니다. 그러나 성령체험을 통해 우리 자신과 세상에 묶여 있는 혼과 육이 죽을 때 비로소 내 영 안에 계신 하나님의 말씀이 우리의 혼과 육을 새롭게 하십니다. 그 결과로 성령의 열매가 내 삶에 나타나게 되는 것입니다.

22 오직 성령의 열매는 사랑과 희락과 화평과 오래 참음과 자비와 양선과 충성과 23 온유와 절제니 이같은 것을 금지할 법이 없느니라 24 그리스도 예수의 사람들은 육체와 함께 그 정욕과 탐심을 십자가에 못 박았느니라 25 만일 우리가 성령으로 살면 또한 성령으로 행할지니 갈 5:22-25

1. 예수 그리스도를 증거하는 삶을 산다

첫 번째 열매는 주는 그리스도시요 살아 계신 하나님의 아들이심이 믿어지고 그 예수 그리스도를 증거하고 싶어진다는 것입니다. 우리가 성령체험을 하게 되면 내 안에 계신 분이 누구신지를 알기 때문에 그때부터 그리스도를 증거하는 인생을 살게 됩니다.

사도 바울의 예만 보더라도 그렇습니다. 그는 예수 믿는 자를 감옥에 가두고 죽이기 위해 다메섹으로 올라가던 중이었습니다. 그러던 그가 하나님의 영광, 성령의 역사를 체험하고 나서 아나니아에게 기도를 받고 어떻게 되었습니까? 그는 곧 여러 회당에서 예수가 하나님의 아들이심을 전파했습니다.

우리가 진정한 성령체험을 했다면 사도 바울처럼 그리스도를 증거하고 싶어지는 것입니다.

2. 육체의 욕심을 이루지 않는 삶을 산다

두 번째 열매는 성령으로 충만해지면 육체의 욕심을 이길 수 있는 능력이 점점 더 커진다는 것입니다.

16 내가 이르노니 너희는 성령을 따라 행하라 그리하면 육체의 욕심을 이루지 아니하리라 17 육체의 소욕은 성령을 거스르고 성령은 육체를 거스르나니 이 둘이 서로 대적함으로 너희가 원하는 것을 하지 못하게 하려 함이니라 갈 5:16,17

성령님이 나의 혼과 육을 통치하시는 것을 경험하게 되면, 그 경험을 통해 내 영 안에 있는 하나님의 말씀이 자연스럽게 내 혼과 육에 풀어진다는 것이 무엇인지 자연스럽게 깨닫게 됩니다. 이것은 결코 인간적인 훈련을 통해 경험할 수 있는 것이 아닙니다.

성경에서는 이 일을 "영으로써 몸의 행실을 죽이면"이라고 표현했습니다. 과거에는 내 혼과 육이 육신의 정욕, 안목의 정욕, 이생의 자랑으로 풍성했는데 성령의 통치로 말미암아 이제 성령의 소욕에 사로잡히게 되는 것입니다. 그 결과 내 삶에 성령의 열매가 맺히게 되는 것이 바로 성화(聖化)의 삶입니다.

13 너희가 육신대로 살면 반드시 죽을 것이로되 영으로써 몸의 행실을 죽이면 살리니 롬 8:13

3. 말씀이 꿀송이처럼 달아진다

세 번째 열매는 말씀이 살아 역사한다는 것을 체험하게 됩니다. 말씀을 읽을 때 '아, 이것이 진리구나!'라는 것이 마음으로 깨달아집니다. 진리의 영이신 성령님이 우리에게 모든 것을 가르치고 예수께서 말씀하신 모든 것을 생각나게 하십니다. 그 진리의 영이 우리 혼에 말씀을 풀어주실 때 그 말씀은 생명이 되어 꿀송이처럼 달 뿐만 아니라 양약(良藥)이 됩니다(잠 16:24).

말씀을 머릿속에 집어넣어서 지키려고 애쓰는 것이 아닙니다. 그 말씀이 내 마음속에 풀어지기 시작하는 것이 바로 성령의 역사에 따르는 징표입니다. 내가 말씀을 믿는 것이 아니라 그 말씀에 내 마음을 일치시키는 것이 무엇인지 체험하게 됩니다.

4. 사랑과 기쁨이 샘솟는다

네 번째 열매는 세상적으로 볼 때 이유 없이 마음에서 기쁨이 올라오고 사람들을 무조건 사랑하고 싶어진다는 것입니다. 이 놀라운 기쁨은 환경에 따라 주어지는 것이 아니라 자기 영 안에 계시는 하나님의 기쁨이 나타나는 것입니다.

17 하늘로부터 소리가 있어 말씀하시되 이는 내 사랑하는 아들이요 내 기뻐하는 자라 하시니라 마 3:17

기쁜 일이 있어서 기쁜 것이 아닙니다. 왜 기쁜가 하면 내 안에 계신 예수님이 기뻐하시기 때문에 기쁩니다. 그래서 항상 기뻐할 수 있게 되는 것입니다.

13 지금 내가 아버지께로 가오니 내가 세상에서 이 말을 하옵는 것은 그들로 내 기쁨을 그들 안에 충만히 가지게 하려 함이니이다 요 17:13

16 항상 기뻐하라 17 쉬지 말고 기도하라 18 범사에 감사하라 이것이 그리스도 예수 안에서 너희를 향하신 하나님의 뜻이니라 살전 5:16-18

그분이 우리 안에 이미 계시기 때문에 성경에서도 "항상 기뻐하라"고 말씀하시는 것입니다. 상황이 어떠할지라도 우리가 기뻐하기로 결심하고 작정할 때부터 우리 안에 있는 성령님의 기쁨이 나타나게 될 것입니다.

저는 어릴 때부터 항상 부모의 사랑에 목말라했습니다. 그래서 늘 굶주린 마음과 버림받은 마음 같은 모순된 감정의 고통을 안고 살아왔습니다. 결혼한 후에도 아내로부터 사랑받지 못한다고 생각되면 거절감을 느껴 마음이 힘들었습니다.

그런데 어느 날 이런 생각을 하게 되었습니다.

'내가 정말 하나님으로부터 태어났다면 그분의 사랑이 이미 내 안에 넘치도록 있는데, 내가 왜 이토록 사랑에 목말라하며 나 자신과 다른 사람들을 괴롭히는 것일까?'

오랜 묵상 끝에, 이미 제 안에 있는 하나님의 사랑을 인정하지 않고, 늘 외부로부터 오는 사랑을 나의 육신으로 느끼려고 노력한다는 데 문제가 있다는 것을 깨달았습니다. 세상의 사랑은 내 육신을 통해서 느낄 수 있지만, 하나님의 사랑은 이미 영에 임하셨기 때문에 오직 내가 믿을 때, 그 사랑이 내 육신을 통해 흘러나온다는 것을 알게 되었습니다.

그래서 "나는 이제 더 이상 사람들로부터 사랑받기 위해 태어난 존재가 아니며 이미 받은 사랑을 주기 위해 거듭난 존재"라는 것을 마음으로 믿기로 작정했습니다. 그때부터 그분을 생각할 때마다 그분의 사랑을 느낄 수 있었습니다. 이 일이 있고 난 다음, 내 마음의 많은 문제들이 실타래 풀리듯이 풀어지게 되었습니다.

기쁨도 마찬가지입니다. 과거에는 나를 기쁘게 하는 것이 없는데 어떻게 기뻐할 수 있느냐는 생각이 나를 지배했지만, '내 안에 계신 예수 그리스도 때문에 나는 말할 수 없는 기쁨을 누리는 존재입니다' 라고 내 자신을 다시 정의했을 때, 내 마음에 들러붙어서 나를 괴롭히 던 염려, 걱정, 불안들이 사라지기 시작했습니다.

현재의 상황과 상관없이 내가 말할 수 없는 기쁨을 누리는 존재라 는 것을 인식하자, 마치 엄마의 자궁 안에 있는 것처럼 아무것도 가진 것이 없고 하는 일이 없어도 그저 좋고 기쁜 체험을 하게 되었습니다.

이제는 시험을 만나도 기쁜 이유를 알았습니다. 왜냐하면 예수 그 리스도 안에서 기뻐할 때 비로소 그 기쁨을 통해 하나님의 권능이 흐 르고, 또한 그 시험이 나의 문제가 아니라 주(主)의 뜻을 이루는 일로 변화되기 때문입니다.

[2] 내 형제들아 너희가 여러 가지 시험을 당하거든 온전히 기쁘게 여기라 약 1:2

5. 날마다 십자가를 경험하게 된다

다섯째 열매는 날마다 십자가를 경험하게 된다는 것입니다. 성령체 험을 하고 성령님과 온전한 친밀함을 나누게 되면 그분은 우리에게 능력을 주실 뿐만 아니라 반드시 십자가로 인도하십니다.

이것은 성령님에 의해서 뿐만 아니라 마귀의 공격에 대한 성령님 의 허락하심에 의해서도 그렇게 됩니다. 그래서 완전히 부패하고 전적으로 타락한 자신을 보게 하시고 자기 부인(否認)을 통하여 자기 십자가를 짐으로써 겸손하고 지혜 있는 사람으로 만들어가기를 원하십니다.

과거에는 조금만 화가 나도 분을 참을 수 없던 사람이 성령체험 후에는 이상하게 화를 내지 않게 됩니다. 왜냐하면 성령님의 인도하심으로 매일 자신의 삶이 십자가에 기초하여 시작되기 때문입니다. 이것은 분냄에만 해당되는 것이 아니라 우리의 모든 부정적인 감정에도 동일하게 나타납니다.

흥미로운 사실은 성령체험 후 많은 사람들이 자신의 변화에 스스로 깜짝 놀란다는 것입니다.

6. 성령의 은사가 나타난다

여섯 번째 열매는 성령님이 주신 은사가 자기 삶에 나타나는 것을 경험하게 되는 것입니다. 오랫동안 기도해온 은사를 받기도 하고 전혀 기대하지도 않았던 일이 내 능력이 아닌 하나님의 능력으로 이루어지는 것을 체험하기도 합니다. 이것은 성령님의 나타나심으로만 가능한 일입니다.

7 각 사람에게 성령을 나타내심은 유익하게 하려 하심이라 고전 12:7

지금까지 성령체험 후 나타나는 열매들에 대해 나누어보았습니다.

이것이 전부는 아니지만, 당신의 삶에서 위와 같은 열매들이 나타났다면 당신은 지금 성령의 인도함 가운데 있다고 생각하시면 됩니다.

자신의 삶을 돌이켜 보면서 '아, 그게 그거였구나. 이게 성령님이 행하신 거였구나. 성령님이 나에게 주신 열매구나'라고 기뻐하시기를 소망합니다.

말씀사역은 사람을 점진적으로 변화시키지만 말씀과 성령사역은 눈에 띄는 여러 가지 현상들을 동반하기 때문에 늘 시험의 대상이 되었고, 비판의 대상이 되었습니다. 예수님 당시에도 예수께서 성령으로 귀신을 쫓아낼 때 바리새인들은 바알세불의 짓이라고 단정했습니다(마 12:22-37). 나타난 현상만을 보고 사역을 판단하고 사역자를 비난하는 것은 매우 어리석은 일이며 자칫 잘못하면 자신도 모르는 사이에 성령을 훼방하게 됩니다.

우리가 온전한 판단을 하기 위해서는 자신이 먼저 성령체험을 해야 합니다. 왜냐하면 영적인 일들은 영적인 사람에 의해서 판단 받아야 하기 때문입니다. 비록 성령님이 내주하시지만 성령체험을 경험하지 못한 사람은 영적인 일들을 잘 알지 못합니다. 그것은 그 사람이 얼마나 충성스러운지, 직분이 무엇인지, 얼마나 많이 공부했는지에 달린 것이 아니라 예수님의 생명과 어떤 관계가 있는가에 달려 있기 때문입니다.

- 그동안 성령님에 대해 모르거나 왜곡했거나 거부하거나 두려워했던 것이 무엇인지 생각해보십시오.

- 당신은 성령체험을 통해 어떤 현상을 경험했나요? 그리고 그 체험이 주는 의미가 무엇이라고 생각합니까?

- 과거와 비교했을 때 당신의 삶에 맺혀진 성령의 열매는 무엇입니까? 그 열매에 대해 진심으로 하나님께 감사드린 적이 있습니까?

성령님,

Use Me, Holy Spirit!

저를 사용해주세요

3

성령님과 나누는 영적 친밀함이
강력한 능력이다

아버지가 계신 고아는 없다!

"당신은 고아입니까? 아니면 가족이 있습니까?"

물론 대부분 다 가족이 있습니다. 고아가 아닙니다. 그러나 간혹 가족이 없이 고아로 사는 사람도 있습니다. 우리에게 가족이 있다는 것이 얼마나 감사하고 놀라운 일인지 모릅니다. 가족만큼 소중한 것이 없습니다. 우리가 사회 생활할 때는 양복을 잘 차려 입고 폼을 잡지만 집안에서 그러는 사람은 없습니다. 집안에서는 러닝셔츠에 트레이닝복 차림으로 편하게 앉거나 누워도 누가 뭐라고 하지 않습니다. 왜냐하면 가족끼리 서로 용납이 되기 때문입니다. 서로 사랑하고 서로 격려할 수 있는 것이 바로 가족입니다.

그렇지만 누군가가 만일 고아로 산다면 얼마나 외롭고 쓸쓸하겠습니까? 밖에서 열심히 일하고 사람들과 만나 많은 관계를 맺고 상당한 업적을 낼 수 있을지 몰라도 일을 마치고 집으로 돌아올 때 '가족이 없어, 혼자야'라는 생각이 든다면 너무 쓸쓸하고 외로워질 것입니다. 그런데 그리스도인들 중에서 바로 이렇게 고아처럼 살아가는 사람들이 정말 많습니다. 교회에 다니고 각종 모임도 하고 열심히 헌신 봉사하지만 막상 집에 돌아오면 가족이 없는 고아처럼 지내는 것입니다.

이 말은 육신의 가족은 있을지 모르지만 영적인 가족이 없기 때문에 외롭고 쓸쓸하게 지내는 그리스도인들을 비유적으로 표현한 것입니다. 우리가 교회에서 성도들 간에 가족의 기쁨을 누린다면 우리 자신 안에 계신 가족과도 친밀함과 사랑을 누릴 줄 알아야 한다는 것입니다. 그런데 외부적인 활동과 헌신은 굉장히 많이 하지만 정작 자신의 내면은 외로운 고아처럼 살아가는 그리스도인들이 얼마나 많은지 안타까울 따름입니다. 예수님은 우리를 고아처럼 버려두지 않겠다고 말씀하셨습니다.

18 내가 너희를 고아와 같이 버려두지 아니하고 너희에게로 오리라 요 14:18

우리가 예수 그리스도를 믿고 구원을 얻었다는 것은 우리가 하나님과 가족이 되었고 하나님의 자녀가 되었다는 뜻입니다.

13 이는 혈통으로나 육정으로나 사람의 뜻으로 나지 아니하고 오직 하나님

께로부터 난 자들이니라 요 1:13

제가 가장 좋아하는 말씀 중에 하나가 히브리서 2장의 말씀입니다.

10 그러므로 만물이 그를 위하고 또한 그로 말미암은 이가 많은 아들들을 이끌어 영광에 들어가게 하시는 일에 그들의 구원의 창시자를 고난을 통하여 온전하게 하심이 합당하도다 11 거룩하게 하시는 이와 거룩하게 함을 입은 자들이 다 한 근원에서 난지라 그러므로 형제라 부르시기를 부끄러워하지 아니하시고 히 2:10,11

이 말씀을 요약해보면, 천지만물을 지으신 여호와, 우리 '아버지'께서 그의 많은 아들들을 영광 안으로 들어가게 하기 위해 구원의 창시자(예수 그리스도)에게 고난을 겪게 하셨는데, 그것으로 인하여 우리를 거룩하게 하시는 이, 예수 그리스도와 거룩하게 함을 입은 자, 우리가 다 한 근원에서 났고, 그래서 예수께서 우리를 '형제'라고 부르시기를 부끄러워하지 않으신다는 것입니다.

영어성경에도 "have the same father"(NLT, 동일한 아버지를 가졌다)라고 나옵니다. 바로 우리가 하나님의 가족이 되었고 예수 그리스도와 한 형제로 산다는 것입니다. 우리는 '로열 킹덤 패밀리'(Royal Kingdom Family), 하나님의 가족입니다.

²⁹ 하나님이 미리 아신 자들을 또한 그 아들의 형상을 본받게 하기 위하여 미리 정하셨으니 이는 그로 많은 형제 중에서 맏아들이 되게 하려 하심이니라

롬 8:29

¹⁷ 자녀이면 또한 상속자 곧 하나님의 상속자요 그리스도와 함께 한 상속자니 우리가 그와 함께 영광을 받기 위하여 고난도 함께 받아야 할 것이니라

롬 8:17

우리의 상태로 말할 것 같으면 자녀이기 때문에 하나님이 정하신 상속자요, 예수 그리스도와 함께한 상속자입니다. 다시 말하지만 우리는 예수님과 한 가족입니다. 우리에게 육신의 가족이 있어서 함께 사랑을 누리며 서로 위로하고 격려하고 기쁘게 살아가는 것처럼 우리 영 안에서도 삼위일체 하나님과 한 가족으로서 기쁨과 사랑과 친밀함을 누려야 합니다.

하나님의 가족

²⁰ '그 날'에는 내가 아버지 안에, 너희가 내 안에, 내가 너희 안에 있는 것을 너희가 알리라 요 14:20

예수께서 이 땅에서 인자(人子)로 사셨을 때 제자들은 예수님과 한 가족처럼 지냈습니다. 이것은 예수께서 마지막 고별설교를 하시면서 제자들에게 하신 말씀입니다. 얼마 있으면 십자가에 못 박히시고 죽으시고 부활하시고 승천하시고 보혜사 성령님으로 다시 오셔서 우리와 함께하시겠다는 것입니다.

예수께서 "내가 아버지 안에, 너희가 내 안에, 내가 너희 안에 있는 것을 너희가 알리라"라고 하신 '그 날'은 그럼 구체적으로 언제를 가리킵니까? '그 날'은 예수 그리스도를 더 이상 육신으로 볼 수 없는 날을 말합니다. 왜냐하면 예수님이 죽으시고 부활하시고 승천하시고 보혜사 성령님으로 오시기 때문입니다.

바로 그 날 이후로 우리는 예수님과 동행합니다. 우리는 고아가 아닙니다. 우리는 하나님나라가 되고, 우리는 이 땅에 주(主)의 뜻을 이루는 삶을 살 수 있게 됩니다. 예수께서 죽음으로 이루신 모든 약속의 말씀이 그 날 이후 이루어지는 것입니다. 육신으로는 더 이상 예수님을 볼 수 없어도 '그 날'에 우리가 영으로 그분을 만날 것입니다.

우리에게는 가족이 있고 우리가 바로 하나님의 가족입니다. 그 날 이후 예수님은 하나님 우편에도 계시지만 우리 안에도 계십니다(엡 2:6). 따라서 우리의 가정은 하나님 우편에도 있고 우리 안에도 있습니다. 우리는 영으로 하나님의 보좌 우편에 계신 '예수 그리스도 안에' 있으며 예수 그리스도께서 그리스도의 영, 보혜사 성령님으로 '우리 안에' 오셔서 거처를 정하신다는 것입니다. 우리는 하나님 우편에 계신 그분, 우리 안에 오신 그분과 한 가족으로 그분과 동행하며 친밀함을 나누어야 합니다.

그렇다면 우리 안에 오셔서 거처를 정하시고 한 가족이 되신 성령님과는 어떻게 친밀함을 나눠야 할까요? 첫 번째, 우리는 끊임없이 하나님의 임재의식 속에서 살아가는 훈련을 해야 합니다. 두 번째, 우리는 성령님과 대화를 나누어야 합니다. 성령님은 인격이십니다. 그분에게는 생각과 감정, 의지도 있습니다. 우리는 그분과 우리의 마음을 나누어야 합니다. 나눔은 대화를 통해서 가능합니다. 우리는 성령님과 깊은 대화할 수 있기를 소망해야 합니다. 성령님과 친밀하게 나눌 때 놀라운 일이 일어납니다. 우리 마음에 평강과 기쁨이 생기고, 우리의 삶이 매우 단순해지는 것을 경험하게 됩니다.

끊임없는 하나님 임재의식 훈련

내가 고아처럼 살지 않도록 성령님이 내 심령 안에 오셨을 때 어떻게 하면 그분과 친밀함을 나누며 살 수 있을까요? 우리가 그분과 친밀함을 나누려면 끊임없는 하나님의 임재의식 속에 살아가는 훈련을 해야 합니다.

임재의식을 훈련한다는 것은 세 가지 사실에 기초합니다. 첫 번째는 2천 년 전 예수 그리스도의 영 안에 계신 바로 그 하나님의 영이 지금 내 영 안에 계신다는 것입니다. 두 번째는 내 영 안에 계신 그분이 우리와 항상 함께하신다는 것이고, 세 번째, 그 하나님의 영은 시기하고 질투하시기까지 나의 혼과 육을 통해 주님의 형상을 지으시기 원하신다는 것입니다.

내 안에 계신 하나님의 영 의식하기

우리가 중생(重生)할 때 우리는 영적으로 다시 태어났습니다(요 3:6). 구원받은 후, 비록 우리의 혼과 육은 여전히 죄의 세력 가운데 놓여 있다 해도, 우리의 영 안에는 2천 년 전 육신으로 오신 예수 그리스도의 영 안에 계신 바로 그 하나님의 영이 계신다는 것을 믿어야 합니다. 내 영 안에 계시는 그리스도의 영을 의식하고, 그분의 말씀을 통해 자기 자신과 세상을 보는 것이 임재의식입니다. 끊임없는 하나님의 임재의식 가운데 살아가는 훈련이 깊어지면 우리가 일상에서 그분께 예배하고 그분과 친밀함을 나누는 것이 가능해집니다.

17 주와 합하는 자는 한 영이니라 고전 6:17

6 너희가 아들이므로 하나님이 그 아들의 영을 우리 마음 가운데 보내사 아빠 아버지라 부르게 하셨느니라 갈 4:6

언제 어디서나 함께하시는 하나님 의식하기

주님은 두세 사람이 주님의 이름으로 모인 곳에 함께 있다고 하셨고(마 18:20), 영원토록 우리와 항상 함께 있겠다고 말씀하십니다. 그리고 누구든지 주님을 떠나지 않고 주님이 그 사람과 함께 있어야 그 사람이 열매를 맺는다고 말씀하셨습니다(요 15:5).

그런데 우리는 그분을 떠나서도 할 수 있는 일이 너무 많은 것이 문제입니다.

> 16 내가 아버지께 구하겠으니 그가 또 다른 보혜사를 너희에게 주사 영원토록 너희와 함께 있게 하리니 요 14:16

> 5 나는 포도나무요 너희는 가지라 그가 내 안에, 내가 그 안에 거하면 사람이 열매를 많이 맺나니 나를 떠나서는 너희가 아무것도 할 수 없음이라 요 15:5

우리가 하나님의 임재를 느끼지 못한다면 우리 마음이 병들었다고 보아야 합니다. 교회나 집회에 가면 하나님의 임재를 느끼는데 문 밖만 나서면 그분이 언제 나와 함께했는지 모른 채 자신의 마음이 온통 나타나는 상황과 관계에만 묶이는 것을 보게 됩니다.

예를 들어, 우리가 신앙생활에서 매우 중요하게 여기는 새벽기도도 비슷한 경우가 많습니다. 우리는 새벽기도회에 나와서 오늘의 일과를 열심히 아리며 기도합니다. 그리고 그날 하루에 있을 모든 일이 잘될 것이라고 믿으며, 자신의 신앙생활에 만족을 느낍니다. 왜냐하면 자신의 몸을 쳐서 복종시키고 기도했기 때문입니다.

그러나 가만히 잘 생각해보십시오. 새벽기도 때는 하나님 앞에 나아가 그분과 친밀함을 누리고 그분과 자신의 삶의 모든 것을 나누지만, 막상 기도회가 끝나면 그분을 언제 만났느냐는 듯이 잊어버리고 일과 세상으로 돌아가기 일쑤입니다. 하지만 정말 본질적인 것은 내가 기도했기 때문에 하나님이 들어주시는 것이 아니라, 내 삶의 모든 시간과 영역에 성령님이 함께하셔서 그분이 그분의 일을 행하시도록 하는 것입니다.

물론 우리가 의식하지 않아도 성령님은 우리의 영 안에 계십니다. 그러나 그분이 계신 것과 그분의 임재 안에서 내 삶이 실제적으로 그 영의 인도함을 받는 것은 완전히 다릅니다. 따라서 우리는 끊임없는 하나님의 임재의식 가운데 있어야 합니다. 우리와 영원히 함께하시는 그분이 우리를 통해 실제적으로 나타나실 때 우리의 삶에 기적이 일어납니다.

그렇다면 어떻게 우리는 삶의 모든 순간에 하나님의 임재를 느끼며 살아갈 수 있을까요? 결코 쉬운 일은 아닙니다. 그렇다고 불가능한 것은 아닙니다. 그러나 하나님은 우리가 그렇게 살기를 간절히 열망하고 계십니다. 우리가 결단할 때 주님이 도와주십니다. 우리의 의도적이고 의식적인 결단과 훈련이 필요합니다.

하나님의 형상의식 훈련

우리의 혼과 육은 그리스도의 영을 알 수도 없고 인식할 수도 없지만, 우리의 영 안에 계신 하나님의 영이 그 영의 생각을 우리에게 알려주십니다. 그것이 바로 성경의 말씀입니다. 따라서 늘 내 안에 계신 하나님의 영을 의식하며 말씀을 통해 세상을 바라보는 훈련을 해야 합니다.

내가 다른 사람과 만날 때, 혼자 있을 때, 어떤 일을 할 때에도 그분은 내 영 안에 계십니다. 우리가 이 영적 의식을 가지면 우리의 삶에 큰 변화가 일어납니다. 생각해보십시오. 우리는 더 이상 하나님을 위해서 사는 존재가 아니라, 우리 안에 계신 하나님을 나타내기 위해 사는 존재입니다. 어떤 일을 통해서 하나님께 영광 돌리는 것이 아닙니다. 그 일은 우리를 통해 하나님께서 자신을 드러내기 위한 수단일 뿐입니다.

일을 하다가 늘 내 안에 계신 그리스도를 잊어버리기 십상이지만, 생각날 때마다 '아, 내 안에 계신 하나님께서 나를 통해 그리스도를 나타내려고 하시지!'라고 의식적으로 떠올리십시오. 처음부터 쉽게 되지는 않을 것입니다. 훈련하다 혹 성령님을 잊어버리고 어떤 일을 처리했다 하더라도 자신을 정죄하지는 마십시오. 생각나게 하시는 것조차 하나님의 일이 되도록 해야 합니다.

삶의 모든 부분과 영역에 성령의 인도함을 받으려고 의식적으로 자신을 내드리십시오. 그러면 자신의 생각, 감정, 의지가 지금의 상황에 따라 반응하지 않게 됩니다. 내 안에 계신 성령님에 의해 반응하고자 의식적으로 노력하는 것입니다.

25 만일 우리가 성령으로 살면 또한 성령으로 행할지니(Since we are living by the Spirit, let us follow the Spirit's leading in every part of our lives, NLT) 갈 5:25

28 우리가 그를 힘입어 살며 기동하며 존재하느니라 너희 시인 중 어떤 사람들의 말과 같이 우리가 그의 소생이라 하니(For in him we live and move and exist, NLT) 행 17:28

그때부터 나의 삶이 아니라 내 안에 계신 그리스도가 사는 삶을 조금씩 경험하게 될 것입니다. 그 결과, 나의 혼과 육의 주인이 내가 아니라는 사실을 점점 더 체험하게 되고, 그리스도의 영이 내 영 안에 계시며 그분 안에 내 영적 본질이 있다는 사실을 점점 더 명확하게 의식하게 될 것입니다. 그렇게 되면 예수님이 단지 나에게 지혜, 의, 거룩함, 구원을 주시는 분이 아니라, 그분이 나의 생명이심을 깨닫게 됩니다. 그러면 나의 육신을 통해 그분의 지혜, 의, 거룩함, 구원이 나타나게 되는 것입니다.

30 너희는 하나님으로부터 나서 그리스도 예수 안에 있고 예수는 하나님으로부터 나와서 우리에게 지혜와 의로움과 거룩함과 구원함이 되셨으니 고전 1:30

하나님께서 우리를 통해 자신의 형상을 지으시고자 하는 것을 '하나님의 형상의식'이라고 부르려 합니다. 우리는 본래 삼위일체 하나님의 형상을 따라 그 모양대로 지음을 받았습니다. 예수님은 하나님의 형상을 나타내는 삶이 무엇인지 성육신(成肉身) 하여 우리에게 보여 주셨습니다. 예수님은 처음부터 끝까지 자신의 삶을 사신 것이 아니요, 하나님의 형상을 나타내시는 삶을 사셨습니다. 그분은 지금 약속하신 보혜사 성령님으로 우리에게 임하셔서 우리도 하나님의 형상이 나타나는 삶을 살기를 원하십니다.

15 그는 보이지 아니하는 하나님의 형상이시요 모든 피조물보다 먼저 나신 이시니 골 1:15

17 이로써 사랑이 우리에게 온전히 이루어진 것은 우리로 심판 날에 담대함을 가지게 하려 함이니 주께서 그러하심과 같이 우리도 이 세상에서 그러하니라(…because we live like Jesus here in this world, NLT) 요일 4:17

성령님과의 대화 훈련

우리는 성령님과 인격적인 대화를 나누어야 합니다. 서로 사랑하는 사이면 보고만 있어도 좋겠지만 만약 대화가 없다면 인격적인 교제가 이루어질 수 없을 것입니다. 대화는 참으로 중요합니다. 인격과 인격은 대화를 통해 모든 것을 나눕니다. 성령님과의 대화도 쌍방이어야 합니다. 나의 마음을 드리고 성령님의 마음을 받아들이는 것입니다.

친밀한 대화를 위해서는 성령님이 우리를 보고 계시며 함께하신다는 사실을 믿어야 합니다. 그 사실을 의식하면 할수록 그분께서 우리를 돌보시는 일, 우리의 모든 일을 그분과 함께 나누는 일이 익숙해집니다. 부모는 자식이 자신의 삶에 대해 이야기해주는 것을 좋아합니다. 그처럼 성령님도 당신의 이야기를 듣기 원하시고 대화하기를 원하십니다.

면전의식을 가지고 대화하라

과거 신앙의 선배들은 코람데오(Coram Deo, '하나님 앞에서'라는 뜻의 라틴어)를 훈련했습니다. 그분이 늘 내 앞에 계신다는 것을 의식적으로 믿고 대화하는 것이 면전의식(面前意識)입니다.

다윗도 늘 면전의식을 가지고 주님과 대화했습니다.

25 다윗이 그를 가리켜 이르되 내가 항상 내 앞에 계신 주를 뵈었음이여 나로 요동하지 않게 하기 위하여 그가 내 우편에 계시도다 행 2:25

8 내가 여호와를 항상 내 앞에 모심이여 그가 나의 오른쪽에 계시므로 내가 흔들리지 아니하리로다 시 16:8

우리는 매일 하루의 일상에서 그분과 함께하는 시간을 가지려고 의도적으로 노력해야 합니다. 그러나 그것이 정말 쉽지 않다는 것을 저도 삶에서 생생히 경험했습니다. 제가 하나님을 믿은 지 얼마 되지 않은 미국 유학 시절 때 있었던 일입니다. 아침에 학교로 출근하면서 "하나님, 오늘 하루 동안 단 30초만이라도 당신과 진짜 교제하고 싶습니다" 이렇게 기도하고 나갔다가 귀가하는 길에 늘 제 자신을 정죄하곤 했습니다. 왜냐하면 그날 하루를 돌아보았을 때 단 30초도 하나님과 깊은 대화를 나누지 못했기 때문입니다.

'어떻게 인간이 이럴 수가 있지? 아무리 연구가 좋고 바쁘기로소니 어떻게 30초, 1분도 하나님과 친밀한 대화를 나눌 수 없단 말인가!'

그리고 저는 오랫동안 하나님과의 교제를 포기하게 되었습니다. 다시 성령 하나님과 친밀한 대화를 하기 시작한 것은 성령체험을 하고 나서, 하나님과의 교제가 무엇인지 알게 되고, 그분의 인도함을 받게 되면서부터입니다. 그러나 여전히 끊임없는 하나님의 임재의식 가운데 그분과 대화한다는 것이 쉽지 않았습니다.

처음에는 매일 바쁜 일상의 삶 동안 그분을 생각하기 위해 아예 손등에 "하나님과 교제할 것!"이라고 써놓고 다니곤 했습니다. 우연히 제 손등을 보았을 때 제가 하던 일을 잠시 내려놓고 그분과의 대화를 시도했습니다. 돌이켜 생각해보면, 처음에는 매번 "죄송합니다, 성령님!"으로 대화가 시작되곤 했습니다. 왜냐하면 그렇게 결심했지만 번번이 성령님을 잊어버리는 제 자신이 너무나 한심하게 느껴졌기 때문입니다. 그러나 언제부턴가 "성령님, 지금 이 순간 당신의 임재를 느끼게 해주신 것을 감사드립니다. 이 일에 대한 저의 생각과 감정을 당신께 드립니다"라고 바뀌게 되었습니다.

1 그러므로 이제 그리스도 예수 안에 있는 자에게는 결코 정죄함이 없나니 롬 8:1

그런데 내가 나의 주인이 되어 나라는 인간을 스스로 정죄했을 때보다 하나님이 기회를 주시고 생각나게 하시는 그 순간만이라도 하나님과 교제하기 시작했을 때 놀랍게도 그분과의 대화가 더 잦아지고 그 시간이 점점 더 길어졌다는 것입니다.

첫사랑과 갈망함으로 대화하라

그런데 교제와 대화에도 품격과 질이 있습니다. 저는 제가 성령님과 어떻게 대화하는지 결혼생활을 하면서 깨달았습니다. 제가 아내와 결혼하고 얼마 뒤부터 아내가 곧잘 저에게 이렇게 말했습니다.

"나하고 이야기 좀 해요."

그럴 때마다 선뜻 아무렇지도 않게 얘기해보라고 하는 저의 말에 아내는 굉장히 실망하곤 했습니다.

"이야기해보라니까? 무슨 일이에요?"

"됐어요…."

아내는 이렇게 말하고 자리를 뜨곤 했습니다. 왜 그렇습니까? 감정의 교류가 없기 때문입니다. 심지어 쳐다보지도 않고 나는 내 일 하면서 "말해봐요. 다 듣고 있어요!"라는 식으로 말할 때가 많았습니다. 하지만 연애할 때는 결단코 그렇게 한 적이 없습니다. 왜 그렇습니까? 아내를 더 알고 싶은 관심이 있었기 때문입니다. 뭐든지 내게 있는 것을 더 주고 싶고, 단 1분이라도 더 함께 있고 싶은 갈망이 있기 때문입니다.

만약 당신이 신앙생활을 한 지 오래되었다면 하나님 아버지와 인격적인 교제를 나누지 못할 수도 있다는 사실을 생각해보십시오. 다시 첫사랑의 그 마음으로 돌아가야 합니다. 다시 성령 하나님께 관심을 가지십시오. 그분께 뭔가 더 드리고 싶고, 그분과 같이 더 오래 있고 싶다는 갈망함으로 대화를 나누십시오.

성령님은 지금도 여전히 자신의 자녀가 다른 어떤 것에 관심을 갖는 것을 원치 않으십니다. 성령님께서는 자신의 사랑 전부를 당신에게 쏟아 부으시기를 원하고, 세상 무엇보다도 당신과 교제하기를 원하십니다. 그분이 우리의 아버지 하나님이십니다.

성령님과의 대화를 방해하는 몇 가지 태도

감정 없는 지적 대화를 즐긴다?

그러면 오늘 성령님과의 대화를 어렵게 하는 것은 무엇일까요? 제가 보기에 그중 하나는 우리의 지성(知性)입니다. 우리는 너무나 논리적으로 그분과 대화하려고 합니다. 그분은 인격이시고 우리를 자기 목숨보다 더 사랑하시는 분인데, 우리는 그저 그분과 지적(知的)으로 교제하려고 할 때가 너무 많습니다. 아니 그분이 있는지 없는지도 잘 모르고, 단지 교리적으로 또 성경 말씀만 가지고 그분과 교제하는 사람이 얼마나 많은지 모릅니다.

하지만 성령님은 살아 계신 인격이십니다. 그분은 오늘도 우리와 함께하시며 질투하기까지 우리를 사랑하십니다. 성령님이 우리가 목숨을 다해 사랑해야 할 대상이라면 어떻게 감정 없이 단지 이성으로만 그분과 교제할 수 있겠습니까?

성령님과의 대화는 내가 모르는 것, 또는 해결해야 할 일 처리를 위해 묻기만 하면 음성자동 안내처럼 답하는 식으로 이루어지지 않습니다. 인격적인 대화는 사랑의 감정을 나누는 것입니다. 성령 하나님은 정답을 가르쳐주고, 잘못된 것을 지적하는 선생이 아닙니다. 우리의 아버지와 삶을 나누게 해주는 분이십니다. 싫으면 싫다고 하시고, 기쁘면 기쁘다고 하시고, 우울하면 우울하다고 하십시오. 억울하면 억울하다고 하세요. 그것이 진솔한 대화입니다.

내가 필요할 때만 만나도 된다?

잘못된 태도는 성령님과의 대화를 어렵게 만듭니다. 필요할 때만 대화하고 말하기 싫으면 안 해도 된다는 식으로 대화한다면 그것은 진정한 대화가 아닙니다. 하나님처럼 좋으신 분이 없고 하나님께 얘기하면 모든 비밀이 완전히 보장되고 하나님처럼 완벽한 상담가가 없으신데, 이런 놀라운 분이라도 저는 제가 살 만하면 그분이 필요하지 않았습니다. 제가 필요할 때만 하나님을 만나게 됐습니다.

"하나님, 제가 알아서 할게요. 필요할 때 다시 만나요!"

그래도 아무 문제가 없었습니다. 하지만 우리가 애인과 사랑을 나눈다면 어떻게 그렇게 할 수 있겠습니까? 서로 사랑한다는 것은 필요와 전혀 관계가 없는 것입니다. 인격과 인격이 마주쳐서 하나 되는 것을 느끼는 것입니다. 그것이 세상 무엇보다 귀중해서 서로 사랑을 나누는 것입니다. 그분이 세상에 둘도 없는 나의 가족인데 늘 필요할 때만 그분을 만나는 것입니다.

그것을 깨달은 다음부터 저는 의식적으로 그분과 늘 교제하기 시작했습니다. 그래서 간혹 다른 사람이 비정상적이라고 생각할 때도 있었습니다. 왜냐하면 저는 잠자리에 누울 때도, 차를 타고 갈 때도, 모든 일을 살아 계신 그분을 모시고 대화를 나눴기 때문입니다.

"성령님, 누우시지요. 성령님, 그럼 저 먼저 자겠습니다."

"성령님, 먼저 들어가시지요. 이제 차 문 닫고 출발합니다."

어느 때는 실수할 때도 있습니다. 옆에 다른 사람이 있는지 모르고 저도 모르는 사이에 "가시지요!"라고 하자 그분이 "뭘요?"라고 되물어서 "아, 아닙니다"라고 얼버무린 적도 있었습니다.

저는 지금도 새벽에 가장 먼저 그분과 교제합니다. 잠자리에서 눈을 뜰 때 성령님께 늘 인사하며 하루를 시작합니다. 그분이 내 가족이기 때문입니다. 나의 하나님이십니다.

말씀으로 더 깊이 대화하기 원하신다!

그렇지만 저 역시 성령님과의 대화가 처음부터 잘된 것은 아닙니다. 저도 성령님과 대화하면서 시행착오가 많았습니다. 제 마음 속에 정답을 바라고 구하는 대화가 많았습니다. 한마디로 성령님은 잠자코 계시고 내 이야기를 들어주시기만 바랐던 것입니다.

"주님, 이거 어떻게 했으면 좋겠습니까?"

"사랑한다!"

"성령님, 그게 아니에요. 지금 그 이야기가 아니라니까요. 지금 급하다니까요."

"걱정하지 마. 내가 너를 사랑하잖아! 내가 너와 함께 있잖아!"

"성령님, 그게 아니라고요, 제 말뜻을 이해 못하세요? 이 문제에 대해 답해주셔야지요!"

처음에는 제가 굉장히 답답했습니다. 제가 여쭤본 문제에 필요한 답이 아니라 늘 "사랑한다", "내가 너와 함께하고 있으니 염려하지 마라" 이런 초보적인 답만 주셨기 때문입니다.

'하나님이 내 음성을 제대로 못 들으시나? 내가 잘못 들었나? 내가 뭘 잘못했나?'

이런 생각을 하던 어느 날, 이것을 깨닫게 되었습니다.

3 너희는 귀를 기울이고 내게로 나아와 들으라 그리하면 너희의 영혼이 살리라 내가 너희를 위하여 영원한 언약을 맺으리니 곧 다윗에게 허락한 확실한

은혜이니라 ^{사 55:3}

그리고 로마서를 읽다가 저와 성령님의 교제에 대한 답을 얻게 되었습니다.

32 자기 아들을 아끼지 아니하시고 우리 모든 사람을 위하여 내주신 이가 어찌 그 아들과 함께 모든 것을 우리에게 주시지 아니하겠느냐 ^{롬 8:32}

저는 이 일을 통해서 부끄럽지만 내 자신이 늘 내 문제를 해결받기 위해서 하나님과 교제하기 원했다는 사실을 알게 되었습니다. 하지만 하나님이 저에게 주신 답은 "내가 너와 함께하고 있지 않느냐. 내가 너를 사랑하고 있지 않느냐. 염려하지 마라"였습니다. 이미 우리에게 약속하신 것이었습니다. 그분은 이미 우리에게 이 성경의 말씀을 통해서 약속하셨고, 그 말씀을 붙들고 가라고 말씀하신 것입니다.

하나님의 음성을 듣는 일에서 성경 말씀을 도외시해서는 안 됩니다. 주위에 성경 말씀을 도외시한 채 하나님께서 이렇게 저렇게 말씀하셨다고 말하는 사람들이 매우 위험하다는 것을 알았습니다. 하나님과의 교제가 깊어지고 하나님이 감동을 주실 때, 우리가 그 내적 음성에 귀 기울일 수 있을 때부터 그분은 '말씀'을 통해 더 깊이 대화하기를 원하십니다. 말씀을 알지 못하는데 하나님을 알 수 있다는 것은 거짓입니다.

제가 당면한 문제에 대한 합당한 말씀을 떠올리고 그 말씀을 붙들었을 때, 저는 하나님께서 놀랍게 제 안에서 기뻐하시고 평강을 주시는 것을 느꼈습니다. 그리고 마치 제게 이렇게 말씀하시는 것 같았습니다.

"그거야, 그거! 바로 그거야!"

얼마나 놀라운 일인지 모릅니다. 이것이 바로 내 영 안에 계시는 그리스도께서 내적으로 증거해주시는 일입니다. 우리가 자기 문제를 해결받고자 밤낮으로 금식하고 기다리며 "말씀만 하시면 순종하겠습니다" 그러는데도 하나님께서 말씀을 안 해주시기 때문에 문제인 것처럼 보입니다. "애야, 저리로 가라, 이렇게 해라" 이렇게 직접 말씀하시기를 기다립니다.

하지만 하나님은 이미 우리에게 말씀을 주셨고 그렇기 때문에 우리가 주신 말씀을 따라 행할 때 친히 그 길을 인도하십니다. 하나님은 우리에게 말씀하시고 우리와 대화하기를 원하시고 성경의 말씀을 통해서 더 깊은 대화를 나누기 원하십니다.

거룩한 낭비를 하라

깊은 교제는 단순히 일상의 삶을 성령님과 나누는 것이 아닙니다. 하나님의 마음을 나누는 것입니다. 하나님의 영으로부터 우리 마음에 부어지는 그분의 마음을 알고 대화하는 것입니다. 하나님께서는 성령체험 후 깊은 기도 가운데 성령님을 통하여 저와 친밀한 대화를 나누기 원하셨습니다. 세상 어느 누구와도 나눌 수 없는 깊은 사랑의 대화를 나누기 원하셨습니다.

우리가 우리의 혼과 육을 통해서 그분을 만날 수는 없지만 그분이 주시는 감동을 받을 수는 있습니다. 이제 그분에게 가만히 귀 기울여 보십시오. 그분이 이미 내 안에 계시기 때문에 그분이 내게 말씀하시는 세미한 음성을 들을 수 있습니다. 그것을 내적 음성, 내적 감동이라고 말합니다. 그러기 위해서는 의도적이고 의식적인 훈련이 필요합니다. 실수할 수 있고 실패할 수 있지만 그 훈련을 해야 합니다. 그렇지만 우리는 훈련하기를 두려워하거나 싫어합니다. 왜냐하면 세상적으로 볼 때 아무것도 얻는 게 없어 보이기 때문입니다.

저에게도 그런 시간들이 있었습니다. 저는 그것을 '거룩한 낭비'의 시간이라고 이름 지었습니다. 하나님은 계속해서 제가 하나님과 더 깊은 친밀함을 누리기 원하셨고, 더 많은 것들을 말씀하시고 싶어 하셨습니다. 그리고 제게 "내 앞에 나오라"고 말씀하셨습니다. 그런데 하나님 앞에 나와 뭘 하면 되는지는 말씀하시지 않았습니다.

"그냥 내 앞에 나와서 기다려라."

내려놓는 시간

그런데 성령님과 교제하기 위해 그분 앞에 나올 때부터 내 안에서 전쟁이 일어납니다. 그분 앞에 나와서 제가 하는 일은 없습니다. 무릎

끓고 성경을 보는 것이 아닙니다. 그냥 그분을 기다리는 것입니다. 그분 만나기를 간절히 원하는 것입니다.

사람마다 각자 자신의 삶에서 가장 귀중하게 여기는 것이 있습니다. 과거 저에게 가장 귀중한 것은 돈보다도 시간이었습니다. 시간을 투자해서 책을 읽거나 성경을 읽거나 논문을 쓰거나 학생을 지도하면 머리에 지식으로 남든지, 일의 성과로 남든지 남는 것이 있습니다. 그런데 거룩한 낭비는 그분 앞에 나와 무릎을 꿇고 3시간, 4시간, 5시간, 6시간 아무것도 하지 않고 무작정 기다리기만 하는 것입니다.

기다리는 동안 수많은 잡생각이 나고 때로는 음란한 생각마저 들기도 합니다. 3시간이고 4시간이고 기다렸더니 드디어 하나님이 말씀하셨다면 다행인데, 그렇게 6개월이 가고 1년이 가도 아무 말씀도 하지 않으셨습니다. 그러고 있다가 자리에서 일어나려면 얼마나 시간이 아깝고 허무한 기분이 드는지 나중에는 머리를 벽에 박고 싶었습니다.

"하나님, 이게 뭡니까? 이러다가 돌아버릴 것 같아요! 이러다가 내가 미치는 거 아닙니까? 도대체 어쩌자고 말씀을 안 하십니까?"

오직 내 안에 계신 성령님께 귀 기울이며 기다리려고 할 때 잠자던 내 안의 혼과 육의 것들이 다 일어나서 아우성을 칩니다. 그것과 싸우다가 3, 4시간을 보내고 나면 아무것도 남는 게 없습니다. 그냥 시간을 버리는 겁니다. 진짜 낭비입니다.

그런데 어느 날 마침내 하나님이 찾아오셨습니다. 세미한 음성으로 말씀하셨습니다. 내가 누구인지, 하나님이 나를 얼마나 사랑하시는지, 그리고 내 생명이 지어지기 전에도 나를 알고 계셨다고 말씀하셨습니다. 저는 얼마나 놀랍고 기뻤는지 모릅니다. 세상이 줄 수 없는 평강과 말할 수 없는 기쁨을 맛보았습니다. 이 기쁨은 말로 다 설명할 수 없습니다. 직접 맛을 봐야 알 수 있습니다. 그때부터 하나님은 너무나 편안하고 쉽게, 그리고 다양하게 말씀하시기 시작했습니다. 때로는 세미한 내적 음성으로, 내적 감동으로, 환상으로, 성경 구절과 단어로 말씀하셨습니다.

그 뒤 어느 집회 때 "제가 하나님을 만나기 위해 얼마나 오래 기다렸는지 아십니까?"라고 자랑삼아 말했습니다. 그 순간 갑자기 내면에서 온몸을 사로잡는 소리가 들렸습니다.

"기철아, 네가 기다린 것이 아니라 내가 기다린 거야!"

말씀을 전하면서 얼마나 부끄러웠는지 귀까지 벌게지는 느낌이었습니다. 그 후로 저는 다시는 그런 말을 하지 않았습니다. 제가 긴긴 시간을 기다려서 하나님을 만난 것이 아니라 하나님께서 제 육신의 모든 탐욕과 쓴뿌리와 상처와 나의 욕구, 내 자아를 포기하는 그 시간을 오랫동안 기다리셨던 것입니다.

그분은 내가 구원받은 그때부터 내 영 안에 계셨습니다. 그런데 내 마음이 세상에 묶여 있었기 때문에 제 안에서 말씀하시는 그분을 만나지 못한 것뿐입니다. 무작정 기다리기만 한 그 시간에 육적으로나 혼적으로 얻은 것은 없었습니다. 그러나 오직 그분만 바라보고 그분만 의지하고자 하는 그 의존성 때문에 내 육적인 자아가 죽기 시작한 것입니다. 내 인생에서 가장 귀중하게 여겼던 시간, 돈, 생각, 모든 것을 내려놓는 시간이었습니다.

내가 하나님을 만나기 위해 기다린 것이 아니라 하나님이 인내하며 오래 기다려주셨습니다. 그 긴긴 시간 끝에 깨달은 것은 하나님이 내 안에 계신다는 것이었습니다. 그렇기 때문에 낭비(waste)입니다. 그렇지만 그 결국은 거룩한(divine) 것입니다. 그래서 저는 '거룩한 낭비'(divine waste)라고 부릅니다.

육적 자아를 포기하지 않으면 하나님과 교제할 수 없습니다. 그런데도 너무나 많은 그리스도인들이 자신의 육적 자아를 포기하지 않은 채 있는 그대로 하나님과 교제하려고 합니다. 그러면 그분과의 친밀함, 그분과의 대화, 그분의 진정한 사랑을 누리지 못합니다. 그렇기 때문에 우리는 거룩한 낭비의 시간을 가져야 하고 그 시간을 좀 더 단축시키기 위해서는 자기 인생에서 귀중한 것을 내려놓는 훈련을 해야 합니다.

일상 속에서 일하며 교제하기
육적으로는 고통스럽지만 성령의 이끌림을 받아 주님 앞으로 나와 교제하는 시간이 길어지고 나오는 횟수가 늘어나면 시간이 모자라다는 것을 곧 알게 됩니다. 그분을 의식하고 그분과 만나는 것이 일과 중에 틈을 내어 교제하는 것으로는 직성이 풀리지 않습니다.

'아, 하나님과 교제하는 이 시간이 꿀처럼 단데 또다시 일해야 하다니…'

그러나 영적 차원의 교제를 생각해보십시오. 성령님은 내가 어디에 있든 무엇을 하든 내 영 안에 계시는 하나님의 영이십니다. 우리가 그분과 교제하는 것은 단순히 혼적 교제가 아니라 영적인 교제입니다. 따라서 삶의 모든 상황에서도 얼마든지 성령님을 만날 수 있고, 그분을 나타낼 수 있어야 합니다. 그것이 바로 그분이 원하시는 교제입니다. 세상을 살아가는 것이 이것 아니면 저것이라는 이원론적인 개념에서 벗어나 삶의 모든 부분과 영역이 주 안에서 통합되어야 합니다. 그것이 바로 하나님나라의 삶입니다.

우리는 이런 교제를 매일 훈련해야 합니다. 우리의 일상 삶 가운데 자신의 일을 하는 동안에도 그분과 만나 교제하는 훈련을 해야 합니다. 처음에는 의식적인 훈련입니다. 또 처음에는 잘 되지 않고 불가능한 것 같지만 계속 추구하게 되면 점점 더 성령님의 도우심을 깨닫게 될 것입니다. 어떤 일이든 하나님이 나타나시는 수단으로 생각하고, 그 일에 하나님의 영광이 나타나도록 추구하는 것, 그것이 바로 우리 그리스도인의 삶의 방식입니다.

성령님과 놀라운 친밀함을 누리게 되자 제 안에서 말할 수 없는 평강과 기쁨이 샘솟았고 삶이 점점 단순해졌습니다.

제 삶이 가장 복잡했던 것은 1997년까지였습니다. 1990년에 교수로 부임한 뒤 1997년까지 저는 제 안의 열등감, 인정받고 싶은 마음, 또 잘하고자 하는 마음으로 최선을 다했습니다. 그 당시 저는 교회와 가정과 창조과학회로 저를 삼등분해서 최선을 다하는 삶을 살았지만 몸이 세 조각으로 찢어지는 것처럼 고통스러웠습니다. 그만큼 세 가지 사역을 모두 열심히 했습니다. 학교에서도 엄청나게 연구를 많이 했고, 창조과학세미나라면 모든 일을 제쳐두고 다녔고, 교회에서도 소속된 여러 위원회에서 열심히 사역했습니다.

정말 가장 분주하고 복잡한 삶을 살았습니다. 아버지로서, 교수로서, 사회인으로서, 교회에 가면 집사로서 제 자아가 너무 많은 것 같았습니다. 처음에는 모든 일들을 다 잘 감당할 수 있을 거라 자신했고 그래서 최선을 다해 열심히 일했지만, 여기저기서 터지는 수많은 일들을 제 힘으로 다 막을 수가 없었습니다.

몸은 하나인데 내 마음에서 통합이 일어나지 않았고 제 안에 평강이 없었습니다. 수시로 내면으로부터 올라오는 불안, 분노, 원망, 정죄, 두려움을 내리누르기 위해서 모든 에너지를 쓰다보니 스트레스는 점점 더 가중되었습니다. 급기야 1997년에 건강이 나빠져서 하는 수 없이 이듬해에 안식년을 갖게 되었는데 그때 인생을 처음으로 되돌아볼 기회를 가졌고 새로운 삶을 결단하기에 이르렀습니다. 그러나 그 결단은 여전히 자기중심적인 생각이었을 뿐입니다.

놀랍게도 하나님께서는 1999년부터 강권적으로 저를 붙들기 시작하셨고 성령님께 인도받기 시작하셨습니다. 지금에 와서 되돌아보면, 상황을 더 잘 극복하기 위해서, 좀 더 편안하고 행복감을 누리기 위해서, 남들보다 뛰어나기 위해서, 남들에게 인정받기 위해 최선을 다해 살아왔지만 결국 모든 것을 잃어버린 삶이었습니다. 결국, 내 삶을 그분께 드리지 못하고 그분을 위한답시고 내 삶을 열심히 살아왔던 것입니다.

> 5 너는 마음을 다하여 여호와를 신뢰하고 네 명철을 의지하지 말라 6 너는 범사에 그를 인정하라 그리하면 네 길을 지도하시리라 잠 3:5,6

> 9 사람이 마음으로 자기의 길을 계획할지라도 그의 걸음을 인도하시는 이는 여호와시니라 잠 16:9

일상의 삶 가운데 언제나 성령님과 동행하며 살아간다는 것은 시간이 걸리는 일입니다. 제 경우처럼 환경에 묶여 있던 것이 점점 포기되고 내 안에 계신 성령님께서 나의 혼과 육을 점점 더 많이 통치하시는 것을 느낄 때, 성령님과 교제하며 그분이 주시는 평강과 기쁨을 누릴 때, 삶이 점점 단순해짐을 느낄 때, 성령님께서 말씀하실 때 순종하여 놀라운 열매를 경험할 때부터는 그분과 교제하기 위해 별도의 시간을 내는 것이 아니라 일상에서 끊임없는 그분의 임재를 누리게 되는 것입니다.

일상에서 나의 오감(五感)은 여전히 작동합니다. 하지만 누구를 만나거나 누군가와 대화를 나눌 때에도 내 심령에서는 끊임없이 그분과 교제가 일어납니다. 저는 지금도 매일 일상에서 끊임없이 그분과 교제하는 것을 훈련하고 있습니다. 특별히 치유사역을 할 때 상대의 이야기를 듣고 반응하면서도 다른 한편으로 하나님의 음성에 귀 기울이며 그분과 교제합니다.

"주님, 저 사람에게 어떤 문제가 있습니까? 저 사람은 자신에 대해서 저렇게 이야기하는데, 저 사람 마음의 본질적인 문제는 뭡니까? 그에게 뭐라고 말해야 합니까?"

아마 우리 모두 하나님이 부르시는 그 날까지 이것을 훈련해야 하지 않을까 싶습니다. 그런데 놀라운 것은 그렇게 할 때 성령님께서 그 일에 대한 정확한 본질을 말씀해주시고 정확한 길을 가르쳐주신다는 것입니다. 물론 어떨 때는 아무리 물어도 묵묵부답하시는데 그러면 저는 그냥 기다립니다. 그리고 주시는 만큼만 주의 일을 행합니다.

일상에서 나누는 친밀함이 능력이다

어떤 면에서 본다면 지금 제 삶은 맺고 끊는 것이 명확하지 않습니다. 한 문제를 속 시원히 해결하고 난 다음 다른 문제로 넘어가면 편할 것 같지만, 어느 순간부터 저는 성령님이 저에게 감동을 주실 때 자연스럽게 그것을 따르게 되었습니다.

예를 들면, 제가 해결해야 할 문제 또는 감당할 수 없는 상황들이 있다고 가정해봅시다. 저는 그 일에 대해서 말씀을 통해 하나님의 관점을 생각해봅니다. 그리고 그것을 묵상한 다음 하나님 앞에 내어놓습니다. 그럴 때 금방 답을 주시지 않을 때가 훨씬 더 많습니다. 그러면 저는 그 사실을 마음에 심습니다.

어떤 사람은 일이 풀리지 않으면 골방에 들어가서 그 문제가 풀릴 때까지 씨름한다고 하는데 저는 그렇게 하지 않습니다. 그 문제를 내려놓고 하나님께 온전히 맡기고 다른 일들을 합니다. 그런데 해결되지 않은 문제들이 쌓여 가는데도 별로 두렵지 않다는 것입니다. 그것이 제 안에 부어진 평강입니다.

6 아무것도 염려하지 말고 다만 모든 일에 기도와 간구로, 너희 구할 것을 감사함으로 하나님께 아뢰라 7 그리하면 모든 지각에 뛰어난 하나님의 평강이 그리스도 예수 안에서 너희 마음과 생각을 지키시리라 빌 4:6,7

우리가 성령님과 사랑을 나눌 때 세상이 줄 수 없는 평강과 기쁨이 부어집니다. 예전 같으면 해결되지 않은 문제가 하나만 있어도 잠을 이룰 수 없었을 것입니다. 그러나 이제는 어차피 그 일은 내 일이 아니라 주(主)의 일이며, 주님이 원하신다면 주님이 저보다 훨씬 더 급하실 것이라고 믿습니다. 그러나 제 마음에 감동을 주시거나 이 문제에 대해 말씀하시면 그 순간부터 저는 오직 믿음으로 행합니다.

평생 하나님의 임재를 연습하며 그분과 교제하며 살아간 로렌스 형제처럼, 하나님의 임재를 구하며 동행한 기록을 일기로 적은 프랭크 루박 선교사처럼 우리도 훈련을 해야 합니다. 우리가 우리의 삶을 드릴 때 우리는 성령님과 깊은 사랑의 관계를 누리게 됩니다. 세상이 어떠할지라도 평강과 기쁨 가운데서 단순한 삶(simple life)을 살 수 있습니다.

일상에서 성령님과 친밀함을 나누는 것이 진정한 그리스도인의 삶입니다. 우리는 그저 그런 인생을 사는 사람이 아니고 이 지구상에서 가장 멋지고 아름다운 삶을 살 수 있는 사람입니다. 반면에 마귀는 우리가 그 삶을 살지 못하도록 갖은 수단을 써서 방해합니다.

기억하십시오. 2천 년 전에 예수 그리스도 안에 계셨던 하나님의 영이 지금 당신 안에 계십니다. 당신이 주님을 나타내는 새로운 삶을 살고 싶다는 갈망이 있다면 지금부터 시작하십시오.

우리는 어떻게 하든 하나님께 잘 보이고 싶어 합니다. 그것이 모든 인간의 마음이기도 합니다. 그러나 영성훈련에서 가장 중요한 것은 하나님께 더 잘 보이려고 노력하지 않는 것입니다. 있는 그대로를 그분께 드리는 훈련입니다. 왜냐하면 자신이 자신의 것이 아니라 하나님의 것이기 때문입니다. 완전히 그리고 전적으로 타락한 인간에게 하나님의 영이 다시 찾아오셨으며, 그 결과 주님과 연합하는 것입니다. 이 연합은 자신이 예수 그리스도 없이는 아무것도 할 수 없는 존재라는 것을 실제적으로 체험할 때 이루어집니다. 이것이 바로 하나님과 나누는 친밀함의 비밀이기도 합니다. 우리는 그분으로부터 새롭게 태어났기 때문에 그분의 사랑이 이미 우리 안에 임한 것을 믿어야 합니다. 이 땅에 도래한 하나님나라의 삶은 약속의 말씀을 심은 대로 거두게 되며, 믿은 대로 이루어지게 됩니다.

매일 아침 눈을 떴을 때 자신의 상황을 생각하기 전에 다음을 믿음으로 취하십시오.

- 나는 내 안에 계신 보혜사 성령님으로 인하여 하나님의 태생적 사랑을 누리는 자이다!
- 나는 내 안에 계신 보혜사 성령님으로 인하여 항상 기쁨을 느끼는 자이다!
- 나는 내 안에 계신 보혜사 성령님으로 인하여 말할 수 없는 은혜를 누리는 자이다!
- 나는 내 안에 계신 보혜사 성령님으로 인하여 주의 말씀을 이루는 자이다!

CHAPTER 08

오직 성령의 기름부으심을 받고
주의 뜻을 이루라

| 차이는 바로 기름부으심에 있다!

개인적으로 누가 저에게 구원받은 이후로 가장 중요한 것이 무엇인지 묻는다면 저는 스스럼없이 성령체험을 통해 성령충만함이 지속적으로 유지되는 것이라고 말할 것입니다.

성령충만을 통해서 두 가지 일이 이루어집니다. 하나는 내 안에 계신 그리스도의 성품이 나타나는 것입니다. 다른 하나는 기름부으심입니다. 그리스도의 성품은 혼과 육이 내 삶이 주인이 되는 것을 포기하고 내 자아를 십자가에서 못 박을 때 나의 육신을 통해 그분의 성품이 나타나는 것을 말하며, 기름부으심이란 주(主)의 일을 행하기 위해 주의 권능이 나타난다는 의미입니다.

성령의 권능의 나타남 없이 주의 일을 행하는 것은 마치 총알 없는 총을 들고 전쟁터에 나가는 것과 마찬가지입니다. 총알이 없이는 진짜 전쟁을 할 수 없습니다. 따라서 우리가 자신의 사역이 아니라 주님이 허락하신 사역을 감당하려 할 때 그리스도의 성품 없이, 기름부으심 없이 그 일을 행한다면 그것은 참으로 어리석은 일이 될 것입니다.

⁶ 그가 내게 대답하여 이르되 여호와께서 스룹바벨에게 하신 말씀이 이러하니라 만군의 여호와께서 말씀하시되 이는 힘으로 되지 아니하며 능력으로 되지 아니하고 오직 나의 영으로 되느니라 슥 4:6

우리가 이 세상에서 주의 뜻을 이루는 일을 행할 때 하나님의 권능에 의해 이루어지는 것을 가리켜서 "기름부으심 가운데 행한다"라고 말합니다.

두 사람이 동일한 원고를 가지고 설교하더라도 두 사람의 설교를 들은 청중의 감동과 은혜는 서로 다를 수 있습니다. 왜 그렇습니까? 동일한 설교문을 보고 동일하게 선포했더라도 그 말씀 가운데 있는 하나님의 권능이 우리의 심령에 임하느냐 임하지 않느냐는 전하는 사람의 기름부으심에 따라(물론 듣는 자의 마음밭도 영향이 있습니다) 차이가 있기 때문입니다.

열심히 전도도 하고 설교도 했지만 아무 열매가 없다가 하나님의 임재를 경험하고 기름부으심을 받은 다음 같은 설교를 했을 때 사람들이 회개하고 눈물을 흘리고 하나님 앞으로 돌아오는 놀라운 역사가 있었다는 고백을 많이 듣습니다. 그 차이가 바로 '기름부으심'입니다. 기름부으심은 하나님의 능력으로, 마치 전기의 전력에 비유될 수 있습니다. 따라서 기름부으심이 많을수록 더 놀라운 일을 행할 수 있습니다.

그리스도인에게 필연적인 기름부으심

우리에게 기름부으심이 없다면 우리는 이 땅에서 인간의 행위와 노력으로 가능한 자연적인 일밖에 할 수 없습니다. 그러나 하나님의 영광이 임하고 기름부으심이 임할 때는 이 땅에 도래한 하나님나라에서 인간이 할 수 없는 초자연적인 일을 행할 수 있게 됩니다.

우리는 예수 그리스도를 믿고 그저 교회에 다니는 신자가 아니라 예수 그리스도의 죽으심과 부활하심에 동참하여 하나님의 자녀가 된 자입니다. 우리는 교회에서 훈련받고 하나님과 교제하고 예배드리고 기름부으심을 받아 자신의 일터와 삶터에서 하나님의 뜻을 이루는 삶을 사는 자입니다. 그런 사람을 기독교 신자가 아니라 '그리스도인'이라고 부릅니다.

예수 그리스도라는 뜻이 무엇입니까? 예수는 "자기 백성을 그들의 죄에서 구원할 자"라는 뜻입니다. 그리스도는 "기름부음을 받은 자"라는 뜻입니다. 히브리어로 '메시아', 헬라어로 '크리스토스'입니다. 그리스도의 뜻이 기름부음을 받은 자라면 그리스도인의 뜻은 무엇일까요? 바로 "그리스도에게 속한 자"입니다. 바울과 바나바가 안디옥

교회에 1년 동안 머물며 많은 사람을 가르쳤는데 그들이 거기서 처음으로 '그리스도인'이라 불리게 되었습니다. 그리스도께서 말씀하시고 행하신 것처럼 말하고 행하는 자들을 가리켜서 그리스도에게 속한 자, 기름부음을 받은 자에게 속한 자라고 하는 것입니다.

우리는 기독교 신자가 아니라 그리스도인이 되어야 합니다. 예수님이 그리스도, 기름부음을 받은 자이시기 때문에 그리스도에게 속한 우리에게도 기름부으심이 임해야 합니다. 기름부으심이 없이는 이 땅에 도래한 하나님나라에서 하나님나라를 확장시키고 주(主)의 뜻을 이룰 수 없습니다.

기름부음의 의미

하나님의 영이신 성령은 '불', '비둘기', '생수', '기름', '바람'으로 표현되기도 합니다. 성경에서 "기름부음을 받는다", "기름을 붓는다"는 것은 하나님의 영이 임함으로써 주님이 세우시고, 주님의 뜻을 행하게 된다는 뜻입니다. 사무엘이 하나님이 말씀하시는 대로 다윗에게 기름 부은 사건이 대표적인 예입니다.

13 사무엘이 기름 뿔병을 가져다가 그의 형제 중에서 그에게 부었더니 이 날 이후로 다윗이 여호와의 영에게 크게 감동되니라 사무엘이 떠나서 라마로 가니라 삼상 16:13

기름부음이 무엇을 의미하는지 구약성경에서 먼저 살펴보면 첫째, "거룩하게 구별한다"는 것입니다. 출애굽기에 보면 성막(tabernacle)을 만들고 성막의 기구들을 만든 다음에는 거룩한 관유(灌油), 즉 기름을 만들어 성막과 그 안에 있는 모든 것, 성막의 기구에 발라 그것들을 거룩하게 했습니다. 또 사람의 머리에 붓기도 하고 그에게 바르기도 했는데 그 역시 거룩하게 구별되었다는 의미로 사용된 예입니다.

둘째, "신적(神的) 위임을 줄 때" 기름을 붓습니다. 하나님께서 특정한 사람을 불러 주(主)의 일을 행하고자 할 때, 즉 왕이나 제사장이나 선지자들에게 기름을 부으셨습니다. 셋째, 바로 그 신적 위임에 따라 일을 행할 수 있는 "능력을 부여한다"는 의미가 있습니다.

거룩하게 구별하고 신적 위임을 주는 기름부으심의 두 가지 의미는 이미 우리가 중생하고 물세례를 받아 이루어졌습니다. 우리는 중생하여 거룩한 자가 되었고, 하나님의 자녀가 되었기 때문에 이미 신적 위임을 받았습니다. 또 우리는 택하신 족속이요 왕 같은 제사장입니다(벧전 2:9). 구약시대에 왕과 제사장에게 기름을 부은 것처럼, 죄가 왕 노릇하는 이 세상에서 예수 그리스도의 죽으심과 부활하심에 연합한 우리는 그리스도를 통하여 새 생명 안에서 왕 노릇할 것입니다.

17 한 사람의 범죄로 말미암아 사망이 그 한 사람을 통하여 왕 노릇하였은즉 더욱 은혜와 의의 선물을 넘치게 받는 자들은 한 분 예수 그리스도를 통하여 생명 안에서 왕 노릇하리로다 롬 5:17

예수님과 기름부으심

그렇다면 신적 위임에 따르는 능력을 부여한다는 의미의 기름부으심을 어떻게 설명할 수 있을까요? 이것은 예수께서 보여주신 일들을 살펴볼 때 가장 명확히 알 수 있습니다.

예수님은 성령으로 잉태되어 태어나신 분인데도 세례 요한에게 나아와 세례를 받으셨습니다. 예수께서 세례를 받으시고 물 위로 올라오실 때 오순절 성령강림을 예표하듯 성령이 비둘기같이 예수님 위에 임하셨습니다.

> 21 백성이 다 세례를 받을새 예수도 세례를 받으시고 기도하실 때에 하늘이 열리며 22 성령이 비둘기같은 형체로 그의 위에 강림하시더니… 눅 3:21,22

예수님은 성령에게 이끌려 광야에서 마귀에게 시험을 받으신 후 성령의 능력을 입고 갈릴리로 돌아가셨습니다.

> 14 예수께서 '성령의 능력으로' 갈릴리에 돌아가시니 그 소문이 사방에 퍼졌고
> 눅 4:14

그 후 예수께서 회당에 들어가 성경의 선지자 이사야의 글을 읽으시고 이 글이 응하였다고 말씀하셨습니다.

18 '주의 성령이 내게 임하셨으니' 이는 가난한 자에게 복음을 전하게 하시려고 내게 기름을 부으시고 나를 보내사 포로 된 자에게 자유를, 눈 먼 자에게 다시 보게 함을 전파하며 눌린 자를 자유롭게 하고 ^{눅 4:18}

사도행전 10장 38절에는 예수님의 공생애 사역을 다음과 같이 기록하고 있습니다.

38 하나님이 나사렛 예수에게 '성령과 능력을 기름 붓듯 하셨으매' 그가 두루 다니시며 선한 일을 행하시고 마귀에게 눌린 모든 사람을 고치셨으니 이는 하나님이 함께하셨음이라 ^{행 10:38}

우리는 이 사실을 통해 성령님이 위로부터 강림하셨고, 예수님이 성령의 능력으로 행하셨다는 것을 알 수 있습니다. 따라서 위로부터 임하신 성령님으로 인하여 주의 뜻을 이루기 위한 능력이 나타나는 것이 바로 기름부으심이라고 말할 수 있습니다.

기름부으심의 의미는, 신약과 구약 모두에서 성령의 강림하심으로 말미암아 주의 뜻을 이룰 수 있는 능력을 부여받는 것입니다. 그러나 구약과 신약의 기름부으심은 서로 다릅니다. 구약의 기름부으심은 오직 성령의 강림으로만 나타납니다. 따라서 하나님의 주권적인 역사에 따라 얼마든지 기름부으심을 거두어 가실 수 있습니다. 다른 말로 성령님의 내주 없이도 기름부으심이 임했다는 것입니다. 그러나 신약에 와서 기름부으심은 성령체험을 통해서 시작되지만, 그 기름부으심의 지속적인 역사는 이미 우리 영 안에 계신 하나님의 영으로 가능합니다.

14 내가 주는 물을 마시는 자는 영원히 목마르지 아니하리니 내가 주는 물은 그 속에서 영생하도록 솟아나는 샘물이 되리라 요 4:14

따라서 하나님의 영이 영원히 함께하시기 때문에 우리가 죄를 짓지 않고 육체의 기력이 쇠약해지지 않는 한 기름부으심이 사라지지 않습니다. 그리고 우리 안에 주님과의 친밀함과 주의 뜻을 이루고자 하는 거룩한 부담감이 커지는 만큼 기름부으심은 증가합니다.

예수님은 승천하시기 전에 제자들에게 이렇게 말씀하십니다.

49 볼지어다 내가 내 아버지께서 약속하신 것을 너희에게 보내리니 너희는 위로부터 능력으로 입혀질 때까지 이 성에 머물라 하시니라 눅 24:49

예수님은 위로부터 능력이 임할 때까지, 즉 성령님이 강림하실 때까지 이 성을 떠나지 말고 유하라 말씀하셨고, 마침내 성령이 임하셔서 되어질 일들을 다음의 말씀으로 확증하셨습니다. 오직 성령이 위로부터(upon us) 임하시면 우리가 능력을 받는다고 말씀하십니다.

8 오직 성령이 너희에게 임하시면 너희가 권능을 받고 예루살렘과 온 유대와

사마리아와 땅 끝까지 이르러 내 증인이 되리라 하시니라 ^행 1:8

하나님은 요엘 선지자를 통해 만민(萬民)에게 성령 부어주실 것을 이미 말씀하셨습니다.

17 하나님이 말씀하시기를 말세에 내가 내 영을 모든 육체에 부어주리니 너희의 자녀들은 예언할 것이요 너희의 젊은이들은 환상을 보고 너희의 늙은이들은 꿈을 꾸리라 18 그때에 내가 내 영을 내 남종과 여종들에게 부어주리니 그들이 예언할 것이요 ^행 2:17,18

하나님은 예수님에게도 제자들에게도 우리에게도 기름 부어주셨습니다. 예수 그리스도께서 약속하신 또 다른 보혜사 성령님이 오셨고 우리가 모두 왕 같은 제사장이 되었기 때문에 누구든지 기름부으심을 받을 수 있습니다. 이미 우리에게 약속하셨습니다. 하나님의 뜻을 이루기 위해서 우리는 기름부으심의 능력과 은사가 필요합니다.

기름부으심에 대한 잘못된 생각

그렇다면 왜 우리에게 기름부으심이 임하지 않습니까? 그것은 성령 체험을 제대로 이해하지 못하기 때문입니다. 또한 기름부으심을 받아야 하는 이유를 알지 못하거나, 구하지 않기 때문입니다. 물론 기름부으심은 우리가 추구해서 얻을 수 있는 것이 아닙니다. 그러나 우리가 하나님의 약속의 말씀을 붙들고 주의 뜻을 이루고자 간절히 소망할 때 하나님께서는 우리에게 은혜로 기름 부어주십니다.

기름부으심은 뜻이 하늘에서 이루어진 것처럼 땅에서도 이루기 위해, 즉 하나님의 말씀을 이 땅에 실체로 나타내기 위해 영광의 통로로 쓰임받기 원하는 자에게 부어주시는 것이 바로 기름부으심입니다. 구약에서는 특별한 사람만이 주의 일을 행했지만, 새 언약 가운데 예수 그리스도 안에 있는 자라면 누구든지 주의 선한 일에 열심을 내어야 합니다.

말씀과 성령, 성품과 능력 두 가지 다 있어야 한다

'기름부으심? 이런 걸 추구하다보면 우리 신앙이 잘못되기 쉽지.'

기름부으심을 구하거나 기름부으심을 받으면 잘못될 거라고 오해하는 사람이 있습니다. 왜냐하면 우리는 너무나 오랫동안 성령님에 대해 왜곡된 생각을 품고 있었기 때문입니다. 그래서 성령이 아니라 '오직 말씀으로' 신앙생활 해야 한다고 강조합니다. 또는 능력을 추구해서는 안 되며 능력보다 중요한 것이 '그리스도의 성품'이라고 말합니다. 우리가 귀에 딱지가 앉도록 들은 말입니다. 그러나 말씀만 필요한 것이 아니라 말씀과 성령의 권능이 함께해야 합니다. 주의 뜻을 이루기 위해서는 주의 성품과 능력이 함께해야 합니다.

말씀이 중요하지 않다는 것이 아닙니다. 무엇보다 말씀이 중요합니다. 그러나 그 말씀이 살아 있는 말씀이 되어야 한다는 뜻입니다. 말씀의 원저자이신 성령님이 함께하실 때 그 말씀은 성령의 검(劍)이 됩니다. 불가능을 가능하게 만듭니다. 말씀이 중요하지만 말씀과 성령은 하나일 뿐만 아니라 늘 함께해야 합니다. 능력보다 중요한 것은 그리스도의 성품입니다. 그 말이 맞습니다. 하지만 우리 가운데 그리스도의 능력과 그리스도의 성품이 함께 있어서 안 될 이유는 없습니다.

그런 측면에서 우리는 너무나 잘못 생각하고 있습니다. 그리스도의 성품이 중요하니까 권능은 중요하지 않다고 생각하는 것처럼 어리석은 일은 없을 것입니다. 하나님의 뜻을 하나님나라에서 이루기 위해서는 그리스도의 성품뿐만 아니라 하나님의 권능이 우리의 삶을 통해 나타나야 합니다. 둘 중의 하나가 아니라 두 가지 전부 함께 나타날 때 하나님의 자녀로서 온전히 이 땅에 주의 뜻을 이룰 수 있다는 사실을 기억해야 합니다.

기름부으심을 추구하는 것은 결코 잘못이 아닙니다. 그렇다고 기름부으심만 추구하고 현상만 쫓고 기사와 표적만 구하라는 뜻이 아닙니다. 내게서 그리스도의 성품이 나타난다고 해도 그리스도의 권능이 나타나지 않는다면, 다른 사람에게 하나님나라의 복음을 선포하고 그 실체를 보여줄 수 있는 것이 별로 없을 것입니다.

기름부으심은 특별한 사람의 전유물이 아니다

'기름부으심이라고? 오르지 못할 나무는 쳐다보지도 마!'

기름부으심은 특별한 사람에게 또는 성직자에게만, 혹은 엄청난 노력과 수행을 통해서만 임한다고 생각하십니까? 그것은 잘못된 생각입니다. 기름부으심은 하나님께서 하나님의 자녀에게 약속하신 선물입니다. 우리는 왕 같은 제사장입니다. 기름부으심은 우리가 주(主)의 일을 행하고자 할 때 하나님께서 은혜로 주신다는 사실을 믿으십시오.

예수 그리스도를 생각해보십시오. 예수님은 기름부으심을 받은 후부터 공생애 사역을 시작했습니다. 제자들을 생각해보십시오. 초대교회 사도들이 세운 집사들을 생각해보십시오. 신앙의 수많은 선배들을 생각해보십시오. 기름부으심 없이 어떻게 이 땅에 주(主)의 뜻을 이룰 수 있고 마귀의 일을 멸할 수 있겠습니까?

이 땅에 하나님의 뜻을 이루기 위해서 예수님도 필요했고, 제자들에게도 필요했던 기름부으심이 우리에게는 필요 없다고 생각하는 것이 과연 옳은 생각일까요? 기름부으심은 결코 특별한 자에게 주어지는 것이 아니라 하나님의 자녀인 우리 모두가 구하고 누려야 할 것입니다.

기름부으심은 일회적이 아니다

기름부으심은 일회적으로 끝나는 것이 아닙니다. 우리는 계속해서 더 큰 기름부으심을 받아야 합니다. 다윗도 이스라엘의 왕이 되기까지 세 번의 기름부음을 받았습니다. 처음에는 사무엘에게 기름부음을 받았고, 두 번째로는 유다 사람들에게 기름부음을 받아 유다의 왕이 되었고, 마침내 이스라엘 장로들이 그에게 기름을 부어 이스라엘의 왕이 되었습니다. 우리는 더 큰 기름부으심을 소망해야 합니다. 그럴 때 하나님께서 더 큰 일을 행하실 수 있기 때문입니다.

기름부으시는 분은 오직 하나님이시다

성령의 기름부으심은 이미 기름부으심을 받은 사람의 안수를 통해서도 받을 수 있습니다. 기름부으심이 하나님께서 쓰시는 사람의 안수를 통해 흘러가는 것에 대해서 제대로 이해해야 합니다. 우리는 흔히 어떤 사람이 소유한 기름을 다른 사람에게 부어주는 것으로 오해하는데, 기름부으심을 주실 수 있는 분은 성령 하나님 한 분 뿐입니다.

그렇다면 기름부으심을 전이(轉移)한다는 뜻은 무엇입니까? 우선 제게 있는 기름부으심이 다른 사람보다 더 많다고 가정해봅시다. 그것은 제가 다른 사람이 갖지 못한 믿음으로 주(主)의 일을 행함으로 더 큰 영적 통로가 되어 하나님의 능력이 흘러가는 것을 경험했다는 뜻입니다. 제가 어떤 사람을 위해 기도할 때 저는 제 믿음을 통해 저에게 임하신 성령의 능력이 흘러가도록 기도합니다. 그때 기도를 받는 사람이 기도하는 자의 믿음을 그대로 받아들이면 성령의 능력이 그 믿음을 통해 흐르게 되고 그만큼 그 사람의 믿음의 통로가 커지는 것을 경험하게 됩니다.

다시 말해서, 기도받기를 원하는 자가 현재 자신의 사역과 믿음, 성령의 나타나심과 역사하심이 기도해주기를 원하는 사역자에게 미치지 못한다고 생각해봅시다. 그렇지만 그가 기도를 해줄 사람을 통해서 역사하시는 성령의 능력을 보기도 하고 체험도 하며, 자신도 그 하나님의 역사에 쓰임받겠다는 간절한 믿음을 가지고 기도를 받을 때, 그 기름부으심이 전이된다는 것입니다. 기름부으심은 오직 믿음을 통해서 흘러갑니다.

성령의 기름부으심은 결코 사람이 소유한 것을 다른 사람에게 주는 것이 아닙니다. 하지만 성경을 보면 사도들이 기도하고 안수하여 일곱 집사를 세울 때(행 6:3-8), 안디옥교회에서 바나바와 사울을 따로 세워 기도하고 안수하여 보낼 때(행 13:1-3) 기름부으심이 흘러간 것을 볼 수 있습니다.

또 사도 바울이 디모데에게 안수하여 하나님의 은사를 다시 불일듯하게 하기 원한다고 말씀합니다.

6 그러므로 내가 나의 안수함으로 네 속에 있는 하나님의 은사를 다시 불일 듯하게 하기 위하여 너로 생각하게 하노니 딤후 1:6

사람을 통해 기름부으심이 전이되기는 하나 그 기름부으심은 성령 하나님이 주시는 것입니다. 우리는 영광의 통로로 쓰임 받을 뿐 우리 자체는 아무것도 아닙니다.

기름부음을 구하는 훈련

그렇다면 어떻게 해야 신선한 기름부으심을 받을 수 있을까요? 우리를 통해 하나님의 권능이 나타나기 위해서는 우리 쪽에서도 훈련이 필요합니다. 하나님께서는 물론 은혜의 선물로 우리에게 기름 부어주십니다. 하지만 하나님의 영광이 나의 영혼육을 사로잡을 뿐만 아니라 성령의 능력이 나타나려면, 성령님이 '나를 뚫고 나타나셔야' 합니다. 평생 내 방식대로 살아온 내 생각, 내 감정, 내 의지를 내려놓고 포기하는 만큼 성령님이 나를 통해 능력으로 나타나십니다. 나 자신을 내려놓기란 고통스럽습니다. 그런 의미에서 이것을 훈련이라고 말하는 것입니다.

1. 비움 – 죄를 거둬내라

첫 번째로 비움 훈련입니다. 먼저 자신이 짓고 있는 죄가 있다면 회개하십시오. 다른 사람에게 죄를 지었거나 나 스스로 죄를 지었을 때, 하나님 앞에 섰을 때 느끼는 양심의 가책이 있다면 하나님 앞에 회개하십시오. 예수 그리스도의 이름으로 회개하십시오. 마귀는 우리가 죄를 토설하지 않고 가지고 있을 때 우리를 유혹하거나 두려움을 주거나 거짓말을 하거나 참소함으로 우리의 혼과 육을 사로잡아 우리를 삼키려고 합니다.

⁹ 만일 우리가 우리 죄를 자백하면 그는 미쁘시고 의로우사 우리 죄를 사하
시며 우리를 모든 불의에서 깨끗하게 하실 것이요 요일 1:9

비움 훈련에 있어서 가장 중요한 것이 용서하는 것입니다. 용서하
지 못하는 죄가 기름부으심을 막습니다.

가족이나 친척, 자신의 동료 등 누군가를 정죄하고 판단하고 비난
하고 미워하고 용서하지 못했다면, 자신에게 어떤 잘못을 했던 사람
이든 그것이 과거 어느 때에 일어난 일이든 간에 먼저 예수 그리스도
의 이름으로 용서해야 자신 안에 묶여 있던 더러운 것들이 다 떠나가
게 되고 마음이 깨끗해집니다.

내 안에 있는 상처와 쓴뿌리들을 뽑아내는 것 역시 우리의 죄와 관
계가 있습니다. 천부(天父)께서 심지 않으신 것들을 들어냄으로써 내
마음에 하나님의 임재와 기름부으심이 온전히 흐를 수 있도록 만드
는 준비 작업이 바로 '비움'입니다. 우리가 세상을 살다보면 유혹에
빠질 수도 있고, 염려와 걱정에 사로잡힐 수도 있고, 내 생각과 감정에
속거나 마귀가 주는 생각에 속을 수도 있습니다. 하지만 그것을 들어
내어 자신 안에 있는 죄를 끊어내는 것이 중요합니다.

2. 채움 – 하나님의 생명으로 채워라

두 번째, 채움 훈련입니다. '채움'이란 하나님의 생명이 나의 영혼

육을 온전히 사로잡도록 하는 것입니다. 이 훈련은 거룩한 낭비와 관계가 있습니다. 다른 말로 하나님과의 친밀함을 통해 내 안이 그분의 생명으로 점점 더 채워지는 것을 경험하는 것입니다. 하나님의 생명을 채우기 위해 우리가 반드시 알아야 할 것은 내가 단지 죄 사함을 받고 구원을 받은 자가 아니라 하나님의 '의'(義)라는 사실을 체험해야 한다는 것입니다.

> 21 하나님이 죄를 알지도 못하신 이를 우리를 대신하여 죄로 삼으신 것은 우리로 하여금 그 안에서 하나님의 의가 되게 하려 하심이라 고후 5:21

우리는 의롭다 칭함만 받는 자가 아니라 본질적으로 '하나님의 의(義)'가 된 사람입니다. 그래서 예수 그리스도 안에서 새로운 피조물이라 말하는 것입니다. 비록 우리의 육과 혼은 죄를 지을 수 있지만, 우리의 영은 본질적으로 죄를 지을 수 없는 '하나님의 의'입니다. 죄인이 구해야 하는 것은 죄 사함이며 구원이지만 의인이 구해야 하는 것은 하나님 생명의 충만함입니다.

우리는 더 이상 죄를 짓지 않으려고 노력하는 존재가 아닙니다. 우리는 죄에 대하여 죽었습니다. 죄를 짓지 않으려고 노력한다면 여전히 자신이 자기 삶의 주인인 것입니다. 그러나 이제 나는 예수 그리스도와 함께 십자가에 못 박혀 죽었습니다. 죄를 짓는 내가 예수님과 함께 죽었고 이제 나는 예수님의 새 생명 가운데서 하나님의 의가 되었습니다.

우리는 하나님의 의(義)입니다. 하나님의 백성이요, 하나님의 자녀입니다. 죄를 묵상하지 마십시오. 우리가 하나님의 의를 묵상할 때 하나님의 영광이 점점 더 나를 사로잡는 것을 체험하게 될 것입니다. 자신이 하루 종일 무엇을 묵상하는지 생각해보십시오.

매일 죄를 지으면 안 된다고 죄를 묵상하십니까? 죄 안 지으려고 노력하십니까? 내가 하나님의 자녀이고, 하나님의 태생적인 사랑을 누리는 자이고, 하나님의 은혜를 누리는 자이고, 하나님의 영광으로 충만한 자임을 묵상해보십시오. 우리는 매일 하나님의 의를 묵상하고, 나를 통하여 그분의 나타나심과 행하심을 묵상해야 합니다.

우리가 채움을 훈련하기 위해서는 특별히 오직 그분만을 바라보고 그분을 기다리는 시간을 가져야 합니다. 자신의 모든 생각과 감정을 내려놓고 자신의 의지를 꺾고 주님을 기다리는 것이 쉽지는 않습니다. 그러나 그 훈련을 통해 하나님의 영광이 우리를 사로잡게 될 것입니다. 그것이 바로 채움입니다.

날마다 적어도 30분 이상 하나님께 잠잠히 나아가기를 권면합니다. 주(主)의 뜻을 이루기를 원하고, 하나님나라에서 초자연적인 삶을 살기를 원한다면 그분 앞으로 나아가십시오. 이 말은 내 혼이 성령의 조명 아래로 나아간다는 뜻입니다. 거룩한 낭비를 하십시오. 그 가운데 하나님과 친밀함을 누릴 뿐만 아니라 하나님의 영이 자신의 육신을 온전히 사로잡는 것을 체험하게 될 것입니다.

하나님의 자녀인 우리는 하나님이 주시는 좋은 것을 모두 누릴 수 있는 존재입니다. 그런데 우리는 자기 육신의 감각으로 경험하고, 그것을 고백하기를 좋아합니다. 하지만 영으로부터 주어지는 것은 우리 육신의 감각으로 추구하고 얻을 수 있는 것이 아닙니다.

그러면 우리의 영 안에 있는 것이 언제 감각으로 체험될까요? 우리가 믿고 누릴 때입니다. 우리는 이미 하나님의 은혜를 누리고 있습니다(엡 1:6). 그것을 믿고 입술로 선포할 때 믿은 대로 우리의 삶 가운데 은혜가 나타납니다. 우리 영 안에 계신 하나님의 영으로부터 부어지는 태생적인 하나님의 사랑을 이미 누린다고 믿고 선포했기 때문에 우리가 육신으로도 하나님의 사랑을 느낄 수 있게 되는 것입니다.

생각을 바꾸십시오. 심는 대로 거두는 것입니다. 하나님은 만홀히 여김을 받지 않으십니다.

7 스스로 속이지 말라 하나님은 업신여김을 받지 아니하시나니 사람이 무엇으로 심든지 그대로 거두리라 갈 6:7

3. 나눔 - 거룩한 부담감에 순종하라

세 번째, 나눔 훈련입니다. '나눔'이란 내 안에 계신 예수의 생명이 나를 통해 흘러가는 것을 경험하는 것입니다. 그 모든 것이 사랑 안에서 이루어진다는 것을 경험하는 것입니다.

열두 해를 혈루증으로 앓아온 여인의 예를 들어보겠습니다. 이 여인이 예수님의 뒤로 와서 그분의 옷에 손을 댔을 때 예수님은 자신에게서 능력이 나간 것을 아시고 말씀하셨습니다.

"누가 내 옷에 손을 대었느냐?"

수많은 사람들이 예수님을 에워싸고 밀었기 때문에 예수님이 새삼스럽게 누가 손을 댔느냐고 물으시는 것은 매우 이상한 일이었습니다. 그러나 예수님의 옷에 손만 대어도 낫겠다는 여인의 믿음으로 예수님의 능력이 흘러가고 있다는 것을 예수님은 아셨습니다. 성령 하나님의 권능은 믿음을 통해 흘러갑니다.

27 예수의 소문을 듣고 무리 가운데 끼어 뒤로 와서 그의 옷에 손을 대니 28 이는 내가 그의 옷에만 손을 대어도 구원을 받으리라 생각함일러라 막 5:27,28

지금도 하나님의 보좌로부터 생명수의 강이 흐르고 있습니다. 하나님의 영 안에 하나님의 권능이 있습니다. 그것이 흘러나갑니다. 그 권능을 받는 것은 '오직 믿음으로' 가능합니다. 우리가 누군가를 위해 무슨 말을 하고 어떤 일을 하든지, 누구를 위해 기도하든지 간에 우리 안에 계시는 하나님의 영으로부터 하나님의 능력이 흘러간다는 것을 믿으십시오.

우리는 거룩한 부담감을 가지고 나눔을 훈련해야 합니다. 하나님께서 어느 날 순간적으로 내가 떠올릴 수 없는 사람을 생각나게 하실 때,

전화를 걸게 하시거나, 누구에게 선물을 하도록 마음을 주시거나, 만나서 무슨 말을 하도록 하십니다. 성령님께서 우리에게 감동을 주시기 때문에 일어나는 일들입니다. 이상하게 여겨질 수 있지만, 영적으로 민감한 사람이라면 그때 순종해야 합니다.

물론 그 순종이 쉽지 않습니다. 왜냐하면 그렇게 순종하다보면 실수할 때가 있기 때문입니다. 부끄러움을 당하기도 하고 피해를 입을 수도 있습니다. 저도 훈련하는 기간 중 그런 부담감을 주실 때 즉시 순종했다가 크게 실수한 기억이 있습니다. 하지만 저에게는 제 실수보다 더 중요한 것이 하나님께 순종하는 일이었습니다.

처음 하나님이 주시는 감동에 귀 기울이다보면 마귀의 음성과 성령님의 음성을 분별하지 못할 때가 있습니다. 그러나 하나님의 음성을 많이 듣다보면 더 잘 분별하게 됩니다. 실수를 통해서도 점차 배워가게 됩니다. 그 하나님이 말씀하실 때 순종하는 훈련을 시작하십시오.

하나님께서 주(主)의 뜻을 이루기 위해 저에게 말씀하시면, 설령 하기 싫고 시간이 없더라도, 그 부담감이 단순한 부담감이 아니라 거룩한 부담감으로 오기 때문에 순종합니다. 주의 뜻을 이루기 위해 순종할 때 주의 생명 안에 주의 능력이 흐르게 됩니다. 거룩한 부담감이 없다면 기름부으심이 흘러가는 것을 경험할 수 없습니다.

기름부으심은 대부분 진리의 말씀을 통해서 흘러갑니다. 누군가에게 또는 어떤 일에 대해서 선포한 말이 자신의 생각이 아니라 성령 안에서 선포된 진리의 말씀일 때, 그 말씀 안에는 하나님의 권능이 흘러갑니다. 거룩한 부담감을 안고 주의 말씀에 순종했을 때 기름부으심이 흘러간 경험이 있다면, 그것을 꼭 붙들고 기억하십시오.

'아, 하나님의 기름부으심이 이렇게 흐르는구나!'

그것이 시작입니다. 나눔을 훈련할 때 하나님의 생명을 나누게 됩니다. 내가 억지로 하는 것이 아니라 하나님의 사랑 안에서 이루어지는 것을 경험하게 됩니다. 하나님의 생명의 본질은 사랑입니다. 하나님의 권능은 사랑 가운데 흐르게 되어 있습니다. 사랑 가운데 흐르지 않는다면 어떠한 권능이라도 아무 쓸모가 없습니다. 온전한 열매가 아닙니다.

기름부으심만큼이나 중요한 것이 바로 그리스도의 성품, 하나님의 사랑이 나타나야 한다는 것입니다. 사랑 없는 권능으로 사역한 사람이 마지막에 듣게 될 말씀은 뻔합니다.

> 23 그 때에 내가 그들에게 밝히 말하되 내가 너희를 도무지 알지 못하니 불법을 행하는 자들아 내게서 떠나가라 하리라 마 7:23

우리는 나눔을 훈련해야 합니다. 하나님의 자녀 된 우리 안에는 하나님의 생명이 있습니다. 그 생명 안에 사랑이 흐르고 있습니다. 주(主)의 능력이 흐르고 있습니다. 자기 뜻대로 살 때는 권능이 흐르지 않습니다. 그러나 하나님이 주시는 거룩한 부담감에 순종할 때는 반드시 하나님의 사랑 가운데 하나님의 권능이 흘러나가는 것을 경험하게 될 것입니다. 한 번, 두 번, 세 번, 네 번 순종하고 기름부으심을 흘려보낼 때마다 기름부으심이 배가되는 것 또한 느끼게 될 것입니다.

저는 한 집회에서 1,600명에게 기도해준 적이 있습니다. 나중에는 다리가 다 후들거렸습니다. 그렇지만 하나님께서 말씀하셨습니다.

"이들에게 내 생명을 나누도록 하라."

그래서 저는 그 말씀에 순종했습니다. 왜냐하면 하나님이 주시는 거룩한 부담감에 순종하면 더 큰 기름부으심이 부어진다는 것을 알기 때문입니다. 실수를 두려워하지 마십시오. 남이 나에 대해 뭐라 말할까 염려하지 마십시오. 창피를 당하더라도 하나님을 위해서 자랑스럽게 여기십시오. 거룩한 부담감에 민감하게 순종하십시오. 그것이 기름부으심의 비밀입니다.

4. 드림 – 하나님을 영화롭게 하라

네 번째는 드림 훈련입니다. 기름부으심이 지속적으로 증가하도록 하는 데 가장 중요한 훈련 중 하나가 '드림'입니다.

우리는 하나님의 일을 행하는 것을 '사역'(ministry)이라고 말합니다. 그런데 우리는 흔히 다른 사람들을 위해서 사역하는 것이 사역의 전부라고 생각합니다. 그러나 사역은 두 가지입니다. 다른 사람에게 대한 사역(ministry to other people)뿐만 아니라 하나님에 대한 사역(ministry to God)입니다. 그것은 곧 하나님을 영화롭게 하는 일입니다. 하나님을 경배하는 일입니다. 그것은 바로 우리 자신을 거룩한 산 제물로 드리는 영적 예배입니다(롬 12:1).

우리의 생명은 우리의 것이 아니라 하나님의 것입니다. 나에게 새 생명을 주신 분은 여호와 하나님이십니다. 바로 그 생명을 하나님께 다시 돌려드리는 것입니다. 하나님을 영화롭게 하고 하나님을 경배하는 것입니다. 그것이 바로 하나님에 대한 사역입니다. 그런데 너무나 많은 사람들이 다른 사람들에 대한 사역에는 많은 시간을 드리면서 하나님에 대한 사역은 하지 않고 있습니다. 그럴 때 기름부으심은 줄어들게 됩니다.

우리가 드린다는 것은 하나님께서 내게 주신 그 생명을 다시 하나님께 올려드림으로 하나님을 영화롭게 하는 것입니다. 우리는 하나님에 대한 사역을 통해 하나님과 사랑의 교제를 나눕니다. 하나님과 하나 되는 것, 하나님과 연합하는 것은 하나님의 생명 안에 들어간다는 뜻입니다. 우리는 늘 그분과 '생명적 교제'를 나눌 줄 알아야 합니다.

따라서 우리가 다른 사람에게도 하나님의 생명을 나눠야 하지만 동일하게 그 생명을 다시금 하나님께 올려드리고 그분을 영화롭게 하는 사역을 해야 합니다. 그럴 때 기름부으심이 계속 증가합니다.

어렸을 때 꼬마전구와 건전지 사이에 전선을 연결해서 꼬마전구에 불이 들어오도록 하는 실험을 해본 적이 있을 것입니다. 꼬마전구에는 전선이 두 가닥 나와 있는데 그 하나는 건전지의 플러스(+) 극에, 다른 하나는 마이너스(-) 극에 연결해야만 전구에 불이 들어옵니다.

어느 한 쪽만 연결된다면 불이 들어오지 않습니다.

우리가 이 땅에서 주(主)의 빛으로 주의 아름다운 뜻을 이루려고 한다면 마땅히 하나님과 연결되어 있어야 합니다. 나누기만 하는 것이 아니라 드려야 합니다. 그럴 때 우리는 온전하게 하나님의 기름부으심 안에서 사역할 수 있습니다.

사역이란 종교적인 활동이나 교회에 관련한 일만 이야기하는 것이 아닙니다. 하나님의 자녀는 자신의 일터, 삶터에서 하는 모든 일들이 사역입니다. 우리의 삶 가운데 기름부으심이 나타나야 하는 것입니다. 따라서 기름부으심은 누구나 다 소망해야 합니다.

더 큰 기름부으심을 받기 위한 세 가지 요소

그러면 어떻게 해야 계속 기름부으심 안에 거하며 새로운 기름부으심을 받을 수 있을까요? 끊임없이 그분과 교제하고 더 큰 기름부으심을 사모해야 합니다. 여기에는 숨겨진 비밀이 있습니다.

제 경험을 통해 얻은 세 가지 비밀은 첫째 질문, 둘째 순종, 셋째 믿음입니다.

질문의 비밀

그동안 많은 사람들을 위해 기도하면서 저에게 종종 생기는 질문이 있습니다.

"주님, 이건 왜 이렇게 안 되나요?"

"주님, 제가 주님의 음성에 순종했는데 왜 이렇게 안 되죠?"

"주님, 이럴 때는 귀신이 떠나가야 하는데 왜 안 떠나가지요?"

저는 그 의문을 가지고 하나님 앞에 나아가 질문을 드립니다. 그것이 사역 후 제 기도의 대부분을 차지합니다.

"주님, 하라고 하시는 대로 했는데 왜 안 되지요? 제가 주님의 음성을 잘못 들었나요? 제가 알지 못한 게 있나요?"

그 질문을 가지고 하나님과 독대(獨對)합니다. 어떤 때는 아무 대답이 없으십니다. 1시간을 조아려도 묵묵부답이십니다. 그러면 저는 '다음에 말씀하시겠지…' 하고 그냥 일어섭니다. 하지만 그 의문이 있기 때문에 저는 날마다 하나님과 더 깊은 곳으로 들어갈 수 있습니다.

하나님이 답하지 않으신 질문은 언젠가 주신다는 믿음으로 늘 제 안에 심어놓습니다. 그런데 놀랍게도 다른 문제를 가지고 하나님 앞에 엎드릴 때 묻어두었던 제 질문에 답해주실 때가 자주 있습니다. 그때마다 저는 하나님이 알려주시는 놀라운 비밀을 깨닫곤 합니다.

순종의 비밀

두 번째로 그 비밀을 깨닫게 되면 저는 순종합니다.

"하나님, 이 부분에 대해 말씀하시면 제가 꼭 순종하겠습니다."

그런데 그 순종에는 믿음이 필요합니다. 의문을 가지고 하나님께 나아갔을 때 하나님께서 비밀을 깨닫게 하셨고, 믿음으로 무조건 순종하자 저에게 기름부으심의 돌파가 일어난 사건이 있습니다. 나 자신을 완전히 포기하고 내 안에 계신 예수 그리스도만을 의지하여 믿음으로 순종할 때 공간이나 장소에 구애받지 않고 하나님이 역사하시는 것을 체험하게 된 사건입니다.

많은 회중을 상대로 큰 집회를 시작하게 되었을 때 저는 하나님의 역사의 나타나심에 대한 엄청난 압박감을 느끼고 있었습니다. 많은 사람들이 모인 대규모 집회를 하게 되면서 예전처럼 일일이 안수하여 기도해줄 수 없기 때문에 고심했을 때가 있었습니다.

그때 하나님께서 가르쳐주신 것이 있습니다.

"전기는 무엇을 통해 흐르느냐?"

"주님, 전선을 통해 흘러갑니다."

"그렇다면 나의 권능은 어디에 있으며, 무엇을 통해서 흘러간다고 생각하느냐?"

이 질문은 저에게 엄청난 사고의 전환을 가져다주었고 영적 돌파를 일으키는 계기가 되었습니다. 왜냐하면 제가 과거에 다른 사람을 위해 중보기도 하거나 축복기도를 할 때에는 믿음으로 손을 얹어 기도했지만, 대규모 치유사역을 할 때 하나님의 권능이 (위치나 장소에 상관없이) 믿음으로 받는 모든 성도들에게 실제적으로 흘러간다는 것을 확신하며 기도한 적이 없었기 때문입니다. 하나님의 권능이 오직 접촉을 통해서만 흘러간다고 생각해서 늘 그 사람 앞에 손을 얹고 기도해왔던 것입니다.

저는 곰곰이 생각한 끝에 이렇게 답했습니다.

"하나님의 권능은 이미 내 안에 계시며, 오직 믿음을 통해서 흘러 갑니다."

그러자 하나님께서 다시 말씀해주셨습니다.

"그 믿음은 시간, 공간, 물질까지 초월해서 작동한단다."

그 말씀은 마치 내 머리를 밝은 빛으로 비취는 것 같았고, 내가 가 보지 못한 꿈에 그리던 신세계에 당도한 것 같은 기분을 만끽하게 해 주었습니다. 하나님께서는 더 구체적으로 말씀해주셨습니다. 하나님의 영광의 임재 안에서 능력의 나타나심은 내 믿음이 아니라 오직 내 안에 계신 '예수 그리스도 안에 있는 믿음'을 통해 흐른다고 말씀하셨습니다(행 3:16).

그러자 사도행전 19장, 바울의 몸에서 손수건이나 앞치마를 가져다 가 병든 사람에게 얹으면 병이 낫고 악귀도 나갔다는 말씀이 떠올랐습니다. 생각해보면 이것은 우리의 지식으로는 이해할 수 없는 일입니다. 어떻게 기름부으심이 한낱 천 조각에 임할 수 있다는 말입니까? 그 순간 하나님의 말씀이 제 마음에 깊이 새겨지기 시작했습니다.

'기름부으심은 물질이 아니라 바로 믿음을 통해서 흐르는구나! 그렇다면 시간과 공간을 초월한다는 것도 사실이구나!'

저는 두려웠지만 그 말씀을 믿고 순종했습니다. 그럴 때 굳이 안수하지 않아도, 사람이 내 앞에 있지 않아도 그 사람에게 성령의 역사가 임하는 것을 볼 수 있었습니다. 순종을 통한 이 기름부으심이 흐르지 않았다면 저는 결코 대규모 집회를 할 수 없었을 것입니다.

믿음의 비밀

초창기 많은 사람들이 모이는 어느 집회 때 하나님께서 저에게 지식의 말씀의 은사로 뇌종양인 형제를 치유하시겠다는 강한 감동을 주셨습니다. 하나님께서 주시는 내적 음성임을 확인한 저는 담대히 선포했습니다. 그러자 수많은 사람들 가운데 뒤쪽에서 "할렐루야!"라고 외치며 한 형제님이 일어섰습니다. 너무나 많은 사람들이 통로까지 차 있어서 그 형제에게 앞자리로 나오라고 할 수도 없는 상황이었습니다.

순간 당황스러웠지만 이제 어떻게 할지 하나님께 다시 여쭤보았습니다.

"이제 믿음으로 그 형제를 위해 영광의 임재를 구하고, 더러운 귀신을 쫓아내어 치유하라!"

저는 황당한 느낌이었습니다.

"하나님, 그렇게 하기 위해 제게 주신 능력이 나가려면 가까이 가서 손을 얹고 기도해야 되지 않겠습니까? 그런데 이 먼 곳에서 단지 말로 선포한다고 무슨 일이 일어나겠습니까?"

그러자 "네 안에 계신 그리스도의 믿음으로 지금 당장 선포하라"고 다시 한번 말씀해주셨습니다. 저는 그를 바라보았습니다. 하지만 그에게 집중한 것이 아니라 내 안에 계신 예수 그리스도에 의지하여 하나님의 영광의 임재를 위해 간구했습니다. 그럴 때 놀랍게도 마치 제가 그 형제 앞에서 머리에 손을 얹고 기도하는 것처럼 그 형제에게 하나님의 능력이 임하는 것을 볼 수 있었습니다.

그 형제는 그 자리에서 앞으로 고꾸라졌고, 발악하는 더러운 귀신에게 예수 그리스도의 이름으로 꾸짖어 명하자 그 형제는 다시 거품을 물고 쓰러졌습니다. 저에게는 참으로 놀라운 경험이었습니다. 이 경험을 통해 왜 하나님께서 예수 그리스도 안에 있는 믿음이 시간과 공간과 물질을 초월하여 역사한다고 말씀하셨는지 깨닫게 되었습니다.

생각해보십시오. 내 안에 계신 그리스도의 영, 성령님은 무소부재(無所不在)하십니다. 그분은 모든 공간과 시간을 초월하여 존재하십니다. 따라서 내가 내 안에 계신 그리스도의 영 안에서 믿음으로 교제한다는 것은 동일한 시간에 지구 반대편에라도 영향을 미칠 수 있습니다. 왜냐하면 내 안에 계신 성령님이 온 우주에도 계시기 때문입니다.

믿음의 발전은 쉽게 이루어지지 않습니다. 왜냐하면 우리 믿음의 도약은 실제 상황에서 경험을 통해 얻어지기 때문입니다. 잘못되면 큰 문제가 생길 수 있고, 심한 부끄러움을 당할지도 모릅니다. 이런 일을 하기 위해서 우리는 먼저 하나님의 음성을 들을 줄 알아야 하고, 그 다음 자신을 포기하고 믿음으로 무조건 순종해야 합니다.

우리가 하나님 앞에 늘 의문을 가지고 나아갈 때마다 그분은 하늘의 비밀을 조금씩 조금씩 더 열어서 보여주십니다. 하나님이 감동을 주실 때 믿음으로 순종하십시오. 그럴 때 기름부으심이 점점 증가할 것입니다.

기름부으심을 구하는 동기를 점검하라

마지막으로 가장 강조하고 싶은 것은 기름부으심만 추구하는 자가 되어서는 안 된다는 것입니다. 기름부으심은 그리스도의 성품 안에서 나타나야 합니다. 기름부으심과 능력만 추구한 사람은 바로 그 능력 때문에 인생을 그르치는 경우가 많습니다.

하나님은 참으로 공평하신 분입니다. 하나님의 능력은 하나님의 뜻대로 쓰임 받을 때 가치 있고 귀하고 아름다운 것이지 하나님의 성품 없이 자신의 유익을 위해 그 기름부음을 사용하면 결국 자신이 망할 뿐만 아니라 많은 사람에게 피해를 끼칩니다.

따라서 우리는 우리 마음의 동기를 점검해야 합니다. 왜 내가 기름부으심을 추구하는가, 그리스도를 나타내기 위함인가, 아니면 나의 신분을 높이고 나를 나타내기 위함인가 반드시 점검해보시기 바랍니다.

하나님은 우리가 늘 새로운 일을 행하기 원하십니다. 단지 지금의 상태로 만족하는 것을 원치 않으십니다. 하나님은 우리에게 늘 "더 있다"(there is more)고 가르쳐주시기를 원하십니다. 하나님은 우리가 할 수 없는 일들을 맞이하는 우리의 태도를 통해 갑절의 기름부으심을 부어주시기 원하십니다.

우리에게 닥친 어렵고 힘든 일들은 우리에게 새로운 일들을 행하기 원하시는 하나님의 허용하심입니다. 어떤 사람에게는 그것이 '장애물'이 되기도 하지만 어떤 사람에게는 그것이 '디딤돌'이 됩니다.

기름부으심은 어떻게 증가될까요? 성령님이 계신 곳에는 그분의 능력이 함께하십니다. 문제는 능력의 존재 유무가 아니라 그 능력이 우리를 통해서 나타나도록 하는 것입니다. 그 일을 위해서는 간절한 소망을 가지고 믿음으로 순종해야 합니다. 예를 들면, 무슨 말을 하든지, 무슨 일을 하든지 오직 믿음으로 그분의 실제적인 나타나심(생명의 흐름)에 초점을 맞춰보십시오. 당신이 말할 때 그 말의 의미가 전달되는 것과 더불어 하나님의 생명이 전해진다는 것을 믿으시기 바랍니다.

● 주님! 제가 인간이 할 수 있는 일에 최선을 다해온 삶만으로 더 이상 만족할 수 없습니다. 이제부터 내 일이 아니라 주님의 일을 행하고 싶습니다. 내 인생을 통하여 일터와 삶터에서 주님의 뜻을 이루기 위해서 제게 기름부으심이 필요합니다.

● 날마다 주님과 독대하며 비움, 채움, 나눔, 드림의 훈련을 하기를 원합니다.

성령의 나타나시는 은사로
주님의 일을 행하라

은혜의 선물

은혜는 헬라어로 '카리스'입니다. 그런데 은혜의 결과라는 뜻의 헬라어 '카리스마'가 바로 은사입니다. 이것을 한마디로 정리하면 하나님의 은혜로 말미암아 성령을 통해 우리에게 주어지는 선물이 '은사'라고 할 수 있겠습니다.

> 7 각 사람에게 성령을 나타내심은 유익하게 하려 하심이라 고전 12:7

인간의 관점에서 보면 은사란 성령님을 통해서 우리에게 주어지는 선물이지만 하나님의 관점에서 보면 은사는 성령의 나타나심입니다. 주(主)의 뜻을 이루기 위해 성령님께서 우리에게 나타나시는 것입니다.

⁶ 우리에게 주신 은혜대로 받은 은사가 각각 다르니 혹 예언이면 믿음의 분수대로, 롬 12:6

은사는 은혜로부터 나왔습니다. 은혜는 받을 만한 자격이 없는 자에게 주시는 것입니다. 그런데 많은 사람들이 그 은사를 마치 자기가 소유하고 있는 것처럼 착각합니다. 은사는 절대로 소유할 수 있는 것이 아닙니다. 성령체험 후 성령님이 원하시는 때에, 성령님이 원하시는 일을 하기 위해, 성령님이 원하시는 사람을 통해 나타나는 선물입니다.

경험적으로 볼 때 대부분 성령체험 후 은사가 주어지는 것을 볼 수 있습니다. 어떤 경우에는 본인이 간절히 사모한 은사가 주어지기도 하지만, 다른 경우에는 자신이 전혀 구하지 않은 은사가 주어지기도 합니다. 우리는 주어진 은사들을 통해서 더 놀랍게 주의 뜻을 이룰 수 있고 다른 사람을 더 잘 섬길 수 있습니다.

흔히 '기름부으심'과 '은사'를 혼동하는 경우가 있습니다. 우선 기름부으심과 은사는 다 한 성령으로부터 나온 것입니다. 은사는 주의 뜻을 이루고 다른 사람을 섬길 수 있도록 하나님께서 다양한 분야와 영역 그리고 직분에 주신 은혜입니다.

그런데 그 은사가 제대로 사용되기 위해서는 하나님의 생명에 해당하는 기름부으심이 있어야 합니다. 따라서 기름부으심이 많으면 많을수록 주어진 은사가 더 강력하게 나타나게 되는 것입니다.

은사를 보는 관점

대부분 은사를 어떻게 정의합니까? 대체적으로 "교회의 유익과 성장을 위해서 하나님의 은혜를 따라 성령께서 교회의 몸 된 지체에게 허락하신 특별한 능력"이라고 합니다. 그러나 우리가 좀 더 생각해본다면 은사가 그리스도의 몸 된 지체에게 주어진 것이기는 하나 비단 교회의 유익과 성장을 위해서만 주어진 것은 아니며 뜻이 하늘에서 이루어진 것같이 이 땅에 이루어지도록 하는 데 필요해서 주어졌다는 사실을 기억해야 합니다.

우리는 지금까지 교회 안에서 그리스도의 몸 된 지체들에게만 한정해서 은사를 이해한 측면이 없지 않습니다. 하지만 예수 그리스도께서 이 땅에 오신 것은 교회를 통해 이 땅에 하나님나라를 이루기 위해서입니다. 따라서 은사는 주의 몸 된 교회를 세우는 일뿐만 아니라 하나님나라의 복음을 전파하고 더 나아가 이 세상에 하나님나라를 이루는 데 필요한 것이라고 보아야 합니다.

우리가 은사를 바르게 이해할 필요가 있습니다. 안타깝게도 우리는 성령님에 대해 잘 알지 못하여 성령님과 교제하고 성령님을 통해서 하나님나라의 삶을 사는 것이 무엇인지 잘 모릅니다. 은사에 대해서도 마찬가지입니다. 은사에 대해 무지하거나 오해가 있거나 부정적이거나 아예 무시하는 등 잘못 생각하고 있는 경우가 많습니다.

은사는 자연적인 달란트(talent), 혹은 자연적인 능력, 재능과는 다릅니다. 우리가 가진 자연적인 재능이나 달란트는 우리가 태어날 때부터 우리에게 주어진 것입니다(물론 그것도 넓게 보면 하나님의 일반은혜 안에서 주어진 것입니다).

그 자연적인 재능은 자신이 소유할 수 있어도 은사는 결코 소유할 수 없습니다. 믿는 자든 믿지 않는 자든 다 자연적인 재능은 가질 수 있지만 은사는 믿지 않는 자에게는 주어질 수 없습니다. 왜냐하면 은사는 성령님의 나타나시는 선물이기 때문입니다.

은사는 노력의 대가로 주어지는 하나님의 보상이 아닙니다. 자신이 오랫동안 금식하고 기도했더니 하나님께서 이렇게 놀라운 은사를 주셨다고 말하는 사람들을 보면 대부분 그 은사를 자신이 노력하거나 헌신한 대가나 상급으로 받은 것처럼 생각합니다. 그래서 자기가 소유한 것처럼 생각하고 자신도 모르는 사이에 교만해지는 사람들이 많습니다.

하지만 진짜 은사는 받으면 받을수록 겸손하고 온유해집니다. 왜냐하면 은사는 자기 노력으로 받은 것이 아니라 하나님의 선물임을 너무나 분명히 알기 때문입니다.

은사 주시기를 기뻐하시는 하나님

하나님께서는 모든 자녀에게 은사를 주시기 원하십니다. 우리가 성령체험을 경험했다면, 하나님은 성령님을 통해서 뜻이 하늘에서 이루어진 것같이 땅에서도 이루어지도록 그분의 일을 우리를 통해 행하기를 간절히 원하십니다. 그리고 하나님은 우리에게 무기도 주지 않은 채 전쟁터에 그냥 보내시지 않습니다. 하나님은 우리가 영적 전쟁터에서 하나님나라를 이루도록 우리에게 반드시 기름부으심과 더불어 각종 은사를 주시기 원하십니다. 우리는 그 은사를 통해 인간이 할 수 없는 일을 행할 수 있게 됩니다.

> 1 형제들아 신령한 것에 대하여 나는 너희가 알지 못하기를 원하지 아니하노니 고전 12:1

> 31 너희는 더욱 큰 은사를 사모하라 내가 또한 가장 좋은 길을 너희에게 보이리라 고전 12:31

어떤 사람에게 한 가지 은사만 주시는 것도 아닙니다. 한 사람에게 여러 가지 은사를 주실 수도 있고, 동일한 은사를 받았지만 그 은사를 나타내는 능력에 있어서는 사람마다 차이가 있을 수 있습니다.

> 11 이 모든 일은 같은 한 성령이 행하사 그의 뜻대로 각 사람에게 나누어 주시는 것이니라 고전 12:11

그러나 우리가 받은 은사를 사용하지 않으면 그 은사는 점점 사라져버립니다. 하나님께서 주신 은사가 내 안에 있는 것을 알았으면 그 은사를 계속해서 사용해야 합니다. 그래서 그 은사가 더 나타날 수 있도록 해야 합니다.

우리가 신앙생활을 하다보면 어떤 소명을 받고 나서 그 소명을 이루어가는 데 필요한 은사가 계발되는 경우가 있습니다. 반대로 어떤 은사가 계발되고 난 다음 비로소 하나님이 자신에게 주신 소명이 무엇인지 깨닫기도 합니다. 하나님은 반드시 하나님이 주신 비전을 이루어가기 위해 그에 합당한 은사를 주십니다. 반대로 우리가 소명을 몰랐다가 하나님이 주신 은사, 곧 성령의 나타나시는 선물을 보고 하나님이 자신에게 주신 소명이 무엇인지 깨닫게 되기도 한다는 것입니다.

우리가 하나님의 자녀로서 주(主)의 뜻을 이루는 삶을 살고자 할 때 하나님께서는 은사와 소명을 후회 없이 주시기를 원하십니다. 따라서 우리는 그분의 마음에 순종하고 그분을 갈망해야 합니다. 그러나 하나님의 자녀는 기사와 표적을 따라다니는 것이 아니라 기사와 표적이 하나님의 자녀에게 나타난다는 사실을 알아야 합니다.

29 하나님의 은사와 부르심에는 후회하심이 없느니라 롬 11:29

하나님의 은사를 갈망하라

하나님께서 저에게 은사를 갈망하게 하신 사건이 있었습니다. 2000년

초에 선교차 아프가니스탄의 카불에 간 적이 있습니다. 그때 대학과 농촌 그리고 병원을 다니며 새로운 마을을 건설할 수 있는지 그 타당성을 조사하는 임무를 맡았습니다. 우리가 그곳에 당도하기 일주일 전에 아프가니스탄의 부통령이 암살당하는 등 상황은 매우 좋지 않았습니다.

상황도 상황이지만 현지 병원을 둘러보던 저는 마음이 찢어지는 것 같았습니다. 말이 병원이지 흙으로 지은 집 안에 치료약도 도구도 없이 병원 시설이 전무(全無)한 상태에서 수많은 사람들이 고통 가운데 방치되어 있었습니다.

'왜 내가 이곳에 와 있지?'

하나님이 보내서서 이곳에 왔다고 생각했는데 제가 할 수 있고 도울 수 있는 일이 아무것도 없다고 생각하니까 답답해서 미칠 지경이었습니다. 저는 마음속으로 다시 외쳤습니다.

'하나님, 제가 왜 이런 모습을 보고만 있어야 합니까? 제가 무언가 도울 수 있는 것이 있어야 하지 않겠습니까? 왜 가슴만 아프게 만드십니까?'

그런 안타깝고 괴로운 마음에 환자의 옷이나 손을 만질 때마다 다른 사람 모르게 "주님, 오직 주님의 능력으로 이들을 치유해주세요"라고 간절한 마음으로 기도했습니다. 하지만 적어도 제 눈앞에서는 어떤 치유도 일어나지 않았습니다.

지금 돌이켜보니, 하나님께서는 그때 제게 치유에 대한 거룩한 부담감을 주셨습니다. 제가 왜 다른 사람의 치유에 대해서 그리고 그 일에 대해서 부담감을 가져야 하는지 당시에는 알지 못했지만, 그때부터 제 마음속에 치유의 은사를 위한 성령님의 나타나심을 간절히 구하게 되었습니다.

이렇게 하나님은 우리에게 어떤 일에 대한 거룩한 부담감을 주셔서 우리에게 하나님의 은사를 갈망하도록 하십니다.

은사를 나타내는 4단계

우리를 통해서 주의 뜻을 행하기 위해서 성령님은 당연히 우리를 통해 나타나기를 원하십니다. 우리에게서 은사가 어떻게 나타나는지를 단계별로 살펴보면, 구체적으로 우리가 무엇을 어떻게 해야 되는지 깨달을 수 있습니다.

첫 번째, 역할과 임무(role and duty) 단계

예수 그리스도를 믿고 신앙생활을 시작하면 성령체험 없이도 교회에서 맡은 바 봉사도 하고, 성경공부도 하고, 전도도 하고, 섬기기도 하면서 여러 가지 일들을 합니다. 그럴 때에도 자연적인 재능과 달란트를 가지고 열심히 신앙생활 할 수 있습니다.

그러나 그것은 은사라고 말할 수 없습니다. 그것은 자신이 예수 그리스도를 믿었기 때문에, 자신에게 주어진 임무와 역할을 충실히 해

나가는 것 뿐입니다.

두 번째, 성령의 나타나심(manifestation) 단계

모든 은사는 교회를 세우고 하나님나라 복음을 전파하고 이 땅에 하나님나라를 이루는 데 필요해서 성령님께서 나타내시는 선물이기 때문에 얼마든지 다양할 수 있습니다.

또한 은사는 성령님의 나타나심이기 때문에 성령체험을 한 사람만이 받을 수 있습니다. 그렇다면 성령체험을 하기 전과 후, 자신의 삶에 어떤 변화가 있는지 살펴보면 자신에게 주어진 은사의 여부도 확인해 볼 수 있을 것입니다.

변화의 초점은 물론 자신이 중심이 아닙니다. 하나님나라 관점에서입니다. 첫 번째 교회를 세우는 데, 두 번째 하나님나라의 복음을 전하는 데, 세 번째 자신의 삶 가운데 하나님나라를 확장시키는 데, 이 측면에서 성령체험 이전과 이후에 달라진 것이 무엇인지 자신을 판단해 보십시오.

첫 번째, 어떤 일을 할 때마다 지겹고 힘들었는데 지금은 감사하고 기쁘고 하면 할수록 즐겁다거나, 시간이 없으면 늘 뒤로 미루곤 했는데 시간이 없어도 자꾸만 하고 싶은 일이 생겼다든지, 그 일만 생각하면 하지 않으면 안 될 것 같고, 하나님이 내게 꼭 하라고 그러신다는 거룩한 부담감이 생기는 일이 있는지 자기 자신에게 질문해보십시오.

두 번째, 다른 사람들이 당신을 어떻게 보는지 판단해보십시오.

"당신 뭔가 변한 것 같아요! 어떻게 그런 일을 그렇게 쉽게 할 수 있어요?"

"그 순간에 그런 말을 하다니 정말 지혜로우시네요!"

"어떻게 그렇게 빨리 일을 끝낼 수 있어요? 놀라워요."

성령체험을 하고 난 다음 과거에는 전혀 그렇지 않았는데 다른 사람들이 당신에게 이런 말들을 건넨다면 한 번 생각해보십시오. 자신은 대단치 않게 생각했는데 그 영향력이 커지고, 많은 사람들이 하나님을 알게 되는 기회가 되는 일들이 일어난다면 하나님이 내게 주신 은사로 생각할 수 있습니다.

세 번째, 집회에 참석해서 성령체험을 했거나 또는 기름부음 받은 자에게 기도나 안수를 받은 다음 달라진 것이 없는지 살펴보십시오.

⁶ 바울이 그들에게 안수하매 성령이 그들에게 임하시므로 방언도 하고 예언도 하니 행 19:6

성령님의 기름부으심은 흘러갑니다. 기름부음 받은 자가 다른 사람을 위해 안수하거나 예언한 뒤 어떤 부분에서 놀라운 변화가 있다면 그것이 그 사람의 은사일 확률이 매우 높습니다. 하나님은 그 사람을 통해 주의 뜻을 이루기 원하시고, 그 일을 위해 예언이 필요하다면 예언의 말씀을 주시고, 또 그 말씀이 이루어지도록 우리를 변화시키십니다.

하나님께서 은사 주신 것을 확인했다면 먼저 기도하셔야 합니다.

"하나님, 내 안에서 하나님의 은사를 불일듯하게 하여 주옵소서. 하나님의 선물이 나를 통해 나타나게 하옵소서."

그리고 자신의 은사를 시험해보아야 합니다. 자신의 행위와 노력으로 하는 것이 아니라 성령의 나타나심이 있었는지, 그 일에 좋은 열매를 많이 맺혔는지, 그리고 다른 사람들에게 더 큰 영향력을 주었는지 평가해보아야 합니다.

하나님께서 나를 통해 그 일을 더 나타내고자 하신다고 평가된다면 그때부터는 기대하고 소망하십시오. 그 일을 내 속에서 불일듯 일어나게 해달라고 기도하면 그 일들이 잇따라 일어나고 그 일을 행할 수 있는 사건과 기회가 더 자주 주어질 것입니다.

세 번째, 성령의 사역(ministry) 단계

그런데 성령님의 나타나시는 역사가 자주 그리고 계속 생겨납니다. 그것은 분명히 자신의 노력과 행위와 상관없고 자신의 타고난 재능과도 상관없는 일입니다.

이를테면 자기도 모르는 사이에 환상을 보기도 하고, 내면적 음성을 듣기도 하고, 자신을 통해 기름부으심이 흘러가는 것을 경험하기도 하고, 자신의 말에 다른 사람이 순종하며 따르는 일들이 계속해서 일어날 때, 그 사실을 보고 '아, 하나님께서 나를 이렇게 쓰시는구나!' 하고 하나님이 자신에게 주신 사역을 깨닫게 된다는 것입니다.

우리가 이 단계에 있게 되면 우리의 의도와 상관없이 하나님께서는 사람을 보내어 우리의 은사가 풀어지도록 훈련시키십니다. 그리고 하나님과의 친밀함, 그리고 순종을 배우게 하십니다.

네 번째, 직분(divine profession) 단계

그런 일들이 많아지고 자신 역시 그 일을 할 때마다 주님이 주시는 기쁨에 동참하게 되면 그것이 그 사람의 사역이 됩니다. 단, 그 사람이 은사를 발휘하여 사역하기 전에 성령님께서는 반드시 그 사람에게서 성령의 열매를 검증하십니다.

비록 적은 사역이라도 교회 내 부서에 소속되어 계속 해나갈 때 목사님으로부터, 다른 성도로부터, 성경적으로, 교회적으로, 인격적으로 검증을 받는 단계를 거치게 됩니다. 그 단계를 지나면 목사님이나 다른 성도가 은사가 있는 그 사람을 세우게 되고 그럴 때 직분을 받게 되는 것입니다.

교회 내에서 직분을 세울 때는 바로 이런 은사의 나타남과 검증을 통해 세우는 것이 좋습니다. 그런데 많은 경우에는 나타나는 은사 및 자질 검증 없이 교회생활을 시작하면 주로 전문적인 기술이나 능력에 기초하여 어떤 일이든 맡기고 열심히 하도록 독려하게 됩니다. 그리고 하나님의 의(義)이든 자신의 의이든 분별없이 무조건 순종하고 열심히만 하면 그것을 좋게 여기고 직분을 주기도 합니다.

그러나 자신의 은사대로 직분을 받고 쓰임 받는 사람이 많아질 때 그 교회가 건강하게 세워질 수 있다고 생각합니다.

은사의 종류

은사를 종류는 교단이나 신학자마다 다를 수 있습니다. 한편으로 하나님께서 주(主)의 뜻을 이루기 위해 우리에게 주시는 선물을 우리가 단어 몇 마디로 다 정할 수 있는 것도 아니라는 생각이 듭니다. 우리가 말로 다 설명할 수 없는 부분까지, 하나님께서는 주의 뜻을 이루기 위해 얼마든지 많은 은사를 선물로 주실 수 있습니다. 그렇기 때문에 은사의 가짓수를 헤아리거나 이렇게 저렇게 나누는 것은 부질없는 일입니다.

그러나 분명한 것은 은사는 다양하지만 한 성령에 의해서 주어지며, 봉사와 섬김은 예수 그리스도에 의해서 주어지며, 성령의 실제적 나타나심은 하나님에 의해서 주어진 것입니다. 모든 것이 삼위일체 하나님에 의해서 이루어진다는 뜻입니다.

> 4 은사는 여러 가지나 성령은 같고 5 직분은 여러 가지나 주는 같으며 6 또 사역은 여러 가지나 모든 것을 모든 사람 가운데서 이루시는 하나님은 같으니
> 고전 12:4-6

성경을 중심으로 전반적으로 어떤 은사가 있는지 살펴보면 은사는

직임, 임무, 역할, 사역 등에 기초하여 다양하게 불릴 수 있습니다.

> 6 우리에게 주신 은혜대로 받은 은사가 각각 다르니 혹 예언이면 믿음의 분수대로, 7 혹 섬기는 일이면 섬기는 일로, 혹 가르치는 자면 가르치는 일로, 8 혹 위로하는 자면 위로하는 일로, 구제하는 자는 성실함으로, 다스리는 자는 부지런함으로, 긍휼을 베푸는 자는 즐거움으로 할 것이니라 롬 12:6-8

> 8 어떤 사람에게는 성령으로 말미암아 지혜의 말씀을, 어떤 사람에게는 같은 성령을 따라 지식의 말씀을, 9 다른 사람에게는 같은 성령으로 믿음을, 어떤 사람에게는 한 성령으로 병 고치는 은사를, 10 어떤 사람에게는 능력 행함을, 어떤 사람에게는 예언함을, 어떤 사람에게는 영들 분별함을, 다른 사람에게는 각종 방언 말함을, 어떤 사람에게는 방언들 통역함을 주시나니 고전 12:8-10

로마서 12장 6절에서 8절은 일상생활에서 역할과 임무로 감당할 수 있는 일반적인 은사에 대해 말씀합니다. 그런데 고린도전서 12장에 언급된 9가지 은사는 사람의 능력으로 할 수 없는 일에 해당되기 때문에 이 은사들을 흔히 '기적을 행하는 은사'라고도 합니다.

> 11 그가 어떤 사람은 사도로, 어떤 사람은 선지자로, 어떤 사람은 복음 전하는 자로, 어떤 사람은 목사와 교사로 삼으셨으니 12 이는 성도를 온전하게 하여 봉사의 일을 하게 하며 그리스도의 몸을 세우려 하심이라 엡 4:11,12

또한, 목사나 교사도 성령의 나타나심 단계, 성령의 사역 단계, 직분 단계에서 은사가 주어져야 감당할 수 있는 직분입니다. 사도, 선지자, 복음 전하는 자, 목사와 교사는 분명히 '하나님의 직분으로서의 은사'라고 말할 수 있습니다.

기적을 일으키는 은사 9가지와 직분으로서의 은사 5가지를 제외한 다른 은사로는 섬기는 은사, 가르치는 은사, 권면의 은사, 구제의 은사, 다스리는 은사, 긍휼의 은사, 돕는 은사, 행정의 은사, 전도의 은사, 독신의 은사, 청빈의 은사, 순교의 은사, 대접하는 은사, 선교사의 은사, 중보기도의 은사, 귀신을 쫓아내는 은사, 예배 인도의 은사 등으로 정리할 수 있습니다.

기적을 행하는 은사 9가지

특별히 기적을 행하는 은사에는 지식의 말씀의 은사, 지혜의 말씀의 은사, 영 분별의 은사, 믿음의 은사, 능력의 은사, 치유의 은사, 방언의 은사, 통변의 은사, 예언의 은사가 있습니다. 이 9가지 은사는 성령님의 강력한 나타나심이 아니고는 이루어질 수 없고 경험할 수 없는 은사입니다.

지식의 말씀의 은사

지식의 말씀의 은사란 하나님께서 어떤 일, 어떤 사건, 어떤 사람에 대해 초자연적으로 알게 해주시는 은사입니다. 예언의 은사가 대개 미래적인 것에 해당된다면 지식의 말씀의 은사는 과거와 현재의 상황에 해당되는 초자연적인 능력입니다.

특히 지식의 말씀의 은사가 임하면 우리가 말씀을 읽을 때 그 말의 의미뿐만 아니라 그 말씀에 대한 하나님의 깊은 마음을 깨닫게 됩니다. 또한, 어떤 사람 앞에 섰을 때 그 사람의 삶이 어떤지 알게 되고, 그 사람의 마음 깊숙이 자리 잡고 있는 동기를 알게 되고, 지금 이 사람이 어떤 문제를 갖고 있는지 알게 되기도 합니다. 물론 성령님이 말씀해주시기 때문에 아는 것입니다. 내적인 감동으로, 내적 음성을 통해서, 성경 구절을 통해서, 또 환상을 통해서 성령님이 말씀해주십니다.

제가 집회를 인도할 때 가장 많이 사용하는 은사가 바로 지식의 말씀의 은사입니다. 이 은사를 통해 신구약 말씀들을 읽고 묵상할 때 하나님과 예수 그리스도의 마음이 느껴지고, 다양한 말씀이 하나로 통일되기도 하고, 왜 그 말씀을 하셨는지 알게 됩니다.

또한 기도사역 할 때 기도받는 사람조차 알지 못하던 사실들을 알게 되고, 그 사람에게 있는 더 본질적인 문제가 무엇인지 알게 되기도 합니다. 예를 들면, 육신의 문제로 기도를 받으러 온 사람의 경우, 그 사람을 위해 기도하면 하나님께서는 그것이 육신의 문제가 아니라 마음의 문제라는 것을 알려주실 때가 있습니다. 때로는 더 정확히 언제 무슨 일 때문에 이런 질병이 생겼는지 알려주시기도 합니다.

어떤 때는 집회 전에 기도할 때 하나님께서 어느 장소, 이름, 병명까지 알게 해주시는데, 그것이 바로 지식의 말씀의 은사입니다. 예수께서 나다나엘에 대해 말씀하신 것과 수가 성 여인의 남편들에 대해 말씀하신 것 또한 지식의 말씀의 은사입니다.

47 예수께서 나다나엘이 자기에게 오는 것을 보시고 그를 가리켜 이르시되 보라 이는 참으로 이스라엘 사람이라 그 속에 간사한 것이 없도다 48 나다나엘이 이르되 어떻게 나를 아시나이까 예수께서 대답하여 이르시되 빌립이 너를 부르기 전에 네가 무화과나무 아래에 있을 때에 보았노라 요 1:47,48

18 너에게 남편 다섯이 있었고 지금 있는 자도 네 남편이 아니니 네 말이 참되도다 요 4:18

지혜의 말씀의 은사

지혜의 말씀의 은사란 하나님의 관점에서 그 일과 사건의 본질을 언제 어떻게 말해야 하는지 알게 해주는 은사입니다. 우리가 어떤 상황을 보고 우리의 경험과 지식, 그리고 예측을 통해서 말하는 것이 아니라 하나님의 관점에서 그 사건이나 사물, 어떤 상황의 본질을 보게 하시고 그뿐만 아니라 그 문제를 해결하기 위해 언제 어떻게 어떤 방법으로 말해야 하는지 알게 해주시는 것입니다.

지식의 말씀의 은사는 반드시 지혜의 말씀의 은사와 함께 사용될 때 강력한 하나님의 무기가 됩니다. 지식의 말씀의 은사는 있는데 지혜의 말씀의 은사가 없어서 일을 그르치는 경우가 많습니다. 예를 들면 어떤 사람을 봤을 때 그 사람이 도둑질 했다는 것을 지식의 은사로 알았다 해도 바로 그 자리에서 "당신, 도둑질했지?"라고 말한다면 그 사람에게 절대 덕이 되지 않습니다. 오히려 그 사람은 마음의 문을 닫고 하나님과 멀어지게 될 것입니다.

그래서 어떤 사람이 지식의 말씀의 은사 또는 예언의 은사를 사용하여 말할 때 부정적이거나 상대의 치부를 드러내거나 무안하게 만든다면 설령 그 사람의 지식의 말씀이나 예언이 맞다 할지라도 그 사람은 하나님 앞에 온전하게 쓰임 받는 자가 아닙니다. 지혜의 말씀의 은사가 있는 경우, 같은 말을 하더라도 그 사람을 세우고 그 사람이 하나님을 더 사랑하고 그 사람이 회개하고 돌아오도록 하지 결코 정죄하고 비판하고 저주하지 않는다는 것입니다.

예수께서 대제사장들과 백성의 장로들과 토론하실 때 지혜의 말씀의 은사를 사용하셨습니다.

23 예수께서 성전에 들어가 가르치실새 대제사장들과 백성의 장로들이 나아와 이르되 네가 무슨 권위로 이런 일을 하느냐 또 누가 이 권위를 주었느냐 24 예수께서 대답하시되 나도 한 말을 너희에게 물으리니 너희가 대답하면 나도 무슨 권위로 이런 일을 하는지 이르리라 25 요한의 세례가 어디로부터 왔느냐 하늘로부터냐 사람으로부터냐 그들이 서로 의논하여 이르되 만일 하

늘로부터라 하면 어찌하여 그를 믿지 아니하였느냐 할 것이요 26 만일 사람

으로부터라 하면 모든 사람이 요한을 선지자로 여기니 백성이 무섭다 하여

27 예수께 대답하여 이르되 우리가 알지 못하노라 하니 예수께서 이르시되

나도 무슨 권위로 이런 일을 하는지 너희에게 이르지 아니하리라 마 21:23-27

21 이르되 가이사의 것이니이다 이에 이르시되 그런즉 가이사의 것은 가이사

에게, 하나님의 것은 하나님께 바치라 하시니 22 그들이 이 말씀을 듣고 놀

랍게 여겨 예수를 떠나가니라 마 22:21,22

영 분별의 은사

영 분별의 은사는 어떤 사람의 일이나 말의 근원적인 동기가 성령

에 의존되어 있는지 아니면 악한 영에 인도함을 받는 것인지를 알게

해주는 영적인 능력입니다.

영 분별의 은사는 육신의 감각이 무디어지고 영혼의 감각이 깨어날

수록 민감해집니다. 즉, 육신이 우리를 통치하고 있을 때는 다른 영을

알기 어렵지만, 영혼의 감각이 깨어난 상태에서는 다른 영의 공격이

나 존재에 민감하게 되는 것입니다.

하나님과 친밀함이 깊어지면 깊어질수록 영 분별의 은사도 탁월해

집니다. 왜냐하면 성령님의 임재와 그분의 성품을 알면 알수록 다른

영의 존재와 성품을 더 잘 구별할 수 있기 때문입니다. 따라서 영적으

로 성령의 임재와 역사에 민감한 사람은 어떤 사람, 어떤 장소에 갔을

때 그곳에 있는 영들의 종류와 정체를 쉽게 알아내게 됩니다.

사도 바울이 여종의 배후에 있는 귀신의 정체를 알고 내쫓는 것도 바로 영 분별의 은사입니다.

16 우리가 기도하는 곳에 가다가 점치는 귀신 들린 여종 하나를 만나니 점으로 그 주인들에게 큰 이익을 주는 자라 17 그가 바울과 우리를 따라와 소리 질러 이르되 이 사람들은 지극히 높은 하나님의 종으로서 구원의 길을 너희에게 전하는 자라 하며 18 이같이 여러 날을 하는지라 바울이 심히 괴로워하여 돌이켜 그 귀신에게 이르되 예수 그리스도의 이름으로 내가 네게 명하노니 그에게서 나오라 하니 귀신이 즉시 나오니라 행 16:16-18

믿음의 은사

우리에게는 모두 다 믿음이 있습니다. 그러나 믿음의 은사라고 할 때 은사적 믿음은 자연적(감각적, 경험적) 믿음과는 다릅니다. 저도 어떤 경우에 어떤 장소에 갔을 때 하나님의 영광의 기름부으심이 강력하게 임하여 내가 생각하지 못한 말을 담대하게 하고 예수 그리스도의 이름으로 선포할 때가 있습니다.

베드로의 사역을 생각해보면, 그에게 믿음이 있었습니다. 물 위를 걸을 만큼 믿음이 있었고, 귀신을 쫓고 병자를 치유할 만큼 믿음이 있었습니다. 그런데 그가 믿음의 은사를 제대로 받은 것은 오순절 성령 강림 이후입니다. 성전 미문에 앉은 앉은뱅이를 일으킨 것은 예수 그리스도로 말미암아 난 믿음이 나타났기 때문입니다.

16 그 이름을 믿으므로 그 이름이 너희가 보고 아는 이 사람을 성하게 하였나니 예수로 말미암아 난 믿음이 너희 모든 사람 앞에서 이같이 완전히 낫게 하였느니라 행 3:16

그것은 내가 어떤 사물 또는 무엇을 믿는다고 말하는 의지적인 믿음이 아닙니다. 은사적 믿음이란 내 안에 계신 그리스도로 말미암아 난 믿음이 성령으로 강력하게 풀어진 것입니다. 그것은 그리스도의 믿음입니다.

능력의 은사

능력을 행하는 은사라는 것은 치유의 은사와 다릅니다. 능력의 정의가 각각 다르지만, 대부분의 경우는 성경의 신유와 축사(deliverance)를 제외한 기적(miracles), 표적(signs), 기사(wonders)를 의미합니다.

우리가 병든 자를 위해 기도할 때 치유의 은사가 있으면 많은 사람들을 치유할 수 있습니다. 그런데 대부분의 경우, 치유는 점진적으로 일어납니다. 그러나 기도하니까 있던 암종이 순간적으로 사라진다거나 없던 기관이 생기는 것은 치유의 은사가 아니라 능력의 은사입니다.

능력을 행하는 은사는 다른 말로 창조의 영역에 속하는 은사입니다. 예를 들면, 예수께서 죽은 나사로를 살리신 것, 오병이어의 기적을 일으키신 것, 광풍을 잠재우신 것이 능력의 은사에 속합니다.

> ¹⁹ 무리를 명하여 잔디 위에 앉히시고 떡 다섯 개와 물고기 두 마리를 가지사 하늘을 우러러 축사하시고 떡을 떼어 제자들에게 주시매 제자들이 무리에게 주니 ²⁰ 다 배불리 먹고 남은 조각을 열두 바구니에 차게 거두었으며
> 마 14:19,20

> ¹⁶ 저물매 사람들이 귀신 들린 자를 많이 데리고 예수께 오거늘 예수께서 말씀으로 귀신들을 쫓아내시고 병든 자들을 다 고치시니 마 8:16

치유의 은사

치유의 은사는 9가지 은사 중 유일하게 'gifts of healing'이라고 해서 복수로 되어 있습니다. 치유할 때 치유하는 방법이 다양하게 일어나기 때문이라고 이해할 수 있습니다.

예를 들어, 의사에게도 내과, 외과, 신경과 등의 전문 영역이 있듯이 (동일한 성령의 역사이기는 하지만) 치유사역자에게도 사역을 하다보면 각자 다른 영역에서 놀라운 치유의 은사가 나타나는 것을 볼 수 있습니다. 어떤 사역자는 뼈 치유에, 어떤 사역자는 암 치유, 어떤 사역자는 마비를 푸는 데 놀라운 치유의 은사가 나타납니다.

그러나 치유사역자 개인의 믿음과 관련이 있는지 아닌지는 분명치

않습니다. 한편, 어떤 사역자는 안수함으로, 어떤 사역자는 말로, 어떤 사역자는 기름을 바름으로 치유 사역을 하게 됩니다.

17 하루는 가르치실 때에 갈릴리의 각 마을과 유대와 예루살렘에서 온 바리새인과 율법교사들이 앉았는데 병을 고치는 주의 능력이 예수와 함께 하더라 눅 5:17

19 온 무리가 예수를 만지려고 힘쓰니 이는 능력이 예수께로부터 나와서 모든 사람을 낫게 함이러라 눅 6:19

방언의 은사, 통변의 은사

방언의 은사는 가장 많이 알려진 은사이자 동시에 가장 논란이 많은 은사 중 하나입니다. 방언은 영으로 하나님께 기도하는 것이기 때문에 마음으로는 그 방언을 이해할 수 없습니다.

2 방언을 말하는 자는 사람에게 하지 아니하고 하나님께 하나니 이는 알아듣는 자가 없고 영으로 비밀을 말함이라 고전 14:2

그래서 우리가 기도할 때 영으로 기도하고 또 마음으로 기도한다고 말합니다.

¹⁵ 그러면 어떻게 할까 내가 영으로 기도하고 또 마음으로 기도하며 내가 영으로 찬송하고 또 마음으로 찬송하리라 ^{고전 14:15}

사도 바울은 자신이 누구보다도 방언을 많이 한다고 말했습니다.

¹⁸ 내가 너희 모든 사람보다 방언을 더 말하므로 하나님께 감사하노라 ^{고전 14:18}

방언 훈련을 가볍게 여기지 마십시오. 방언기도를 많이 할수록 영 분별의 은사, 예언의 은사, 지식의 은사가 덩달아서 함께 나타나는 것을 볼 수 있습니다. 왜냐하면 그 배에서 생수의 강이 흘러나와 우리의 영혼육을 통치하시고 그 성령님의 흐름에 따라 우리가 영으로 하나님과 교제할 때 성령님께서 우리 마음판에 그 뜻이 뭔지 계속 말씀해주시기 때문입니다.

³⁹ 그런즉 내 형제들아 예언하기를 사모하며 방언 말하기를 금하지 말라
^{고전 14:39}

우리는 방언 훈련을 통해 하나님의 음성을 듣고 하나님의 감동하심에 민감해지는 훈련을 할 필요가 있습니다. 예를 들어 성령에 의지하여 방언을 하고 마음으로는 그 방언을 따라가보십시오. 하나님께서 이것이 무엇을 의미하는지 마음에 감동함을 주실 때 통변도 가능하게

됩니다.

13 그러므로 방언을 말하는 자는 통역하기를 기도할지니 14 내가 만일 방언
으로 기도하면 나의 영이 기도하거니와 나의 마음은 열매를 맺지 못하리라

고전 14:13,14

통변의 은사는 성령님의 감동하심으로 인하여 우리가 말하거나 듣
는 방언을 우리가 알아들을 수 있는 현재어로 통역하는 것입니다. 방
언통변은 흔히 생각하듯 외국어 통역과는 다릅니다. 방언은 영의 언
어이므로 우리가 방언으로 한 마디를 하더라도 우리말로 통변하면 열
마디가 될 수 있고, 방언으로 열 마디라도 통변하면 한 마디로 끝날 수
있습니다.

왜냐하면 영적인 일을 이성(理性)의 수준으로 설명하면 하나가 열이
될 수 있고, 열이 하나가 될 수도 있기 때문입니다.

예언의 은사

성경에는 대언 혹은 예언이라는 용어가 사용됩니다. 대언은 하나님
의 말씀을 대신 전한다는 뜻이고, 예언은 주(主)의 감동으로 미래의 일
을 말하는 것을 의미합니다. 이 은사는 성령의 감동으로 순간적으로
임하기도 하고 꿈이나 환상을 통해서 오기도 합니다.

예언은 성령님을 통해서 내 마음에 부어주신 것이기 때문에 예언을

받는 것만큼 올바르게 해석하고 지혜롭게 전하여 예언을 받는 사람에게 덕(德)이 되도록 하는 것이 중요합니다. 따라서 예언의 은사는 지혜의 말씀의 은사와 지식의 말씀의 은사와 함께 있어야 하며, 그럴 때 온전한 예언 사역을 행할 수 있습니다.

> ³ 그러나 예언하는 자는 사람에게 말하여 덕을 세우며 권면하며 위로하는 것이요 고전 14:3

예언의 은사는 점치는 것처럼 그 사람의 미래의 길흉화복(吉凶禍福)을 족집게처럼 알려주는 것이 아니라 어떤 일과 사람에 대해서 하나님의 마음과 뜻을 전하는 것입니다.

예언은 대부분 조건적입니다. 하나님께서는 어떤 사람의 순종을 통해서 그분의 뜻을 이루고자 합니다. 따라서 일반적으로 우리는 예언적 약속의 말씀이 이루어지는 것에 초점을 두지만, 하나님께서는 그 약속이 이루어지는 과정 가운데 그 자녀의 변화에 더 큰 초점을 두고 계십니다.

실제로 어떤 예언의 약속을 받았을 때 그 예언의 말씀이 성취되기까지는 합당한 그릇으로 빚어지는 연단의 시간과 변화의 과정을 겪게 됩니다.

은사 연장통을 구하라

한 사람에게 어떤 은사가 개발되어 자신에게 이런 은사가 있다는 것을 알게 되면 그 일을 행할 거룩한 부담감이 주어집니다. 그 거룩한 부담감에 순종하여 나가면 하나님이 주신 일을 이루기 위한 부차적인 은사도 함께 나타나게 됩니다. 사실 한 가지 은사만으로는 사역을 하기 어렵습니다. 질병을 치료할 때도 한 가지 은사만 가지고는 그 사람을 치유할 수 없습니다.

그래서 저는 늘 이런 생각을 합니다.

'내 안에는 연장통이 있어. 이 안에 펜치도 있고, 톱도 있고, 드라이 버도 있고…'

한 가지 연장만 가지고는 일할 수 없습니다.

'성령님, 이때는 어떻게 해야 합니까?'

늘 이렇게 묻습니다. 그러면 성령님께서 필요한 은사들을 나타내주십니다.

한번은 질병치유 세미나를 하는데 하나님께서 역류성 식도염을 가진 사람을 부르라고 저에게 말씀하셨습니다. 그래서 역류성 식도염을 가진 사람을 불러내어 사역한 적이 있습니다. 앞으로 나온 사람은 한 자매였는데 이 자매가 세미나를 마치고 나서 저에게 메일을 보내주었습니다.

이 자매는 역류성 식도염과 함께 특별히 아픈 것은 아니지만 늘 기운이 없고 뭔가에 눌려 있는 것 같았다고 합니다. 사회생활이 어려울 정도로 힘이 없어 이 문제를 가지고 기도하던 중 제가 많은 사람들 앞에서 그 자매에게 안수해주는 환상을 보고 때마침 질병치유 세미나가 있다는 소식을 접하게 되어 참석하게 되었다고 했습니다.

"하나님, 오늘 세미나에 온전히 참석할 수 있도록 저의 이 증상을 완화시켜주세요."

세미나 당일 간절히 기도했지만 자매의 증상에는 차도가 없었습니다. 역류성 식도염은 일단 음식을 제대로 먹을 수 없고 위산이 넘어오기 때문에 몹시 고통스러운 병입니다. 세미나가 거의 끝나갈 무렵 제가 역류성 식도염이 있는 사람을 불렀을 때 자매는 제 말이 끝나기도 전에 "예수님, 감사합니다. 제가 나음을 입었습니다" 하고 소리쳤습니다. 제가 그 자매에게 앞으로 나오라고 했고 이렇게 말했습니다.

"자매 안에 증오와 분노와 용서하지 못하는 마음이 있습니다. 그래서 그 감정으로 역류성 식도염을 앓고 있는 것입니다. 그 사람을 용서하십시오."

그러자 그 자매에게 떠오르는 사람이 있었습니다. 전 직장에서 만난 사람인데 그로부터 많은 상처를 받아 그를 미워하고 정죄하고 증오했던 것이 생각나게 된 것입니다. 자매는 그 사람을 용서한다고 고백했고 제가 다시 기도하자 자매를 묶고 있던 더러운 귀신이 소리치고 온 몸을 뒤틀리게 하며 떠나갔습니다.

또 그 자매는 그 기도를 받은 즉시 역류성 식도염의 통증이 사라져버린 것을 알았습니다. 자매는 자신을 한없이 사랑하시는 하나님께 감사와 영광을 올렸고 하나님을 증거하는 증인의 삶을 살겠다고 결단했습니다. 그날 저녁 세미나가 끝난 뒤 자매는 그동안 속이 아파서 먹지 못했던 음식을 마음껏 먹었다고 합니다.

하나님의 역사에 우연이란 없습니다. 세미나가 끝나갈 무렵 왜 제가 수많은 질병 중에서 역류성 식도염으로 고통 받는 자를 나오라고 했을까요? 그것은 지식의 말씀의 은사입니다. 그러면 그것을 제가 정했을까요? 아닙니다. 그중 어떤 사람에게 어떤 질병이 있는지 제가 알았나요? 아닙니다. 제가 그 자매를 알고 있었나요? 아닙니다. 모든 것은 하나님께서 지식의 말씀의 은사로 알려주신 것입니다.

그 자매가 기도하던 중 하나님께서는 그 자매에게 환상을 통해 저를 통해 기도 받는 모습을 보여주셨습니다. 하나님께서 그 자매의 간절함 때문에 저를 통해 그 자매를 치유하기 원하신 것입니다. 제가 그 자매를 치유하는 것이 아닙니다. 하나님의 말씀에 순종한 것뿐입니다.

제가 지식의 말씀의 은사로 역류성 식도염으로 고통 받는 분을 불렀을 때 이 자매가 가장 먼저 일어나 손을 들고 나오는 순간, 저는 성령님께 물었습니다.

"주님, 이 자매의 역류성 식도염을 어떻게 할까요?"

앞으로 나온 그 자매를 보며 몇 마디 나누는 동안 저는 한쪽 귀로 그 자매의 이야기를 들었지만 다른 쪽 귀는 성령님께 귀 기울이고 있었습니다. 성령님께서 그 자매는 역류성 식도염의 문제가 아니라 남을 용서하지 않은 문제이기 때문에 악한 영에 사로잡혀 있다는 감동을 주셨습니다.

그러자 그 자매의 용서하지 못함, 비통함, 억울함, 분노가 제 안에서 고스란히 느껴지기 시작했고 저는 악한 영을 느낄 수 있었습니다. 만약 저에게 영 분별의 은사가 없었다면 그 자매에게 나타난 육신의 현상이 질병의 문제였기 때문에 질병의 치유만을 위해 기도했을 것입니다.

제가 그 자매에게 회개하고 용서하라고 말했을 때 자매는 예수 그리스도의 이름으로 자신을 묶고 있는 사람을 용서했습니다. 물론 그 자매가 용서할 수 없었던 그 사람이 잘못을 했겠지만 하나님의 관점에서는 용서하지 못하는 것 자체가 죄입니다. 하나님과 생명적인 관계를 나누지 못하게 하는 두 가지가 있는데 첫 번째가 죄를 짓고 회개하지 않는 것이고 두 번째가 용서하지 않는 것입니다.

32 서로 친절하게 하며 불쌍히 여기며 서로 용서하기를 하나님이 그리스도 안에서 너희를 용서하심과 같이 하라 엡 4:32

그런데 우리가 용서하지 못했던 사람을 용서하는 것은 다른 어떤 이유 때문이 아닙니다. 용서하는 것이 하나님의 명령이기 때문에, 하나님과의 관계를 다시 잇기 위해 그 묶임을 용서로 끊어버리는 것입니다. 그때 비로소 축사(逐邪), 귀신을 쫓는 은사를 발휘할 수 있게 된 것입니다.

왜냐하면 모든 악한 영도 나름대로 합법적인 권세를 갖고 들어오기 때문입니다. 합법적인 권세란 그 자매가 다른 사람을 용서하지 않고 미워하기 때문에 악한 영이 들어올 수 있었다는 것입니다. 그런데 이 자매가 그것을 끊어버리니까 더 이상 악한 영은 그곳에 있을 수 없는 것입니다. 이 사역을 할 때 저에게 믿음의 은사, 영 분별의 은사, 귀신을 쫓는 은사가 한꺼번에 나타난 것입니다.

그 자매가 그날 저녁 음식을 마음껏 먹고도 아무 탈이 없었다고 했는데, 사실 역류성 식도염은 병원에서 치료를 받는다고 해서 금세 밥을 먹을 수 있는 병이 아닙니다. 경우에 따라 치료 기간이 수개월이 걸리기도 합니다. 그렇지만 하나님이 하시는 역사는 세상의 것과 다릅니다. 악한 영이 떠나가자 육신을 고통스럽게 한 질병까지 완전히 낫게 된 것입니다.

그러나 가장 감사한 일은 그 자매가 역류성 식도염이 나아서 감사하고 기뻐하는 데서 그치는 것이 아니라 하나님을 더 알아가고 하나님을 더 사랑하고, 그분을 증거하는 삶을 살겠다는 고백을 한 것이었습니다. 이것이 바로 치유의 목적입니다.

> [2] 그 후로는 다시 사람의 정욕을 따르지 않고 하나님의 뜻을 따라 육체의 남은 때를 살게 하려 함이라 벧전 4:2

은사는 정말 중요합니다. 우리에게 주신 은사들은 하나님나라의 복음을 전파하는 엄청난 무기가 됩니다.

은사에 대한 문제점과 올바른 사용

은사적 섬김과 역할적 섬김을 구분하라

우리는 전도해야 하고, 병든 사람이 있으면 기도해야 하고, 봉사해야 하고 헌신해야 합니다. 그런데 은사가 있는 사람이 하는 것과 은사가 없는 사람이 하는 것은 다를 수밖에 없습니다. 그렇다고 은사가 없으면 기도도 하지 말고 전도도 하지 말고 봉사도 하지 말아야 되느냐 하면 그렇지 않습니다. 우리는 은사와 역할을 구분할 수 있어야 합니다.

은사가 있다면 받은 은사를 잘 사용하여 전도도 하고 병든 사람을 위해 기도도 하고 봉사해야 합니다. 은사가 없더라도 헌신하고 노력하여 자신의 임무와 역할을 충실히 수행해야 합니다. 하나님은 그것을 귀하게 여기십니다. 자신의 임무와 역할을 은사와 혼동하지 마시기 바랍니다.

은사 무용론, 은사의 오남용을 경계하라

교회 내에서는 은사의 긍정적인 측면보다 부정적인 측면에 대해 더 많이 이야기합니다. 실제로 영적으로 성숙하지 못하거나 성령의 역사를 제대로 알지 못하는 사람에게 은사가 주어지면 안하무인(眼下無人)이 되어 교회에서 목사님도 판단하고, 자기 말이 다 옳다고 주장하고, 교회의 감독(監督)이나 치리(治理)에 따르지 않고 제멋대로 행동하는 경우가 종종 있습니다. 결과적으로 이런 은사의 오남용 때문에 교회 내 많은 문제와 바람직하지 않은 일들이 생겨났습니다.

그럴 때 은사에 대해 제대로 알지 못하는 사람들은 "그럴 바에야 차라리 은사가 없는 편이 낫지 않느냐"는 은사 무용론(無用論)을 주장하는데, 구더기 무서워 장 못 담그는 일은 결코 일어나서는 안 됩니다. 이것은 신앙이 성숙하지 못한 성도 때문이지 은사 자체의 문제가 아니기 때문입니다.

가장 근본적인 이유는, 오늘날 교회 내에서 은사에 대해 올바르게 가르치고 그 은사를 잘 활용할 수 있는 신학적, 목회적 여건이나 시스템이 부족하고, 또 영적 은사를 지도할 만한 준비된 사역자가 턱없이 부족하다는 것입니다. 그렇기 때문에 주(主)의 일을 위해서 특별한 은사가 주어졌는데도 그 은사가 오용되거나 남용되는 경우가 빈번하게 생기는 것입니다.

또 은사를 구하기보다 은사를 주시는 하나님을 구해야 한다, 은사에 묶이면 안 된다는 주장도 합니다. 물론 은사보다 우리에게 은사를 주신 하나님께 붙들려야 하는 것이 맞습니다. 그러나 하나님께서는 우리를 통해 자신의 뜻을 이루기 원하시고, 그 뜻을 이루기 위해 주신 것이 은사라는 것을 다시금 기억해보시기 바랍니다.

우리는 이것 아니면 저것으로 이분법적으로 나누기를 좋아합니다. 우리가 은사보다 은사를 주시는 하나님을 만나야 하지만, 그 하나님께서 우리에게 주시는 은사를 구해야 하고 더 큰 은사를 사모해야 하며 그 은사로 주의 뜻을 이루어나가는 것도 중요합니다. 은사의 오남용에 대한 부정적 시각이 은사를 배격하는 구실이 되어서는 결코 안 됩니다.

은사와 신앙의 성숙도를 분별하라

은사에 대해 많은 사람들이 속고 있는 부분이 있습니다. 어떤 은사들이 있다는 것과 그 은사들을 사용하는 사람의 신앙의 성숙도가 정비례한다고 믿는 경향입니다. 우리는 어떤 사람에게 특정한 은사가 있거나 초자연적인 은사가 나타나면 자기도 모르는 사이에 그 사람이 우리보다 훨씬 더 신앙이 성숙할 거라 생각하고 때로는 그 사람을 추종하기도 합니다. 그것은 잘못된 신앙 태도이며, 자칫 잘못하면 은사자와 자신까지 파멸로 이끌 수 있습니다.

신앙의 성숙이란 성령의 열매라고 말할 수 있습니다. 은사는 하나님의 일을 행하도록 하나님이 선물로 주시는 것이기 때문에 어떤 면으로 보면 갑자기 뜻하지 않게 받을 수도 있습니다. 그러나 신앙 성숙의 지표를 나타낸다고 할 수 있는 성령의 열매는 결코 하루아침에 맺혀지지 않습니다. 바로 그 성령 안에서 날마다 자기를 부인(否認)하고 자기 십자가를 지고자 하는 의식적인 자아 포기와 끊임없는 성령님의 인도하심을 통해 이루어지는 것입니다. 그럴 때 그리스도의 성품이 그의 마음과 행동을 통해서 나타납니다.

그리스도의 성품과 하나님의 은사가 동일하게 나타날 때 아름다운 사역이 이루어지고 많은 사람들에게 큰 영향력을 미치게 됩니다. 은사가 많이 주어진 사람일수록 매일 겸손함을 구해야 하는 이유가 바로 여기에 있습니다.

그렇다고 해서 성숙하지 못한 사역자가 은사를 오남용하는 모습이 은혜를 멀리하는 구실이 되어서는 안 됩니다. 건강한 은사의 사용은 한 몸 된 지체와 교회를 세워주고 덕스럽게 하는 것입니다. 은사를 잘못 쓰는 몇몇 사람들 때문에 성령님께서 친히 주시는 선물을 거절한다면 그것은 너무 어리석은 일입니다.

독단에 빠질 위험을 경계하라

한편 다양한 은사를 가지고 능력을 행하는 사람들이 쉽게 빠질 수 있는 함정은 자신의 신학적 견해나 행위까지 모두 옳다고 스스로 믿는 경향입니다. 왜냐하면 하나님께서 자신을 신임(信任) 해주셔서 자신에게서 이런 은사가 나타난다고 여기기 때문에 자신의 모든 말과 행동도 하나님께서 중요하게 생각하고 옳게 여기실 거라고 착각하는 것입니다.

은사가 있으면 기사와 표적을 통하여 자신의 말을 증거할 수 있지만, 그렇다고 은사가 하나님의 모든 말씀을 확증시켜주는 것은 아닙니다. 도리어 은사가 많은 사람일수록 자기도 모르는 사이에 교만해져서 주위 사람들에게 자기가 하는 말이 다 옳다고 여기도록 만듭니다.

저 역시 하나님께서 특별한 감동을 주실 때도 100퍼센트 제가 옳다고 스스로 여기지 않습니다. 다른 동역자나 멘토의 의견을 구하고, 훌륭한 신앙인들의 책도 보고 반드시 필요한 검증을 거쳐서 어떤 일을 결정합니다.

사랑 안에서 행하라

다른 은사는 필요 없고 사랑의 은사를 구해야 된다고 하는 사람이 있지만 사랑은 은사가 아닙니다. 사랑은 예수께서 가르쳐주신 신약의 가장 큰 계명(마 22:37-40)이자 성령의 열매(갈 5:22,23)입니다.

성령의 열매가 성령체험 후 자기를 부인하고 자기 십자가를 지는 삶을 능동적으로 살아갈 때 점진적으로 이루어지는 것이라면, 성령의 은사는 갑작스럽게 수동적으로 주어지는 것이라고 볼 수 있다. 어떤 측면에서 볼 때 은사는 행동(과업 중심/ 직무 수행)에, 열매는 인격(사람 중심/ 존재 정의)에 더 많은 영향을 줍니다.

성령의 열매는 곧 그리스도의 성품입니다. 모든 은사는 사랑 가운데 행해져야 합니다. 이것이 가장 중요합니다. 우리가 어떤 좋은 은사를 가졌더라도 그 은사가 하나님의 사랑 가운데서 행해지지 않는다면 그것은 아무것도 아니라는 것을 깨달아야 합니다.

¹ 내가 사람의 방언과 천사의 말을 할지라도 사랑이 없으면 소리 나는 구리와 울리는 꽹과리가 되고 ² 내가 예언하는 능력이 있어 모든 비밀과 모든 지식을 알고 또 산을 옮길 만한 모든 믿음이 있을지라도 사랑이 없으면 내가 아무것도 아니요 ³ 내가 내게 있는 모든 것으로 구제하고 또 내 몸을 불사르게 내줄지라도 사랑이 없으면 내게 아무 유익이 없느니라 고전 13:1-3

주여 주여 하는 자마다 다 천국에 들어갈 것이 아니라고 했습니다. 주의 이름으로 선지자 노릇하고 귀신을 쫓고 많은 권능을 행했더라도 주님이 그것이 불법(不法)이라고 하시면 무슨 소용이 있겠습니까.

²¹ 나더러 주여 주여 하는 자마다 다 천국에 들어갈 것이 아니요 다만 하늘에 계신 내 아버지의 뜻대로 행하는 자라야 들어가리라 마 7:21

하나님의 뜻대로 행하는 사람이 하나님나라에 들어갈 수 있다고 했는데, 그럼 하나님의 뜻대로 행하는 것이 무엇입니까? 바로 하나님의 사랑 가운데 행하는 것입니다. 어떤 은사가 나를 통해 나타난다 할지라도 그것이 하나님의 사랑 가운데서 이루어지지 않는다면 그것은 하나님께 전혀 카운트되지 않습니다.

저 역시 여러 은사를 가지고 많은 일들을 했지만 그중 사랑 없이 행한 적이 있습니다. 개인적으로 가졌던 잘못된 생각 때문에 또는 사역하면서 너무 피곤하고 힘들어서 사랑 없이 행할 때 상대방은 몰라도 저 자신은 잘 알고 있습니다. 그래서 하나님 앞에 나아가 회개하곤 합니다. 가장 중요한 것은 사랑 가운데 행하는 것입니다.

교회에서 검증받을 때까지 기다려라

자신에게 주어진 은사가 무엇인지 발견하는 것은 귀한 일입니다. 그러나 주어진 은사가 온전히 쓰임 받으려면 반드시 교회 내에서 성경적으로, 신학적으로, 인격적으로 검증을 받아야 합니다. 또한, 교회의 질서에 따라 목사님 및 권위자의 감독 하에 행해야 하고, 교회의 덕(德)이 되어야 합니다.

예를 들어서, 하나님께서 자신에게 어떤 은사를 분명히 주셨고 그 은사에 따르는 다양한 징표가 나타남에도 불구하고 다른 사람들이 인정해주지 않으면 불편한 마음을 갖거나 적대적 생각을 갖는 경우가 있습니다. 한 번만 더 생각해보십시오. 당신이 주신 은사에 맞게 쓰임 받기 원하는 것보다, 당신에게 은사를 주신 하나님이 당신을 더 쓰고 싶어 하신다는 것을 말입니다.

그런데도 사람들이 당신을 인정하지 않고 교회에서 당신을 세워주지 않는다면 아직까지 자신의 인격, 자신의 성령의 열매에 검증받을 부분이 있다고 생각해야 합니다. 그 부분을 통과하면 하나님께서 교회를 통해 당신을 세우시고 직분을 맡겨 사역하게 하실 것입니다.

저 역시 본격적인 사역을 하기에 앞서 온누리교회에서 약 10년간 검증을 받았습니다. 제가 어떤 은사를 받았기 때문에 그 은사를 그냥 사용할 수 있었던 것이 아니었습니다. 저도 이 과정을 지났기 때문에 현재 사역할 수 있는 것입니다. 은사가 주어진 많은 사람들이 실족(失足)하는 경우는 대부분 기다리지 못해서입니다. 교회에서 인정해주지 않으면 그 교회를 떠나 다른 교회로 옮기는 식으로 반복하다가 점점 이상한 쪽으로 빠지게 되는 경우가 적지 않습니다.

교회가 은사에 대해 부정적이라고 하나님이 주신 은사를 알아주고 사용하지 못하게 한다면 기도하고 기다리십시오. 그렇지 않고 목회자의 허락 없이 교회 내에서 사역하거나, 자신의 집으로 성도를 불러들이거나, 왜 이런 사역을 허락하지 않느냐고 교회를 비난하면 교회에 분란만 일으킵니다. 하나님의 말씀을 듣고 순종하십시오.

우리가 은사를 소망하는 데 있어서 한 가지 명심해야 할 것은 바로 은사를 구하는 동기입니다. 은사를 구하고자 하는 진정한 동기가 무엇인지 늘 자신에게 질문해보아야 합니다. 우리 안에 숨어 있는 근원적인 동기를 들여다보는 것은 마치 양파 껍질을 벗겨내는 것과 같습니다. 그 껍질은 열등감, 인정받고 싶은 마음, 세상이 줄 수 없는 것을 가지고자 하는 마음, 다른 사람들을 지배하고자 하는 마음, 자신의 부족함을 보상받고자 하는 마음, 교만함 등 매우 많습니다. 겉으로는 은사를 구하는 이유가 그럴 듯해 보입니다. 그러나 자신의 생각이 아닌 성령의 조명하에 더 깊은 곳에 있는 동기를 찾아내어 잘못된 동기를 바로잡는 것이 절대적으로 필요합니다.

진정한 동기는 자신이 하나님을 위해 무엇인가 하려고 하는 것이 아니라 주님이 주의 일을 행하고자 하는 마음에 우리 자신을 드리는 것입니다.

● 은사를 소망하는가? 그렇다면 당신의 동기는 무엇인가?

● 나에게 주신 거룩한 부담감과 그에 따른 은사는 무엇인가?

● 은사를 지니고 사역하는 다른 사람을 생각해보라. 반면교사(反面教師)와 타산지석(他山之石)으로 삼을 만한 것이 있는가?

성령님,

Come through us, Holy Spirit!

저희를 통해 나타나소서

4

십자가는 성령으로, 성령은 십자가로
우리를 인도한다

균형 있는 복음이란?

진정한 그리스도인의 삶은 내가 예수 그리스도를 믿고 교회를 다니며 신앙생활을 얼마나 열심히 하느냐에 달린 것이 아니라, 교회 밖 세상에서 신앙과 무관한 시간을 어떻게 보내느냐에 달렸다고 생각합니다. 다른 말로, 복음적 가치(말씀과 은혜)와 우리의 믿음이 교회와 세상에서, 예배와 일 가운데, 종교생활과 직장생활에서 '동일하게' 적용되고 있느냐 하는 것입니다.

왜냐하면 세상은 우리가 하나님나라로 변화시켜야 할 곳이고, 직장은 하나님의 뜻을 이루어야 할 사역지이며, 일은 하나님의 영광을 나타내는 수단이기 때문입니다. 이런 관점에서 볼 때 오늘 우리 사회의 문제는 바로 나와 교회의 책임이라는 생각을 떨쳐버릴 수 없습니다.

이 모든 문제의 본질적 근원이 무엇일까 생각해보았습니다. 저는 오랜 묵상 끝에 균형 잡힌 복음이 선포되지 못했기 때문이라는 결론에 다다랐습니다. 구원과 하나님나라, 말씀과 성령, 십자가와 부활, 전도명령과 문화명령, 교회와 세상에 대한 균형 잡힌 복음이 회복되어야 합니다. 그중 가장 시급하게 회복되어야 할 중요한 진리가 바로 '십자가와 성령'에 대한 균형 잡힌 복음의 회복입니다.

십자가와 성령은 분리될 수 없는 하나의 진리입니다. 그럼에도, 우리는 오랫동안 이것을 분리해서 가르치고 묵상하고 적용해왔습니다. 오랜 시간에 걸쳐서 교회에서는 마침내 십자가 중심의 신앙관과 성령 중심의 신앙관으로 교단과 교파가 나뉘는 결과가 초래되었습니다. 한쪽은 죄 사함과 구원, 율법적 행위와 거룩, 말씀과 교리만을 강조하고 다른 한쪽은 믿음과 축복, 능력과 은사, 기도와 형통만 주장하는 경향을 띠게 되었습니다. 그러나 십자가와 성령이 하나가 될 때 우리는 각각이 줄 수 없는 풍성하고 놀라운 복음을 깨닫게 됩니다. 그것이야말로 예수님이 오셔서 우리에게 선포하신, 이 땅에 도래한 하나님나라 복음과 하나님의 자녀로서 주(主)의 뜻을 이루는 삶에 대한 실제적이고 올바른 가르침이라고 생각합니다.

예수 그리스도의 삶을 사는 우리의 믿음

우리가 처음 구원을 받았을 때 우리는 분명히 믿음으로 우리 자신의 옛 사람이 예수와 함께 십자가에 못 박혔다고 고백했습니다.

⁶ 우리가 알거니와 '우리의 옛 사람이 예수와 함께 십자가에 못 박힌 것은' 죄의 몸이 죽어 다시는 우리가 죄에게 종노릇 하지 아니하려 함이니 롬 6:6

우리 자신이 그리스도와 함께 십자가에 못 박혔다고(갈 2:20 전반부) 믿음으로 선포했습니다.

²⁰ 내가 그리스도와 함께 십자가에 못 박혔나니 그런즉 이제는 내가 사는 것이 아니요 오직 내 안에 그리스도께서 사시는 것이라… 갈 2:20

나의 옛 자아를 십자가에 못 박음으로 세상 신(神)이 떠나가고 내 안에 그리스도께서 임하셨으며, 따라서 내가 그리스도 안에서 새로운 피조물이 된 것입니다. 그런데 정작 새로운 피조물의 삶을 실제로 어떻게 살아야 하는지는 분명치 않습니다.

저는 우리가 갈라디아서 2장 20절 후반 구절을 잘못 알고 있기 때문에 우리가 예수 그리스도의 삶을 온전히 살지 못하는 것이 아닌가 생각합니다.

²⁰ … 이제 내가 육체 가운데 사는 것은 나를 사랑하사 나를 위하여 자기 자신을 버리신 하나님의 아들을 믿는 믿음 안에서 사는 것이라 갈 2:20

"나를 위하여 자기 자신을 버리신 하나님의 아들을 믿는 믿음 안에서 사는 것이라"라고 할 때 '하나님의 아들을 믿는 믿음 안에서'라는 것은 내가 구원을 얻었기 때문에 내가 그 예수를 믿음으로 산다는 뜻이 아닙니다. 이 말씀은 '예수 그리스도 안에 있는 믿음'(live by the faith of the Son of God, KJV ; live by faith in the Son of God, NIV)으로 산다는 뜻입니다.

> 16 사람이 의롭게 되는 것은 율법의 행위로 말미암음이 아니요 '오직 예수 그리스도를 믿음으로 말미암는 줄'알므로 우리도 그리스도 예수를 믿나니 이는 우리가 율법의 행위로써가 아니고 '그리스도를 믿음으로써 의롭다 함을 얻으려'함이라 율법의 행위로써는 의롭다 함을 얻을 육체가 없느니라 갈 2:16

이 구절에도 "오직 예수 그리스도를 믿음으로"라는 말이 두 번이나 나오지만 본래 뜻은 "예수 그리스도 안에 있는 믿음으로" 의롭게 된다는 것입니다. 이 삶이 "내가 사는 것이 아니요 오직 내 안에 그리스도께서 사시는" 것입니다. 나의 옛 자아(육신적 본질)는 죽었고, 그리스도 안에서 새로 형성된 새로운 자아, 그리스도 영의 인도함을 받는 거듭난 자아(거듭난 영적 본질), 이 새로운 자기의식으로 이미 완성된 예수 그리스도의 사역(예수 그리스도의 죽으심과 부활을 통하여 이루신 우리의 자녀됨과 약속의 말씀)이 끊임없이 믿어지는 것입니다.

그리스도의 생명을 나타내는 십자가와 성령

그리스도 안에 있는 믿음으로 사는 것이 어떻게 가능합니까? 그것은 우리의 옛 자아가 예수 그리스도의 십자가에서 죽었고 우리의 영 안에 예수님이 계신다는 사실이 믿어지면 됩니다. 그 일이 믿어지도록 하시는 분이 바로 '성령님'이십니다.

성령 하나님이 없이는 하나님의 자녀의 삶을 절대로 살 수 없습니다. 내 육체에 기초한 자기의식으로 이 사실을 믿으려고 애쓰는 것이 아니라, 자신의 옛 자아가 죽었음을 인정하고, 주(主)의 말씀을 받아들일 때 내 안에 계신 그리스도의 영에 의해 새롭게 형성된 자기의식에 따라서 믿어지는 것입니다. 그 결과로 예수 그리스도 안에 있는 믿음이 내 육체에 나타나도록 하는 것입니다.

하나님의 아들 안에 있는 믿음이 무엇입니까? 하나님께서 말씀하시고, 보여주시는 것이 나를 통해 이루어진다는 믿음, 바로 오직 주의 뜻대로 살고자 하는 믿음입니다. 그 실증이 바로 이 땅에 육신으로 오신 예수님의 삶이었습니다.

우리는 분명히 성령님의 인도함을 받아 십자가 앞으로 나왔고, 그 십자가에 자신의 옛 사람을 못 박았습니다. 그럼에도 불구하고, 우리는 왜 다시 옛날로 돌아가는 것일까요? 그것은 예수 그리스도의 십자가를 통한 구원 사건이 과거의 경험으로 남아 있기 때문입니다. 다시 말해서 구원받은 이후 십자가가 현재적 실존으로 계속 경험되고 있지 않기 때문입니다.

이유는 역설적이게도 성령님의 온전한 인도하심을 지속적으로 받지 못하기 때문이기도 합니다. 우리는 흔히 성령님과 교제하고, 그 성령님의 인도함을 받으면 성령님께 권능을 받고 그리스도인의 삶을 살수 있다고 생각합니다. 하지만 그렇지 않습니다. 성령님은 예수 그리스도를 증거하시는 분으로 우리가 구원받은 이후에도 우리를 다시 십자가로 인도하십니다. 날마다 그 십자가에 자기 육체를 죽임으로 내 죽을 육체에 그리스도의 생명이 나타나도록 하십니다.

결국, 성령님은 우리를 십자가로, 십자가는 우리를 다시 성령님께 인도합니다. 이 사실을 제대로 경험하지 못하는 성도는 내적 열매 없이 오직 성령의 능력만을 추구하는 삶을 살 수밖에 없습니다.

현재적 실존의 십자가를 만나라!

성령의 끊임없는 인도함을 통해서 십자가에서 맞은 나의 죽음 위에, 하나님의 아들 안에 있는 믿음으로 그리스도의 삶을 살아가는 것입니다. 내가 예수 그리스도를 믿고 나의 삶을 살아가는 것이 아닙니다. 성령의 온전한 인도함을 받지 못할 때 우리는 과거 자신의 옛 자아를 십자가에 못 박은 희미한 기억만으로 현재의 삶을 살 수밖에 없습니다.

사도 바울은 성령을 통해서 예수 그리스도를 알게 되었고, 예수 그리스도의 죽으심과 부활에 동참하여 구원을 얻게 되었습니다. 그리고 그 성령을 좇아 행하는 삶이 얼마나 중요한지 알아서 우리에게도 그렇게 살도록 권면합니다.

그러나 그의 삶에서 가장 중요한 것은 오직 '십자가'였습니다.

14 그러나 내게는 우리 주 예수 그리스도의 십자가 외에 결코 자랑할 것이 없으니 그리스도로 말미암아 세상이 나를 대하여 십자가에 못 박히고 내가 또한 세상을 대하여 그러하니라 갈 6:14

그의 모든 삶과 사역은 십자가에 기초한 성령님과의 교제였지, 성령님의 능력 사역만을 추구한 것은 아니었습니다. 이것이 오늘날 너무 많이 간과되고 있습니다. 왜냐하면 오랫동안 십자가와 성령을 나누고 구분해서 신앙생활을 해왔기 때문입니다.

흔히 성령님은 우리에게 능력을 주시는 분으로만 생각하는데 결코 그렇지 않습니다. 성령님은 우리를 다시 십자가로 데려가서 하나님의 아들 안에 있는 믿음으로 끊임없이 우리의 본질적인 죽음을 일깨우십니다. 그리고 하나님과 원수가 되는 육적 생명을 자진해서 죽이고 거기서 벗어나고 싶다는 간절한 소원을 주십니다.

십자가는 그리스도의 죽음과 사랑, 그리스도와의 완전한 연합, 말할 수 없는 기쁨과 환희가 모두 함께하는 장소입니다. 나의 모든 것이 끝장나는 장소이자 그리스도의 모든 것을 가질 수 있는 장소, 하나님 앞으로 갈 수 있는 문(門)이며, 우주의 비밀을 깨닫는 장소입니다. 따라서 십자가의 죽으심과 부활하심에 동참한다는 것은 과거의 사건만이 아니며 성령 안에서 현재 나의 존재와 삶의 기초가 됩니다. 옛 자아의 죽음 이후에도 우리의 삶은 십자가에서 시작되어야 합니다. 그럴 때 예수 그리스도의 영이신 성령님이 내 육신을 통치하심으로써 주의 성품으로, 주의 뜻을 이루는 권능으로 나타납니다.

예수님은 우리 죄를 대속(代贖)하기 위해 죽으셨고 부활 승천하셔서 이제 믿는 우리 안에 계시며, 우리는 보혜사 성령님과 교제해야 하며, 그분의 인도함을 받아야 합니다. 하지만 그것이 진리의 전부는 아닙니다.

그리스도인의 삶은 단지 '살아 계신' 그리스도와의 동행이 아니라 '우리를 위해 죽으시고 부활하신' 그리스도와의 동행입니다. 성령으로 새롭게 된 마음에 영원히 함께하는 십자가를 통해서, 옛 자아의 죽음과 새 생명에 대한 실존적 믿음 위에서 우리의 존재를 느끼며 매일의 삶을 살게 되는 것, 이것이 바로 그리스도 안에 새로운 피조물 된 삶입니다.

십자가를 통해 교제하라

그럼에도 불구하고 현실적으로 여전히 일상의 삶 가운데 우리 육신에 대한 구속(救贖)이 남아 있습니다. 비록 우리의 본질은 의인으로 변했지만, 실제적인 우리 육신의 삶은 여전히 죄의 세력 가운데 머물러 있기 때문입니다. 우리의 육신마저도 내 안에 계신 그리스도로 말미암아 세상이 나를 대하여, 또한 내가 세상을 대하여 십자가에 못 박히도록 해야 합니다.

사도 바울이 갈라디아 교인들에게 편지를 보내고 이후 몇 년이 지나 빌립보교회에 보낸 편지를 보면, 바울 자신이 그리스도의 삶을 살 수 있는 것은 단순히 십자가를 믿기만 해서가 아니라 십자가가 그의 전 존재의 기초가 되었기 때문임을 너무나 분명하게 보여줍니다.

[10] 내가 그리스도와 그 부활의 권능과 그 고난에 참여함을 알고자 하여 그의 죽으심을 본받아 [11] 어떻게 해서든지 죽은 자 가운데서 부활에 이르려 하노니 빌 3:10,11

이미 자신의 옛 자아를 못 박고 구원을 얻은 바울일지라도 그는 여전히 그리스도와 부활의 권능과 고난에 동참하는 것을 알고자 하여, 예수 그리스도의 죽음에 연합함으로 자신의 죽음으로부터 부활에 이르기를 원하였습니다.

[10] '우리가 항상 예수의 죽음을 몸에 짊어짐은' 예수의 생명이 또한 우리 몸에 나타나게 하려 함이라 [11] '우리 살아 있는 자가 항상 예수를 위하여 죽음에 넘겨짐은' 예수의 생명이 또한 우리 죽을 육체에 나타나게 하려 함이라 고후 4:10,11

이 말씀에 따르면 예수의 생명이 우리 죽을 육체에 나타나게 하는 방법 중 하나는 예수의 죽음을 몸에 짊어지는 것입니다. 이것은 예수께서 왜 우리를 위해 죽으셨는지를 성령 안에서 기억하고 믿는 것입니다. 그 이유는 나의 죄와 저주를 사하기 위해서이고, 또한 죽을 수밖에 없는 죄인을 구원하기 위해서입니다. 두 번째는 살아 있는 자가 항상 예수를 위하여 죽음에 넘겨지는 방법입니다. 이것은 예수 그리스도의 영으로써 자신의 살아 있는 육체를 매일 십자가에 못 박는 일입니다. 이것은 결코 자신의 결단이나 노력으로 할 수 있는 것이 아니고, 오직 성령님에 의해서 그리스도의 영에 기초한 새로운 영적 자기의식을 가져야만 가능합니다.

성령님은 우리가 우리 안에 계신 예수 그리스도와 끊임없이 교제하도록 하십니다. 그 핵심이 바로 십자가를 통한 교제입니다. 즉, 옛 자아의 죽음을 통한 그리스도와의 연합이며, 그 결과 그리스도의 생명이 우리 죽을 육체에 나타나는 것입니다. 이것이 바로 새로운 피조물이 갖는 그리스도와의 교제입니다.

십자가가 없는 성령님과의 교제는 단지 일회적인 성령체험에 불과합니다. 수많은 사람들이 성령체험을 했는데도 불구하고 여전히 자기중심적인 삶에서 벗어나지 못하고, 주(主)의 성품과 주의 뜻을 나타내지 못하는 이유 역시 십자가로 돌아가지 않기 때문입니다.

십자가와 성령은 하나다!

오늘날 우리는 교회를 다니고 예배를 드리고 봉사와 헌신도 합니다. 그러나 예수님의 삶 그 자체인 십자가와 성령에 대한 깊은 묵상과 실천적 체험이 없습니다. 그렇기 때문에 많은 성도들이 '십자가'는 구원을 얻기 위해, '성령'은 주(主)의 일을 하기 위해서라는 식으로 구분하는 신앙생활을 합니다. 더욱이 그 속마음에 성령의 권능을 받아 자기를 과시하고 자신의 부족함을 메우려 한다면 그것은 너무나 어처구니없는 일이자 하나님 보시기에 부끄러운 일입니다.

설령 환상도 보고, 능력도 행하고, 이 세상에 대해 진리의 말씀을 선포하고, 다가올 미래에 대해 예언할지라도, 그 사역은 십자가와 성령 그리고 신앙생활과 일상의 삶이 씨실과 날실로 엮여 있지 않기 때문에 마치 해진 옷과 같습니다.

우리는 다시 복음의 기초로 돌아가야 합니다. 예수의 생명이 우리 죽을 육체에 매순간 나타나게 하는 것이 바로 새로운 피조물의 삶입니다. 이것은 성령으로 인해 십자가로 가는 삶이고, 십자가를 통해 성령님과 교제하는 삶입니다. 십자가와 성령은 하나입니다.

복음이란 예수님이 내 죄를 대신 지신 그 십자가를 단지 믿는 것만이 아닙니다. 내 육체의 생명(자존자적이고, 자기중심적이고, 자기를 사랑하고, 자신의 육체에 기초한 모든 삶의 태도)을 십자가에 못 박음으로(죽음으로), 그리스도의 영으로 새롭게 태어나 하나님의 자녀로서 이 땅에 도래한 하나님나라의 삶을 사는 것입니다. 복음은 우리를 지금보다 더 나은 사람으로 변화시켜주는것이 아니라 우리를 예수님의 죽으심과 부활에 연합시켜 새로운 피조물로 바꾸어주는 것입니다.

결국, 예수 그리스도의 죽음과 부활을 어떻게 균형 있게 보느냐가 그 사람의 진정한 영성(靈性)입니다. 그리스도인의 실제 삶에 있어서도 그리스도의 죽음과 부활로 인한 나의 옛 사람의 죽음과 새 사람의 새 생명이 동시에 나타나야 합니다. 우리의 옛 사람이 십자가에서 죽을 때 내 심령에 찾아오신 그리스도의 영으로 인하여 본질적인 변화가 일어나고, 그 결과 그리스도의 영에 의해 통치함을 받을 수 있게 됩니다.

• 성령체험을 한 후에 십자가는 구원 당시 당신이 죄 사함을 받았던 곳인가 아니면 지금 당신 존재의 기초가 되는 곳입니까?

• 주님! 날마다 이 죽을 육체에 예수의 생명이 나타나게 하옵소서!

하나님의 영광이 임하는
교회를 꿈꾼다

교회가 유일한 소망이다!

저는 이 책에서 신학적 성령론이 아니라 제가 경험한 성령님을 소개함으로써 성령님을 갈망하는 모든 분들의 신앙생활에 실제적인 도움을 주고자 했기 때문에 교회적 관점에서 교회와 성령에 대해서 잘 살피지 못했습니다.

현재 기독교가 세상에 큰 영향을 끼치지 못하고 또한 세상이 교회를 향해 손가락질 한다 하더라도, 저는 이 세상을 변화시킬 수 있는 유일한 소망이 교회라는 사실을 절대적으로 믿습니다.

2008년에 설립된 HTM(헤븐리터치 미니스트리)을 통해 그동안 하나님께서 행하신 일들을 되돌아보며, 저는 다시 한번 교회를 바라보게 되었습니다. 교회를 통해 세상이 하나님나라로 변화될 것과 그 결과 교회가 다시 부흥할 것과 그 일을 위해서 하나님께서 목회자들에게 갑절의 기름부으심을 부어주시기를 간절히 기도하고 있습니다.

그렇다면 이 세상을 하나님나라로 바꿀 수 있는 교회는 과연 어떤 모습이 되어야 할까요? 교회가 세상을 하나님나라로 변화시키고 교회가 다시 부흥하기 위해서 저는 '말씀'과 '성령'이 하나 되어야 한다고 생각합니다.

구원의 복음뿐만 아니라 '하나님나라의 복음'이 선포되어야 하며, 제자훈련 이전에 먼저 '진정한 자녀성'이 회복되어야 합니다. 그래야만 우리의 삶에서 그리스도의 성품과 능력이 동시에 나타나게 됩니다.

이 일을 이루기 위해서 오늘날 교회는 한 가지만 빼고 다 갖추고 있습니다. 그 한 가지는 하나님의 영광의 임재와 능력입니다. 이는 마치 인공지능 기술을 갖춘 최고급 가전제품이라도 전기가 공급되지 않으면 아무짝에도 쓸모가 없는 것과 같습니다.

전통적인 목회를 하는 기존 교회에서는 교회의 부흥을 가장 갈망합니다. 그러면서도 막상 성령의 나타나심과 역사하심을 경험하면 두려워하고 배척하는 일들이 발생합니다. 교회의 질서가 무너지는 것에 대한 두려움, 성령님과 어떻게 교제를 나누어야 하는지 모른다는 두려움이 있습니다.

성령의 역사를 체험한 성도들은 기존의 전통 질서를 불신하는 반면, 성령의 역사를 체험하지 못한 성도들은 자유를 두려워하는 현상이 생겨납니다. 과거에는 개혁 복음주의 교회와 오순절 은사주의 교회의 신학적 견해 차이라 이해되었지만, 오늘날에는 교회 내에서 성령의 역사를 체험한 성도들과 그렇지 못한 성도들 간에 갈등이 생기고 있습니다.

앞으로의 교회는 교단과 교파를 초월하여 교회의 질서 유지와 성령님의 자유로운 운행하심이 함께해야 합니다.

주님의 뜻을 이루는 교회

그렇다면 예수님이 말씀하신 바, 성령을 통해 예수 그리스도가 누구신지를 아는 교회, 음부의 권세를 멸하는 교회, 천국 열쇠를 가진 교회, 주(主)의 뜻을 이루는 교회로 돌아가기 위해서 무엇이 회복되어야 할까요?

> 18 또 내가 네게 이르노니 너는 베드로라 내가 이 반석 위에 내 교회를 세우리니 음부의 권세가 이기지 못하리라 19 내가 천국 열쇠를 네게 주리니 네가 땅에서 무엇이든지 매면 하늘에서도 매일 것이요 네가 땅에서 무엇이든지 풀면 하늘에서도 풀리리라 하시고 마 16:18,19

주의 생명으로 하나됨을 추구하라

은사가 나타나는 성도들은 그렇지 못한 성도들에 비해 자신들이 더 영적이라 착각하여 그리스도 생명의 하나됨에 초점을 맞추기보다 옳고 그름을 따지는 일에 자신의 은사를 사용하는 경향이 있는데, 이는 참으로 교만한 일입니다. 모든 은사는 성령의 나타나심으로 이루어지는 것으로 사랑에 기초해야 합니다. 은사가 주어진 이유는 교회의 모든 성도가 하나 되어 주의 뜻을 이루기 위해서입니다.

은사 추구하기를 꺼려하는 교인들은 자신들의 삶이 그리스도의 성품을 닮아가는 삶이라 규정하는 반면, 은사주의적 교인들은 자신들이 그리스도의 능력을 추구하고 사용하는 삶을 살아간다고 생각합니다. 그리고 자신들의 잣대로 서로를 비난합니다.

그러나 정말 중요한 것은 우리가 하나 되기 위해서는 자신이 갖추지 못하고 경험하지 못한 바를 인정하고 존중하고 배우려는 마음의 태도를 가져야 한다는 것입니다. 주 안에서 서로 하나 되는 것을 경험하는 것이 가장 중요합니다.

하나님의 임재와 영광을 구하라

교회에 하나님의 영광이 나타나야 하며, 성령의 역사가 일어나야 합니다.

예배나 집회의 모든 시간에 성령이 임하시고 일하시도록 성령님을 인정하고 환영해야 합니다. 모든 모임의 순서와 과정을 어떻게 매끄럽고 아름답게 진행시키느냐가 아니라 어떻게 하면 성령님이 나타나셔서 친히 그분 자신의 일을 행하실지에 모든 모임과 사역에 초점이 모아져야 합니다.

목회자 역시 어떤 말씀을 전해서 성도들에게 감동을 주고 은혜를 받도록 하느냐에 초점을 두는 것이 아니라 어떻게 하면 성도들이 삼위일체 하나님을 대면할까, 그리고 성령님이 친히 임하셔서 그분 자신의 말씀을 하시고 그분의 일을 행하시도록 할지에 모든 것을 걸어야 합니다. 말씀 선포에 있어서 가장 중요한 것은 성도가 아니라 하나님이십니다. 하나님은 성령님을 통하여 친히 성도들에게 자신의 말씀을 하고 싶어 하시기 때문입니다.

우리가 예배나 집회에서 성령님을 부르고 초청한다고 하지만 그 말이 공허한 메아리가 되게 해서는 안 됩니다. 실제로 우리가 그분을 의지하고 그분이 일하시도록 시간과 기회를 드리지 않는 것은 너무나 안타까운 일입니다.

어쩌면 가장 외로운 분이 성령님이실지도 모릅니다. 왜냐하면 거룩한 이름을 부르며 초청해놓고 실제 예배에서는 그분을 의지하거나 그분께 영광을 돌리지 않기 때문입니다. 콘티에 따라서 의식에 초점을 맞추고 본질이신 하나님의 영광의 임재에 관심이 없다는 말입니다.

우리의 혼과 육을 만족시키는 모든 말과 생각과 행동을 포기하고, 마음의 눈을 열고 성령님이 자신과 처소에 함께하시는 것을 전심으로 믿고, 그분의 역사를 간절히 소망해야 합니다.

예배에 하나님의 영광이 임하면 어떤 일이 생길까요? 주의 영광에 압도되며 자유하게 됩니다. 스스로 자신을 통제하지 않고 하나님의 영광에 압도된 채 더 이상 자신과 세상에 종노릇하지 않게 됩니다.

하나님이 누구이신지를 알게 되고, 자신의 삶을 하나님의 관점에서 보게 되고, 그 결과로 다양한 현상들이 나타나게 됩니다. 회개하고 통곡하는 자, 말할 수 없는 기쁨으로 주님을 경배하는 자, 질병이 치유되어 기뻐하고 감사하는 자, 숨어 있던 귀신이 드러나서 소동하는 자, 주의 선한 일을 더 알아가는 자가 생깁니다. 그야말로 주님의 뜻이 이루어지는 것입니다.

예배는 축제가 되어야 합니다.

평신도 리더를 세우고 훈련시켜라

교회의 목회자와 리더십은 평신도를 세워 그들이 은사대로 사역할 수 있도록 지원할 뿐만 아니라 사역의 장(場)을 마련해주어야 합니다.

평신도가 은사를 받고 능력을 소유하면 교만해져서 목회자를 무시하거나 교회의 질서와 조직을 무너뜨릴까 봐 염려하거나 성령 사역을 어떻게 멘토링 해야 할지 몰라 사역 자체를 부정하기 쉽습니다. 그러나 은혜보다 은혜의 위험성을 지나치게 높이 평가하여 하나님의 은혜를 제한시키는 것만큼 비성경적인 일은 없을 것입니다.

만약 전통적인 질서와 시스템 안에서만 제한적으로 교회가 운영된다면 어떻게 하나님이 교회의 주인이라고 말할 수 있겠습니까? 교회는 어떤 인간의 능력에 의해 움직여지는 것이 아니라 성령 안에서 하나님의 법과 질서에 따라 움직여져야 합니다. 하나님이 주시는 은사와 능력도 하나님의 법과 질서에 따라 사용되는 것입니다.

목회자에게 능력 행하는 은사가 없더라도 성도들에게 은사와 열매에 대해 바르게 가르치고 교훈하여 올바른 사역을 장려해야 합니다. 그럴 때 평신도들은 진실로 성령의 인도함을 받을 뿐만 아니라 목회자를 존중하고 사랑하게 됩니다. 그렇지 못하면 교회는 목회자의 자질과 능력 안에서 제한될 수밖에 없습니다. 교회의 주인은 삼위일체하나님이십니다. 교회는 모든 면에서 그분이 나타나셔야 합니다.

고(故) 하용조 목사님은 제가 집사일 때 저를 향한 하나님의 부르심과 제 은사를 이해하시고, 말씀을 전하며 사역할 수 있는 공간을 마련해주시고, 재정적으로도 지원해주셨습니다. 그 당시만 해도 평신도가 말씀을 선포하고 안수기도를 한다는 것은 있을 수 없는 일이라 생각되던 때였습니다. 평신도를 세우신 목사님의 용단과 배려야말로 참된목회자의 자질이라 생각합니다.

전통적으로 교회는 목회자의 직책을 가진 사람이 수행하는 사역 외에 다른 어떤 것도 효과적일 수 없다는 잘못된 믿음과 전통을 가지고 있습니다. 그것이 바로 직분과 신분을 혼동하게 만드는 것입니다. 우리는 우리가 맡은 직분이 자신의 신분(권세와 능력)을 나타내준다고 생각하지만 그것은 세상의 기준이고 시스템일 뿐 하나님나라에서는 결코 그렇지 않습니다. 직분이 자신의 신분을 나타낸다고 생각할 때부터 문제가 발생하는 것입니다. 교회 내 직분의 차이를 신분의 차이로 보는 잘못된 시각부터 바로 잡아야 합니다.

교회는 은사를 가진 자를 두려워하거나 배척하거나 혹은 비정상적으로 높이는 것을 금해야 합니다. 각자 은사대로 쓰임받을 뿐입니다. 은사와 능력은 그 사람의 신분을 나타내는 것이 아닙니다. 성령의 나타나심일 뿐입니다.

성도들은 목회자를 존귀히 여겨야 하며, 그 분들을 위해 항상 기도해야 합니다. 목회자는 성도의 영혼을 보살피며 하나님의 말씀을 전하고 하나님나라의 삶을 가르치는 직분을 가졌기 때문입니다. 그러나 서로 자기 직분을 신분으로 착각할 때부터 문제가 생기는 것입니다.

우리 모두는 성령 안에서 한 지체이며 우리가 한 성령 안에서 서로 존중하도록 하시는 분이 성령님이십니다.

18 그러나 이제 하나님이 그 원하시는 대로 지체를 각각 몸에 두셨으니 고전 12:18

성령 사역은 반드시 검증 받아야 한다

하나님은 하나님의 주권적 역사로 성도들에게 기름부어주시고 각종 은사를 주실 수 있습니다. 그러나 그 은사와 능력이 자신의 신분을 높인다고 착각하거나 그 은사와 능력이 있기 때문에 당장 사역해야 한다고 생각한다면 그것은 매우 어리석은 일입니다.

은사와 능력을 온전히 사용하기 위해서는 오랜 시간이 걸립니다. 받은 은사와 능력을 제대로 사용할 수 있는지 검증받는 시간이 필요한 것입니다.

또한 모든 은사와 능력은 자신을 위한 것이 아니라 주의 몸 된 교회를 세우고, 주(主)의 나라를 확장하는 데 필요한 것입니다. 따라서 교회와 하나님의 백성을 섬기지 않는 은사와 능력은 생각할 수 없는 일입니다. 교회와 하나님의 백성을 섬기기 위해서는 하나님의 법과 질서에 순종하는 법부터 배워야 합니다.

우리가 사역자로 세움을 받기 위해서 3단계의 훈련 과정을 통과해야 한다면, 사역에 필요한 각종 은사와 능력이 나타나는 것은 1단계 과정일 뿐입니다. 그 사람의 일상 삶의 태도와 영적 성숙을 검증하는 것이 2단계 과정입니다. 이 과정에는 내적치유와 더불어 하나님과의 친밀한 관계가 반드시 있어야 합니다. 그리고 진정한 섬김을 위한 순종과 감독을 받는 것을 배우는 것이 3단계입니다. 온전한 사역을 위해서는 이 세 가지 단계 모두 교회의 리더십과 다른 지체들로부터 인정을 받아야 합니다. 그럴 때 사역을 시작할 수 있습니다.

그런데 많은 경우, 단지 1단계만을 거쳐서 사역하기를 원합니다. 그리고 그런 은사들을 자신의 잘나서, 혹은 노력한 대가로 하나님이 주신 것으로 또는 자신이 소유한 것으로 착각하여 교만해지거나, 그것을 인정해주지 않을 때 리더십을 무시하거나 비난하고, 교회 내에서 감독을 받지 않고 자기 뜻대로 행하며 교회의 질서를 어지럽히기도 합니다.

18 교만은 패망의 선봉이요 거만한 마음은 넘어짐의 앞잡이니라 잠 16:18

저는 1단계 과정을 거친 후에도 2단계와 3단계의 과정을 거치는데 오랜 시간이 걸렸습니다. 제 자신의 인간적인 부족함을 깨닫는 시간이 필요했고, 감독에 대한 순종과 배움, 부당한 비난과 대우를 인내하며 기다리고, 섬김의 자세를 훈련하는 과정을 지나왔습니다. 그 당시에는 너무나 괴롭고 힘든 시간이었는데, 지금 와서 생각해보면 그런 기간이 없었더라면 오늘의 사역이 있을 수 없다는 것을 깨닫게 됩니다.

처음에는 다른 사람들이 하나님이 주신 은사와 능력을 인정해주지 않는 것 같아 너무 힘이 들었습니다. 하지만 나중에야 다른 사람들이 인정해주지 않는 것은 저의 '은사와 능력'이 아니라 바로 '나 자신'이었다는 것을 알게 되었습니다.

그렇습니다. 은사를 주신 것은 하나님이시고 그 은사도 하나님의 것입니다. 그러나 그 은사를 담고 있는 그릇이 하나님이 쓰시기에 좋은 그릇인지 아닌지는 검증을 받아야 하며, 또한 여러 가지 훈련(칭찬을 통해서도, 비난을 통해서도, 오해를 통해서도)을 통해서 하나님의 그릇으로 새롭게 되어야 합니다.

또한, 목회자나 리더십의 지시에 순종하는 것과 교회의 질서를 어지럽히지 않는 것(교회에 덕이 되게 하는 것을)을 배우는 것이 정말 중요합니다. 이것은 옳고 그름을 밝히는 문제가 아니라 자신을 포기하는 것을 배우는 과정입니다. 처음에는 이것이 훈련인지 모르다가 시간이 흐르고 나서야 그것이 하나님이 허락하신 가장 귀중한 시간이었다는 것을 알게 됩니다.

하나님은 어떤 한 사람의 영웅을 통해 일하시기보다 합력하여 선(善)을 이루시기를 원하십니다. 어떤 사람도 모든 부분을 다 알 수 없고 모든 부분이 다 온전할 수는 없습니다.

우리는 서로의 짐을 져야 하며 서로를 위해 섬겨야 합니다. 하나님께서 자신에게만 말씀하시지 않고 다른 사람을 통해서도 말씀하신다는 사실을 인정해야 합니다. 그리고 자신이 듣고 행하는 것이 모두 옳은 것만은 아니라는 것 또한 알아야 합니다.

하나님이 우리를 통해 일하시도록 하라

하나님께서 역사하시도록 우리가 중보하는 것과 그분이 친히 임하셔서 역사하시도록 하는 것은 완전히 다른 일입니다. 많은 경우에 중보기도 하고 간절히 소망은 하지만 그분이 친히 역사하시도록 하지 않는다는 것이 문제입니다.

우리는 예수 그리스도를 믿는 자가 아니라 우리 안에 계신 그분이 나타나시는 영광의 통로입니다. "주여, 이렇게 되도록 도와주소서, 예수님의 이름으로 기도 드렸습니다"라고 문제에 대해 기도하는 것과 "예수 그리스도의 이름으로 명하노니 이렇게 될지어다"라고 문제를 향해 기도하는 차이를 알아야 합니다.

> 6 베드로가 이르되 은과 금은 내게 없거니와 내게 있는 이것을 네게 주노니 나사렛 예수 그리스도의 이름으로 일어나 걸으라 하고 행 3:6

사도들의 사역을 생각해보십시오. 그들은 질병으로 고통받고 더러운 귀신에 눌려 있는 사람을 향해 하나님께 간구한 것이 아닙니다. 귀신을 꾸짖어 명령하고 내쫓았습니다. 우리도 하나님의 자녀 되는 권세와 능력을 이 세상에 나타내야 합니다.

저는 요한복음 14장 10절 말씀을 예수님의 버전이 아니라 우리의 버전으로 바꾸어 늘 묵상합니다.

> 10 내가 아버지 안에 거하고 아버지는 내 안에 계신 것을 네가 믿지 아니하느냐 내가 너희에게 이르는 말은 스스로 하는 것이 아니라 아버지께서 내 안에 계셔서 그의 일을 하시는 것이라 요 14:10

"우리가 성령 안에 거하고 성령이 우리 안에 계신 것을 믿지 아니하느냐 우리가 세상에 선포하는 약속의 말씀이 스스로 하는 것이 아니라 아버지께서 우리 안에 계셔서 그의 일을 하는 것이라.”

성령의 권능을 나타내는 것은 우리가 바로 하나님의 자녀이기 때문입니다. 모든 교회에서 하나님의 자녀 된 권세와 능력이 회복되기를 간절히 바랍니다.

우리는 교회에 부흥이 임하기를 간절히 기도해야 합니다. 부흥이란 무엇입니까? 역사적으로 볼 때 어느 지역에 부흥이 임하면, 잃어버린 영혼들이 교회로 몰려왔고, 회개의 역사가 일어나 교회의 거룩함이 회복되었고, 그 지역에서 음주, 음란, 마약 등이 사라지고 범죄율이 줄어드는 일들이 벌어졌습니다. 그러나 이런 일들은 부흥의 결과이지 부흥 그 자체는 아닙니다. 부흥은 하나님이 교회에 영광으로 방문하시고 머무시는 것입니다.

당신이 자신의 교회에 하나님의 영광을 초청하는 자가 되십시오. 그 일을 위해 당신의 교회에 하나님의 영광이 임했다는 사실을 선포하십시오. 당신의 목회자에게 갑절의 기름부으심이 임했음을 선포하십시오. 믿으면 되는 것이 아니라 믿은 대로 된다는 사실을 묵상하십시오.

● 당신이 예수 그리스도의 이름을 부를 때마다 하나님의 영광이 임하시고 그 영광이 실제적으로 영향력을 미친다는 것을 믿으십니까?

● 어느 장소에 가든지 누구를 만나든지 그곳에, 그 사람 위에 하나님 영광이 임하시도록 선포하십니까?

● 모든 일과 상황의 주인은 나도 상대방도 정사와 권세도 악한 마귀도 아니라 여호와 하나님이심을 믿으십니까?

우리가 성령님을
더 열렬히 환영해야 하는 이유

성령님과의 올바른 관계를 지향하는 책

저는 그동안 성령님을 만나고 지금까지 그분의 인도함을 받는 삶을 나누는 몇 권의 책을 썼습니다. 하지만 오래 전부터 이 책《알고 싶어요 성령님》을 쓰고자 하는 간절한 염원을 가지고 있었습니다. 왜냐하면 제 간증에 국한된 것이 아니라 모든 성도들이 성령님께 초점을 맞춘 신앙생활을 하는 데 실제적인 도움을 줄 수 있는 책이 꼭 필요하다고 느꼈기 때문입니다.

지금까지 저는 성령에 관한 수많은 책들을 읽었습니다. 제 소견에는 성령님에 대해 알려주는 책, 성령님에 대한 잘못된 교리나 부작용을 비판하거나 바로잡아주는 책은 많았지만, 정작 그 성령님과의 만남과 올바른 관계와 친밀한 교제 그리고 그 성령님의 인도함을 받는 삶에 대해 쓴 책은 많지 않았다고 생각합니다.

지금 우리에게는 신학적 이론적인 책이 아니라 말씀에 기초하여 살아 계신 성령 하나님과의 관계를 나눌 수 있는 실제적이고 체험적인 책이 절실히 필요하다고 생각합니다. 부정과 비판을 넘어 애정 어린 격려와 실질적인 답을 주는 책 말입니다. 왜냐하면 우리는 주(主) 안에서 한 가족이기 때문입니다.

하지만 이 책을 마무리하며 다시 돌아보면 여전히 부족하고 더 알아야 할 것이 많다는 생각을 지울 수 없습니다. 그런 점에서 독자들의 넓은 이해과 권면을 바랍니다.

성령의 역사의 물결에 올라타라!

가만히 생각해보면, 과거의 저처럼 하나님을 믿지 않는 불신자들은 여전히 말씀을 믿기 위하여 말씀의 실체, 즉 성경이 말하는 것처럼 기사와 표적을 구하는 반면, 하나님을 믿는다는 기독교인들은 성경 말씀에 따른 실체는 더 이상 없다는 것을 굳게 믿는 것 같은 이상한 지경에 이른 것 같습니다. 하지만 과연 이런 태도가 성숙한 신앙이라고 말할 수 있을까요?

누구든지 성경의 말씀을 진리라 인정하고 처음 말씀을 읽는다면, 예수님은 지금도 살아 계시고 우리와 함께하시며 성령을 통한 역사가 지금도 일어난다는 사실을 부인할 수 없을 것입니다. 성령의 감동하심으로 믿음이 들어왔을 때 제가 읽은 성경이 바로 그랬습니다(물론 그일이 일어나는 것은 별개의 문제로 하고 말입니다).

외국 유학생활 중 처음 신앙을 갖게 된 저는 과거 어떤 교회도 다닌적이 없었기 때문에 들어본 설교도 없고 교단이나 교파에 따른 교리나 전통에 대해 아는 바가 전혀 없었습니다. 그런데 열심히 교회에 다니면서 다른 성도들과 교제하며 알게 된 것은, 모든 성도들이 성경 말씀을 말씀 그대로 받아들이기보다 각각의 교단과 교파의 신학적 견해에 따라 다르게 받아들인다는 것입니다.

물론 성령의 역사에 의한 기사와 표적 없이도 우리는 말씀만으로 예수님을 전할 수 있습니다. 그렇지만 우리가 진정한 그리스도인이라면 우리가 전하는 진리의 말씀대로 실체를 보이는 것이 마땅하다고 생각합니다.

저는 말씀이 진리가 아니라든지 말씀만으로 전도하는 것이 잘못되었다고 말하는 것이 아닙니다. 그보다 훨씬 더 좋은 방법이 있는데 왜 그것을 기대하지도 구하지도 않고 포기하느냐는 것입니다. 마치 자동차 사고가 나는 게 두렵다고 자동차를 타지 않겠다고 하는 것처럼 부작용이 있을 수 있으니 아예 그 방법을 추구하지도 않는 것이 낫다고 생각하는 것이 과연 옳을까요?

후면만이 아니라 전후방 및 좌우 측면 모두 촬영할 수 있는 블랙박스가 처음 나왔을 때 저는 하도 신기해서 그것을 차에 장착했습니다. 차 안에서 사면(四面)을 보며 운전한다는 것은 제게 색다른 즐거움을 안겨주었습니다. 한번은 주차되어 있던 제 차 옆문에 심한 스크래치가 나 있어서 블랙박스로 확인해보았는데, 다른 차의 차 문에 심하게 부딪친 결과 난 스크래치였습니다. 블랙박스 영상에는 그 차량의 색깔과 번호판은 물론 운전자가 차에서 나와 제 차를 보고 간 장면까지 선명하게 찍혀 있었습니다.

그 후 동일한 장소에서 제 아들이 그 차를 발견하고 전화를 걸었습니다. 그 차량의 차주(車主)는 처음에는 말도 안 되는 이야기라고 화를 내며 부정했지만, 블랙박스에 다 찍혀 있으니 만나서 보여주겠다는 말에 급기야 꼬리를 내리고 정말 미안하다고 말하고 용서를 구했고 모든 수리비용을 물어주겠다고 했습니다.

말로 하면 아무리 해도 안 되었겠지만 그 말을 뒷받침하는 명확한 증거로 한번에 모든 것을 해결할 수 있었던 것입니다. 저는 이것이야말로 바로 지금 이 시대에 말씀에 따르는 실체가 나타나야 하는 이유라고 생각합니다.

예수께서 우리에게 땅끝까지 이르러 하나님나라의 복음을 전하는 증인이 되라고 말씀하셨습니다. 이 일을 행하기 위해 우리에게 필요한 것이 무엇입니까? 마지막 때가 가까울수록 땅끝까지 복음을 전하기 위해 우리에게 필요한 것은 말씀뿐만이 아닙니다. 말씀에 따른 실체, 말씀에 따른 내 삶의 변화, 이 세상의 삶이 아니라 이 세상에 도래한 하나님나라의 삶을 직접 보여주는 것입니다.

예수님의 공생애 사역의 시작을 생각해보십시오. 예수님은 당신이 누구이신지를 믿도록 하기 위해서 표적을 보여주셨습니다.

11 예수께서 이 첫 표적을 갈릴리 가나에서 행하여 그의 영광을 나타내시매 제자들이 그를 믿으니라 요 2:11

23 유월절에 예수께서 예루살렘에 계시니 많은 사람이 그의 행하시는 표적을 보고 그의 이름을 믿었으나 요 2:23

제자들은 예수 그리스도와 복음을 증거하기 위해서 성령의 권능으로 기사와 표적을 나타내었습니다.

20 제자들이 나가 두루 전파할새 주께서 함께 역사하사 그 따르는 표적으로 말씀을 확실히 증언하시니라 막 16:20

그런데 놀랍게도 우리의 신앙적 태도는 점점 더 이런 삶에서 멀어지고 있으며 심지어 배척하기도 합니다. 예수님도 제자들도 복음을 증거하기 위해서는 성령의 권능이 필요하다는데, 우리는 그런 권능이 없이도 얼마든지 복음을 증거할 수 있다고 자신하는 것이 과연 올바른 태도일까요?

말씀과 성령의 하나됨을 방해하는 모든 틈을 막아서라

기독교 역사를 살펴볼 때 정경(正經)이 완성되지 않았던 초대교회 때는 성령님 없이 신앙생활 하는 것이 불가능했습니다. 말씀에 따른 기사와 표적이 나타났습니다.

하지만 4세기에 기독교가 로마의 국교(國敎)가 된 다음부터 인본주의적 헬레니즘의 영향을 받아 점점 더 논리와 이성에 기초한 말씀 중심의 신앙으로 변화되었습니다.

오랜 중세 암흑기를 거쳐 마침내 16세기 종교개혁이 일어났지만, 삼위일체 하나님은 믿어도 여전히 성령의 실재하심, 역사하심, 동행하심을 제대로 인정하지 않으려는 신앙 전통 속에서 교회 중심의 신앙생활이 이어져왔습니다.

19세기는 온 천하에 다니며 만민에게 복음을 전파하라는 주님의 대

위임령(大委任令, The Great Commission)을 이루기 위해 선교에 눈뜨게 되어 열방으로 복음을 전하게 되었고, 그 결과 기독교는 전 세계로 퍼져나가게 되었습니다.

그 당시 선교적 사명 역시 영혼을 구원하고 교회를 세우는 교회 중심 신앙생활에 초점이 맞추어졌지, 세상을 변화시키는 문화 명령(창 1:28)에는 소홀했습니다. 그 결과 오늘날 교회가 세상을 변화시키지 못할 뿐만 아니라 날이 갈수록 죄가 관영하여 교회가 세상을 복음화시키기보다 세상이 교회를 세속화시켜가고 있는 실정입니다.

믿는 그리스도인들은 다시금 교회를 통해 세상을 바꾸어야 합니다. 교회만이 세상을 변화시킬 수 있는 마지막이자 유일한 대안이기 때문입니다. 하지만 이제는 더 이상 유형적인 교회(교세, 교인수, 교회의 크기 등)의 부흥을 통해서만 세상을 바꿀 수 있다는 잘못된 믿음을 버려야 합니다. 교회의 부흥은 일어났지만 세상은 변하지 않았다는 것을 우리는 뼈저리게 체험했습니다.

이제는 무형적 교회(하나님의 백성들)가 이 땅에 임한 하나님나라에서 그리스도의 영의 인도함을 받는 삶을 살아야 합니다. 교회뿐만 아니라 성도 각자의 가정과 일터에 하나님의 영광이 나타나 세상을 변혁시키는 새로운 패러다임을 가져야 합니다.

마귀는 땅끝까지 이르러 하나님나라의 복음을 전파하는 일이 우리에게 달린 것이 아니라 자기들에게 달려 있는 것처럼 우리를 통제하고 속이고 있습니다. 이 시점에 우리가 정말로 깨달아야 할 것이 있습니다. 그것은 우리가 신학적 논쟁이 아니라 하나님의 뜻이 이 땅에 이루어지는 데 총력을 기울여야 한다는 것입니다.

예를 들면, 귀신의 존재와 정의에 대한 관점, 성령의 현재적 역사와 그에 반하는 기적 종식 및 은사 중지론적 관점, 성령의 내주와 성령세례에 대한 이견, 말씀과 성령의 하나됨에 대한 이견 등 우리 가운데는 여전히 불필요한 논쟁과 갈등이 존재하고 있습니다.

교단과 교파에 따라 서로 견해가 다를 수는 있지만 이것 때문에 서로 비난하거나 옳고 그름을 따지는 데 시간을 낭비하거나 주(主)의 뜻을 이루는 데 방해를 받아서는 안 됩니다. 이런 모든 논쟁과 비난은 결국 그리스도 안에 하나됨을 파괴하는 것이며 마귀에게 틈을 주는 것이기 때문입니다.

성령의 계시 안에서 말씀이 풀어지고, 그 말씀이 능력이라는 것을 경험해야 합니다. 더 이상 우리의 논리와 이성으로 하나님의 역사와 말씀의 실체를 제한해서는 안 됩니다. 교단과 교파를 초월해서 이제는 말씀과 성령이 하나 되는 놀라운 삶을 경험해야 합니다.

그리고 각자의 삶터에서 하나님나라의 실체를 보여주고 하나님의 성품을 나타냄으로써, 불신자들이 회심(回心)하는 역사로 다시 교회가 부흥하도록 해야 합니다. 정말이지 지금처럼 교회의 부흥 그 자체가 기독교의 목적이 될 수는 없습니다. 오직 주(主)의 백성이 자신의 삶터에 하나님나라를 이룬 결과로 거두어들인 열매가 부흥이 되어야 합니다.

진정한 복음으로 돌아가라!

오늘날 한국 교회의 성도 한 사람 한 사람이 정말 원하는 것은 진정한 복음을 듣는 것입니다. 참 예배를 통해 삼위일체 하나님을 실제로 경험하는 것입니다. 온전한 신앙생활을 하기 위해서 무엇을 어떻게 해야 하는지 배우고 행하는 것이 아닙니다.

그것도 필요하지만 그것만 한다면 그것은 종교 활동에 불과할 것입니다. 정말 소망하는 것은 전적으로 타락하고 부패한 우리에게 하나님이 찾아오셔서 무엇을 하셨는지 듣고, 믿음으로 그분이 내 삶에 나타나는 삶을 살고자 하는 것이라 믿습니다.

그러기 위해 우리는 더 열렬히 성령님을 환영해야 하고 그분과 인격적으로 만나야 하고 그분을 직접 경험해야 합니다. 성령의 인도하심을 받아 성령의 열매로, 성령의 능력과 은사로 이 땅에 도래한 하나님나라에서 하나님의 자녀로서 주(主)의 뜻을 이루어 나가야 합니다.

316

여러 모로 부족하다는 생각을 지울 수 없지만 이 책이 온전한 하나님의 자녀의 삶을 사는 데 도움이 되기를 간절히 기도합니다. 당신을 사랑하고 축복합니다. 샬롬!

말씀과 성령님의 만지심

헤븐리 터치

www.heavenlytouch.kr

HTM은 'Heavenly Touch Ministry'의 약어로 '하나님나라의 도래'와 '천국으로의 침노'를 지칭합니다. 우리는 회개함으로 구원을 받고, 우리 안에 계신 그리스도의 영으로 말미암아 하나님의 나라와 그 백성의 삶, 즉 하나님의 아름다운 덕을 나타내는 삶을 살아야 합니다. HTM은 말씀과 치유로 그 하나님나라를 경험할 수 있는 집회와 하나님나라를 세워갈 킹덤빌더들을 세우는 각종 훈련프로그램으로 교회와 성도들을 섬기는 사역단체입니다.

● HTM은 사단법인 한국독립교회 및 선교단체연합회에 소속된 선교단체입니다.

손기철 장로가 매주 인도하는 **월요말씀치유집회**	장소ㅣ **선한목자교회 본당**(지하철 8호선 복정역 2번 출구) 일시ㅣ **매주 월요일 저녁 7시 30분**

* HTM 센터가 마련되어도 월요말씀치유집회는 선한목자교회에서 계속됩니다. 단, 천재지변이나 특별한 이유로 장소와 시간이 변경될 수도 있으니 꼭 홈페이지에서 확인하세요. 1년 중 1월과 8월은 해외 집회 관계로 집회가 없습니다.

HTM 홈페이지 안내

www.heavenlytouch.kr

HTM 홈페이지에서는 HTM의 모든 집회, 교육, 사역 안내와 손기철 장로의 말씀 영상을 볼 수 있으며, HTM 집회와 도서와 동영상 등을 통해 치유를 경험한 성도님들의 치유간증을 실시간으로 볼 수 있습니다.

갓피플 닷컴 집회 영상,
MP3 다운로드 서비스(유료)
htm.Godpeople.com

HTM 집회 동영상과 손기철 장로의 말씀을 언제 어디서나 듣기 원하는 분들을 위해 집회 영상, MP3 유료 다운로드 서비스를 제공합니다. PC, 개인용 동영상 플레이어(PMP), MP3 플레이어로 보고 들을 수 있습니다.

HTM 센터의 모습

'**HTM 센터**'가
당신을 기다립니다.

● **헤븐리터치미니스트리센터(HTM 센터) 위치** 서울시 강남구 청담동 5-25번지 휴먼스타빌 2F, 3F

HTM 센터는 삶의 현장에서 모든 사람들이 하나님나라를 목도하고 침노할 수 있도록 먼저 하나님을 경배하고 각종 스쿨을 개최하며 하나님나라를 확장해나갈 터전이 될 것입니다. 이제 이 센터의 효율적인 운영과 영적 전쟁을 위한 동반자가 필요합니다.

HTM 동역을 위한 **HTM 파트너**를 모십니다!

하나님나라의 복음을 전하는 HTM의 비전과 사역을 위해 기도해주시고, 성령님께서 허락하신 이 공간이 잘 운영되고 활용될 수 있도록 HTM 파트너가 되어주십시오!

● **HTM 파트너에게 드리는 혜택**

* 매달 HTM 월간 소식지 발송   * 매달 말씀 CD와 집회영상 DVD 증정
* HTM 각종 스쿨 및 세미나 등록 시 할인 혜택   * 파트너스 컨퍼런스 초대

● **HTM 파트너가 되는 방법**

HTM 홈페이지 참조 및 전화 문의
핸드폰(사무국장) 010-2450-8681   이메일 htm0691@naver.com
전화 02-576-0153   팩스 02-447-2039

● **HTM 파트너가 아니더라도 일회적으로 후원하실 경우 아래의 후원계좌를 이용해주십시오.**

후원계좌 787201-04-069305   국민은행 | 헤븐리터치(후원)
HTM 센터를 위해 헌금하신 분께는 연말정산(환급)용 기부금영수증을 발급해드립니다.

"월요말씀치유집회는 선한목자교회에서 열립니다!!"

HTM 센터에서는 주중의 HTM 스쿨과 기도회 등의 중소 규모 집회나 기타 센터 운영 목적에 맞는 행사들이 개최되고 있습니다. 월요말씀치유집회는 현재와 같이 선한목자교회에서 계속 열리고 있으니 착오 없으시기 바랍니다.

헤븐리 터치

www.heavenlytouch.kr   GODpeople 검색창에   헤븐리터치 검색

twitter   twitter.com/htm0691

알고 싶어요 성령님

초판 1쇄 발행	2012년 11월 5일
초판 16쇄 발행	2022년 10월 17일

지은이 손기철

펴낸이 여진구
책임편집 안수경
편집 이영주 정선경 최현수 김도연 김아진 정아혜
책임디자인 마영애 노지현 조은혜 이하은
홍보·외서 진효지
마케팅 김상순 강성민 허병용　　　마케팅지원 최영배 정나영
제작 조영석 정도봉　　　경영지원 김혜경 김경희 이지수

303비전성경암송학교 유니게과정 박정숙 최경식
이슬비전도학교 / 303비전성경암송학교 / 303비전꿈나무장학회

펴낸곳 규장

주소 06770 서울시 서초구 매헌로 16길 20(양재2동) 규장선교센터
전화 02)578-0003　팩스 02)578-7332
이메일 kyujang0691@gmail.com　　　홈페이지 www.kyujang.com
페이스북 facebook.com/kyujangbook　　　인스타그램 instagram.com/kyujang_com
카카오스토리 story.kakao.com/kyujangbook
등록일 1978.8.14. 제1-22

ⓒ 저작와의 협약 아래 인지는 생략되었습니다.
이 출판물은 저작권법에 의해 보호를 받는 저작물이므로 무단 전재와 무단 복제를 할 수 없습니다.

책값 뒤표지에 있습니다.
ISBN 978-89-6097-271-1 03230

규 | 장 | 수 | 칙

1. 기도로 기획하고 기도로 제작한다.
2. 오직 그리스도의 성품을 사모하는 독자가 원하고 필요로 하는 책만을 출판한다.
3. 한 활자 한 문장에 온 정성을 쏟는다.
4. 성실과 정확을 생명으로 삼고 일한다.
5. 긍정적이며 적극적인 신앙과 신행일치에의 안내자의 사명을 다한다.
6. 충고와 조언을 항상 감사로 경청한다.
7. 지상목표는 문서선교에 있다.

하나님을 사랑하는 자 곧 그의 뜻대로 부르심을 입은 자들에게는 모든 것이 合力하여 善을 이루느니라(롬 8:28)

 규장은 문서를 통해 복음전파와 신앙교육에 주력하는 국제적 출판사들의
Member of the
Evangelical Christian 협의체인 복음주의출판협회(E.C.P.A.Evangelical Christian Publishers
Publishers Association Association)의 출판정신에 동참하는 회원(Associate Member)입니다.